पुस्तकालय वर्गीकरण

पुस्तकालय वर्गीकरण

डॉ॰ अजय कुमार सिंह

अर्जुन पब्लिशिंग हाउस

पुस्तकालय वर्गीकरण

प्रथम संस्करण, **2025**

ISBN 978-81-8330-277-7

प्रकाशक :

अर्जुन पब्लिशिंग हाऊस

4831/24, गोविन्द लेन,

अंसारी रोड, दरियागंज,

नई दिल्ली—110002

फोन : 23272541, 23242541

e-mail : arjunbooks2001@gmail.com 12555567

टाइपसेटिंग :

डिम्पल कम्प्यूटर्स

दिल्ली

प्रिन्टर्स :

मिलन इंटरप्राइजेस

दिल्ली

प्रस्तावना

फिलिप्स के अनुसार "वर्गीकरण अलग करने और एक समूह में रखने की प्रक्रिया है, इसके द्वारा एक-सी वस्तुएं एकत्र की जाती हैं तथा भिन्न प्रकार की वस्तुएँ अलग की जाती हैं। प्रकृति की जटिल भिन्नताओं तथा व्यतिक्रम में क्रमव्यवस्था स्थापित करने हेतु वर्गीकरण अच्छी तथा आसान विधि है।"

यों तो वर्गीकरण का प्रयोग रोम में सम्पत्ति अथवा अन्य महत्त्वपूर्ण दृष्टि से व्यक्ति को श्रेणियों अथवा वर्गों में विभाजित करने की प्रक्रिया के लिये किया जाता था। आज यह पुस्तकालय विज्ञान का एक आवश्यक अंग बन गया है।

किताबें पुस्तकालय की आधारशिला होती हैं और पुस्तकालयी का आधार है—वर्गीकरण, जिसके अभाव में दोनों की उपयोगिता शून्य है। वर्गीकरण न केवल पुस्तकों को व्यवस्था-फलकों (Shelves) पर सुचारू रूप में एक क्रमबद्ध शृंखला में व्यवस्थित करने की सुविधा प्रदान करता है, अपितु प्रसूची को कार्यरत करने में भी इसका बड़ा भारी योगदान होता है। वर्गीकरण ज्ञान की कुंजी है। पुस्तकालयों में ज्ञान पठनीय सामग्री में निहित रहता है, जो विभिन्न स्वरूपों (Forms) में होता है। यदि सामग्री वर्गीकृत स्थिति में न हो तो पुस्तकालयों में अव्यवस्था और भ्रम का साम्राज्य हो जायेगा। किसी आवश्यक कृति को प्राप्त करना मुश्किल हो जाएगा। **सेयर्स** के अनुसार, वस्तुओं के व्यतिक्रम और अव्यवस्था से व्याप्त भ्रम और कठिनाइयों का निवारण करने तथा क्रम और सुव्यवस्था की स्थापना के लिए ही वर्गीकरण परम्परा अथवा पद्धति का आविष्कार किया गया है। खासतौर पर पुस्तकालय-प्रबन्ध में किसी विषय से संबंधित किताबों को क्रमानुसार रखने में वर्गीकरण काफी सहायक

होता है। पुस्तकों को अपेक्षित स्थिति में रखने की सुविधा होती है और न्यूनतम समय लगता है। संकलन की स्थिति के विषय में भी इसके द्वारा ही सही जानकारी हो सकती है। वर्गीकरण का मुख्य उद्देश्य प्रत्येक विषय को उसके अपने वर्ग में पूर्णतया अलग तथा विशेष बनाना होता है।

प्रस्तुत पुस्तक में पुस्तकालय वर्गीकरण के विविध पक्षों पर सूक्ष्म दृष्टि डाली गई है। पुस्तक में उन सिद्धान्तों की भी विवेचना की गई है जो पुस्तकों के प्रयोगात्मक वर्गीकरण में विशिष्ट रूप से प्रारम्भ में वर्गीकारों के लिए अत्यधिक उपयुक्त होता है। इसके साथ ही साथ पुस्तक में उन नियमों की भी चर्चा की गई है जो पुस्तक के वर्गीकरण में सहायक होते हैं। आशा है, पुस्तक पाठकों के लिए उपयोगी होगी।

लेखक

अनुक्रम

1

पुस्तकालय वर्गीकरण : परिचय

वर्गीकरण का अभिप्राय

वर्गीकरण को अंग्रेजी भाषा में Classification कहते हैं, जो लैटिन भाषा के Classic शब्द से बना है। इसका आशय होता है किसी भी विषय को गुणों के आधार पर विभाजित करके उचित समूह में रखना। इसकी आवश्यकता इसलिये होती है कि इस प्रणाली के द्वारा हम अनिवार्य विषय सामग्री को सही स्थान व अनुक्रम में रख सकते हैं तथा आवश्यकता पड़ने पर इसका उपयोग कर सकते हैं। इस शब्द का प्रयोग प्राचीन रोम में सम्पत्ति अथवा महत्त्व की दृष्टि से व्यक्ति को श्रेणियों अथवा वर्गों में विभाजित करने के लिये किया जाता था। यहाँ वर्ग का तात्पर्य हमारे लिए वस्तुओं का एक समूह है जिसमें किसी समान गुण अथवा विशेषता के आधार पर वस्तुओं को शामिल किया जाता है। वर्गीकरण की प्रक्रिया पुराने समय में ही विकसित हो गई थी जिसके प्रमुख आधार या द्वैतात्मक व्यवस्था उदाहरण के लिये सम्भ्रान्त तथा अकिंचन का विभाजन इसी क्षेत्र में आता था।

फिलिप्स के विचार से "वर्गीकरण अलग करने और एक समूह में रखने की प्रक्रिया है, इसके द्वारा एक-सी वस्तुएँ एकत्र की जाती हैं तथा भिन्न प्रकार की वस्तुएँ अलग की जाती हैं। प्रकृति की जटिल भिन्नताओं तथा व्यक्तिक्रम में क्रमव्यवस्था स्थापित करने हेतु वर्गीकरण बहुत ही सरल विधि है।"

सेयर्स महोदय ने वर्गीकरण का अभिप्राय न मात्र सदृश्य अथवा समान विशेषताओं वाली वस्तुओं को एक साथ एक समूह में रखना बताया है बल्कि उनके विविध भागों को, जो एक सदृश्य हों, सादृश्य का तात्पर्य क्रमबद्ध श्रेणी में हर समूह के साथ रखना भी है। इस दृष्टि से वर्गीकरण न मात्र वस्तुओं का सामान्य समूहीकरण है बल्कि उन्हें एक सुव्यवस्थित और तर्कसंगत क्रमबद्ध शृंखला में रखना भी है जिससे उनके आपसी सम्बन्ध को निश्चित किया जा सके। **सेयर्स** महोदय की परिभाषा लगभग पूर्ण है।

ब्लिस महोदय के अनुसार वर्गीकरण के निम्न चरण हैं–

प्रथम चरण–इसके अन्तर्गत वस्तुओं को किसी समूह अथवा वर्ग में रखने के लिए किसी सदृश्य या समानता के आधार पर उनका विभाजन किया जाता है।

द्वितीय चरण–इसके अन्तर्गत अनेक संख्याओं की वस्तुओं में से विशेषता के आधार पर उनका वर्ग अथवा उपवर्ग बनाया जाता है।

तृतीय चरण–इसके अन्तर्गत सभी वर्गों अथवा उपवर्गों को किसी उद्देश्य, अभिरुचि सिद्धान्त तथा नियम की दृष्टि से क्रमबद्ध किया जाता है।

वर्गीकरण की प्रमुख परिभाषाएँ

वर्गीकरण की प्रमुख परिभाषाएँ निम्नवत है–

1. डब्ल्यू. एच. फिलिप्स का विचार–वर्गीकरण अनिवार्य रूप से एक मानसिक प्रक्रिया है और सोचने की एक विधि है। हम किसी वस्तु को अपनी धारणा या विचार के अनुसार किसी समूह में रखते हैं या अलग करते हैं। अलग करने या समूह में रखने की इस मानसिक प्रक्रिया को पृथक्करण कहते हैं।

2. जास्ट का विचार–वस्तुओं के वर्गीकरण का तात्पर्य उन्हें उनकी सदृश्यता अथवा समानता के अनुसार वास्तविक या आदर्श क्रमबद्ध शृंखला में व्यवस्थित करना और उनकी भिन्नताओं के अनुसार उन्हें पृथक करना है।

3. डब्ल्यू. सी. सेयर्स के अनुसार–वर्गीकरण हमारे प्रत्यक्षीकरण और तर्कशक्ति का अभ्यास है जिसके आधार पर हम वस्तुओं को किसी सदृश्य के अनुसार एक क्रम में रखते हैं और अन्तरों के अनुसार उन्हें एक दूसरे से अलग करते हैं।

4. जिवेन्स के मतानुसार–वर्गीकरण वस्तुओं को एक साथ निकटतम अवस्था में रखने का कार्य करता है चाहे वह विचारों की अवस्था हो अथवा स्थान के सामीप्य की अवस्था हो।

इस प्रकार हम यह कह सकते हैं कि वर्गीकरण की संकल्पना का आधार समान गुणों व विशेषताओं के आधार पर विषय-वस्तु को व्यवस्थित करना।

वर्गीकरण वस्तुओं के मध्य क्रम तथा व्यवस्था बनाए रखने का महत्त्वपूर्ण साधन है। यह समान रूप से वस्तुओं की तरह ही साधन सम्पन्न है तथा विचारों के क्रम को स्थापित करने में भी सहायक है। वर्गीकरण का मुख्य उद्देश्य व्यक्ति के मस्तिष्क द्वारा वस्तुओं को समझने तथा उसकी विशेषताओं को स्मृति में रखने में सुविधा प्रदान करना होता है। इसके बिना किसी वस्तु को ज्ञात करना अथवा उसे समझना सरल नहीं है। हमारे विचारों अथवा स्मृति में किसी न किसी रूप में वर्गीकरण की प्रक्रिया चलती रहती है।

वर्गीकरण की प्रकृति

वर्गीकरण के कृत्रिम तथा नैसर्गिक दो स्वरूप होते हैं जिन्हें नीचे स्पष्ट किया जा रहा है—

1. कृत्रिम वर्गीकरण

जिस वर्गीकरण के अनुसार वस्तुओं के आकस्मिक या कृत्रिम गुणों के आधार पर विभाजन अथवा उन्हें समूहबद्ध किया जाता है उसे कृत्रिम वर्गीकरण कहा जाता है। उदाहरणार्थ—रेशमी, सूती, ऊनी वस्त्रों का एक बण्डल है, इनमें सभी का आकार, रंग अथवा बुनाई तरह-तरह की है। वस्त्रों का रेशमी, सूती तथा ऊनी होना उनका वास्तविक गुण है उसके विपरीत आकार, रंग व बुनाई की किस्म वास्तविक गुण न होकर बनाए गए हैं। रेशमी, सूती तथा ऊनी तीनों प्रकार में वस्त्र अपनी मौलिकता लिए हुए हैं। यही इनकी नैसर्गिक विशेषता है। इसलिए इन आधारों पर किया गया वर्गीकरण नैसर्गिक वर्गीकरण है। उदाहरण के लिये यदि हम वस्त्रों को वर्गीकृत करते हैं तो उसके गुण ही उसके आधार माने जाते हैं।

इन वस्त्रों में से कोई भी वस्त्र ऊन, रेशम और सूत से बना हो सकता है जो एक ही रंग का हो अथवा कई रंगों के भी हो सकते हैं। आकार तथा बुनाई की दृष्टि से वे वस्त्र एक जैसे अथवा अलग तरह के हो सकते हैं। यदि विभाजन का स्वरूप समूहों के रंग, आकार तथा बुनाई के अनुसार होता है तो ये आधार उनकी बनावटी विशेषताएँ हैं। उपरोक्त विधि के किया गया वर्गीकरण व्यक्तिगत वर्गीकरण न होकर सामूहिक वर्गीकरण कहा जाता है। यह समानता वस्तुओं के कार्य, आकार या उद्देश्य में होती है। इस तरह की विशेषताओं के आधार पर किया गया

वर्गीकरण सुविधा एवम् उपयोगिता को ध्यान में रखकर किया जाता है जो व्यवहार में सहायक होता है। इस प्रकार कृत्रिम वर्गीकरण वह है जिसमें व्यवस्थापन के लिए वस्तुओं के आकस्मिक गुणों को आधार बनाकर वर्गीकरण किया जाता है।

2. नैसर्गिक वर्गीकरण

जिस वर्गीकरण के अनुसार मौलिक अथवा प्राकृतिक समानता अथवा भिन्नता अथवा विशेषताओं के आधार पर वस्तुओं को किसी वर्ग या समूह में एक साथ रखा जाता है अथवा एक दूसरे से पृथक किया जाता है उसे नैसर्गिक वर्गीकरण कहा जाता है।

वर्गीकरण का स्वरूप एवं उद्देश्य

वर्गीकरण के सन्दर्भ में अब तक जो भी जानकारी दी गई वह एक तर्कपूर्ण प्रक्रिया के रूप में सैद्धान्तिक पक्ष और मौलिक नियमों के दृष्टिकोण से थी। वर्गीकरण की परिभाषा से ही स्पष्ट होता है कि यह एक ऐसी प्रक्रिया है, जो अव्यवस्था तथा वैचारिक मतभेद को रोककर क्रम तथा तारतम्यता स्थापित करने का सफल साधन है। यह समान रूप से विचारों अथवा वस्तुओं के क्रम स्थापित करने में मदद करता है।

डॉ. रिचर्डसन के अनुसार–"प्रकृति ने स्वयं सभी वस्तुओं को पहले से ही क्रमवत उत्पन्न किया है। ये क्रम एक-दूसरे से पृथक होते हैं। व्यक्ति को मात्र वर्गीकरण का क्रम मालूम करना पड़ता है और उसका अभिलेख रखना पड़ता है।"

वर्गीकरण का प्रमुख लक्ष्य होता है कि उसे सहजता से स्मृति में रखा जा सके प्रत्येक तरह का वर्गीकरण प्रज्ञाशक्ति और स्मृति को सहायता प्रदान करता है। इसके बिना किसी वस्तु को मालूम करना या उसे समझना आसान नहीं है। हमारे विचारों अथवा स्मृति में किसी न किसी रूप में वर्गीकरण की प्रक्रिया चलती रहती है।

किताबें पुस्तकालय की सम्पन्नता की परिचायक हैं इसका दूसरा आधार है वर्गीकरण, जिसके अभाव में दोनों की उपयोगिता शून्य है। वर्गीकरण न केवल पुस्तकों को सुचारू रूप में एक क्रमबद्ध शृंखला में व्यवस्थित करने की सुविधा प्रदान करता है, अपितु प्रसूची को कार्यरत करने में भी इसका योगदान होता है। वर्गीकरण के आधार की जानकारी प्राप्त करके ही पुस्तकालय के ज्ञान के भंडार को अर्जित किया जा सकता है। पुस्तकालयों में ज्ञान, पठनीय सामग्री के रूप में निहित रहता है, जो विभिन्न स्वरूपों (forms) में होता है। यदि सामग्री वर्गीकृत स्थिति

में न हो तो पुस्तकालयों में अव्यवस्था और भ्रम व्याप्त हो जायेगा, किसी आवश्यक कृति को प्राप्त करना मुश्किल हो जाएगा।

सेयर्स के अनुसार वस्तुओं के व्यतिक्रम और अव्यवस्था से व्याप्त भ्रम और कठिनाइयों का निवारण करने तथा क्रम और सुव्यवस्था की स्थापना के लिए ही वर्गीकरण परम्परा अथवा पद्धति का आविष्कार किया गया है। खासतौर पर पुस्तकालय-प्रबन्ध में किसी विषय से संबंधित किताबों को क्रमानुसार रखने में वर्गीकरण काफी सहायक होता है। पुस्तकों को अपेक्षित स्थिति में रखने का वर्गीकरण ही एकमात्र साधन महत्त्वपूर्ण पद्धति है। वर्गीकरण से पुस्तकों को प्राप्त करने की सुविधा होती है और न्यूनतम समय लगता है। संकलन की स्थिति के विषय में भी इसके द्वारा ही सही जानकारी हो सकती है।

वर्गीकरण और विभाजन में अन्तर

वर्गीकरण और विभाजन के बारे में जानकारी का होना आवश्यक है, जिससे उनके मुख्य अन्तर को समझा जा सके। वस्तुओं या विचारों को **वर्गीकरण** के अन्तर्गत उनके समक्ष वर्गों या समूहों में व्यवस्थित किया जाता है; और उन्हें शामिल करके एक बड़े समूह या वर्ग की संरचना की जाती है। किन्तु विभाजन के स्तर पर इनकी प्रकृति में प्रतिकूलता होती है।

विभाजन के तहत किसी एक वर्ग या समूह को कुछ गुणों के होने या न होने के आधार पर अथवा उन गुणों की अलग-अलग मात्रा होने के कारण उनको उपविभागों या उपवर्गों में विभाजित किया जाता है। ठीक इसी प्रकार उस उपवर्ग को दुबारा दूसरे उपवर्ग में विभाजित किया जाता है। यहाँ तक कि उनका विभाजन होना नामुमकिन न हो जाए, तब तक यह प्रक्रिया जारी रहती है

वर्गीकरण की प्रक्रिया में हम सामान्य से विशेष अथवा कम विस्तार से अधिक विस्तार की ओर अग्रसर होते हैं जबकि विभाजन में ज्यादा सामान्य से कम सामान्य अथवा ज्यादा विस्तार से कम विस्तार की ओर अग्रसर होते हैं। इस प्रकार से वर्गीकरण अगमनात्मक होता है और विभाजन निगमनिक होता है।

वर्गीकरण की ऐतिहासिक पृष्ठभूमि

वर्गीकरण प्रणाली के भूत और वर्तमान के इतिहास का अवलोकन करने से यह महसूस होता है कि यह व्यक्ति के विचारों तथा सामाजिक अव्यवस्था को

व्यवस्थित करने के प्रयत्नों की शृंखला का इतिहास है। जिस समय से व्यक्ति ने प्रकृतिदत्त सृष्टि के अलग-अलग भागों को समझने तथा उसकी आन्तरिक भिन्नता को जानने का प्रयास शुरू किया है उसी समय से चेतन तथा अवचेतन अवस्था में उसने विभिन्न भागों को एक दूसरे से सम्बन्धित करने के लिए किसी योजना की रचना अवश्य ही की होगी। विकास के दृष्टिकोण से इसे निम्नलिखित रूपों में विभक्त किया जा सकता है–

1. दार्शनिक एवं तार्किक प्रणालियाँ

दार्शनिक और तार्किक प्रणालियों के विकास का अवलोकन निम्न प्रकार किया जा सकता है–

(क) भारत की प्राचीन वर्गीकृत प्रणालियाँ–हमारे देश में प्राचीन काल में ऋषियों और मुनियों ने मानव के जीवन को सुव्यस्थित और स्थायी रूप से एक श्रेष्ठ रूप में वगीकृत किया था। जो निम्न प्रकार है–ब्रह्मचर्य, गृहस्थ, वानप्रस्थ, संन्यास।

इस वर्गीकरण को आज तक कोई बदल नहीं सका। ऋषि-मुनियों ने वेदों की रचना की थी जिन्हें उनकी विशेषताओं के कारण चार भागों में बाँटा गया है जो निम्नवत हैं–

1. ऋग्वेद,
2. यजुर्वेद,
3. सामवेद,
4. अथर्ववेद।

(ख) मध्यकाल (मुगलकाल)–मध्यकाल के दौरान मुगल शासक अकबर ने भी एक बड़ा पुस्तकालय स्थापित किया था। जिसमें ग्रन्थों को विषय के अनुसार व्यवस्थित किया गया था जिसका उल्लेख आइने-अकबरी में मिलता है।

(ग) बेकन की योजना–ऐसा माना जाता है कि बेकन पुस्तक वर्गीकरण के पहले विशेषज्ञ थे। इन्होंने ज्ञान प्राप्त करने के तीन मुख्य स्रोत माने थे। आज तक वर्गीकरण की जितनी भी पद्धतियाँ 17वीं शताब्दी से तैयार हुई हैं उन सभी पर **बेकन** द्वारा प्रस्तुत Chart of Human Learning का अत्यधिक असर पड़ा है। आक्सफोर्ड विश्वविद्यालय, लन्दन तथा अमेरिका की लाइब्रेरी ऑफ कांग्रेस के ग्रन्थालयों का वर्गीकरण इसी पद्धति पर आधारित था। **हेरिस** तथा **डीवी** महोदय को भी इस योजना ने अत्यधिक प्रभावित किया था।

इसके बाद **डीवी** की दशमलव प्रणाली का प्रकाशन हुआ और उसके पश्चात् वर्गीकरण के क्षेत्र में जो कुछ हुआ और हो रहा है वह सभी आप और हमें ज्ञात

है, अतः इस निष्कर्ष पर पहुँचा जा सकता है कि वर्गीकरण के क्षेत्र में भारत देश के मनीषियों ने भी अपनी एक श्रेष्ठ भूमिका का निर्वाह किया है।

(घ) हिन्दू न्याय दर्शन—भारत में प्राचीन काल के दौरान महात्मा गौतम बुद्ध ने ज्ञान को सात भागों में विभाजित किया था। यह ज्ञान द्रव्य और पदार्थ के रूप में माना गया था। तार्किक न होने पर भी इसे वैज्ञानिक माना जाता है।

(ङ) वैदिक वर्गीकरण—ऋषि मुनियों ने ज्ञान को भी चार भागों में विभाजित किया है। धर्म, अर्थ, काम, मोक्ष। वास्तव में इस विभाजन के आधार पर मानव जीवन को एक क्रम व्यवस्था में व्यवस्थित किया गया था।

(च) जैन दर्शन—जैन धर्म और दर्शन के अन्तर्गत ज्ञान को दो वर्गों में वर्गीकृत किया गया है, जो निम्नवत हैं—

1. सजीव,
2. निर्जीव।

जैन धर्म का मानना है कि ज्ञान की वृद्धि उसी प्रकार होती है जिस प्रकार पारिजात का वृक्ष वृद्धि करता है। उस वृक्ष की शाखाओं के समान ही ज्ञान की शाखाएँ प्रस्फुटित होती रहती हैं।

(छ) गैसनर (1516-1565)—गैसनर की वर्गीकरण प्रणाली को पहली पुस्तकपरक प्रणाली माना है जो दार्शनिक-सैद्धान्तिक ज्ञान-वर्गीकरण की आधारशिला है।

2. उपयोगितावादी प्रणालियाँ

उपयोगितावादी प्रणलियों में पठनीय सामग्री को मात्र सुविधा और व्यवहारिक उपयोग की दृष्टि से वर्गीकृत करने का प्रयत्न रहा है। पुस्तक वर्गीकरण को व्यवस्थित करने की प्रथा प्राचीनतम पुस्तकालयों में भी रही है।

(क) मध्यकालीन मठ—इस समय में वर्णक्रम व्यवस्था का प्रचलन था तथा उनके विभाजन का आधार राष्ट्रीयता तथा लेखकों का जन्म वर्ष होता था। मध्यकालीन मठों के ग्रन्थालयों में ग्रन्थों को क्रमबद्ध रखने के लिए सात श्रेणियों की व्यवस्था की जाती थी।

(ख) रोम एवं यूनान—यूनान (ग्रीक) तथा रोम के प्राचीन पुस्तकालयों में भी वर्गीकरण की परम्परा थी, सबसे पहले अरस्तू ने ग्रन्थों की व्यवस्था के लिए वर्गीकरण पद्धति तैयार की थी तथा मिस्र के सम्राट को ग्रन्थालय व्यवस्था में मार्गदर्शन प्रदान किया था।

(ग) सीरिया—असुरबनी पाल जो प्राचीन सीरिया के सम्राट थे, के पुस्तकालय में मिट्टी की पट्टियों का वर्गीकरण किया गया था जिन्हें मुख्य दो वर्गों में विभाजित किया गया था। सांसारिक ज्ञान से सम्बन्धित तथा ईश्वरीय ज्ञान से सम्बन्धित।

(घ) कालीमेकस—मिस्र देश के प्राचीनतम सुप्रसिद्ध कवि व ग्रन्थावली **कालीमेकस** ने सिकन्दर के ग्रन्थालय से 260-240 ई.पू. में वर्गीकरण प्रक्रिया अपनाई थी जिसके अनुसार लेखकों को छः श्रेणियों में विभक्त किया गया था।

(ङ) फ्रान्सिस योजना—गैबरियल वेन्ड (643), जो फ्रांस के नागरिक थे, के द्वारा बनाई गई पुस्तक सूची अत्यन्त उल्लेखनीय है जिसमें सम्पूर्ण ज्ञान को 12 मुख्य वर्गों में विभाजित किया गया था।

(च) जे.सी. ब्रोनैट—फ्रान्सिस योजना को संशोधित एवम् परिवर्द्धित करने का श्रेय जे.सी. ब्रोनैट को है जिसमें उन्होंने सम्पूर्ण ज्ञान को 5 प्रमुख वर्गों में ही विभाजित किया था। फ्रांस का राष्ट्रीय पुस्तकालय इसी प्रणाली के अनुसार ही वर्गीकृत है जिसका लन्दन के ब्रिटिश म्यूजियम पर भी अत्यधिक प्रभाव पड़ा था।

वर्गीकरण के आधार

अनुसूची उपविभागों के लिखित विवरण को कहा जाता है, इसमें पदों की शृंखला लम्बवत्, स्तम्भ में मुद्रित की हुई होती है।

सेयर्स के मतानुसार, अनुसूची पदों में समस्त ज्ञान का विवरण अथवा अभिलेख है।

इसी प्रकार किसी वर्गीकरण योजना के अन्तर्गत ज्ञान-जगत के विविध विभाजित वर्ग जब पदों में छपे हुए या लिखे हुए स्वरूप में प्रस्तुत किए जाते हैं, तो उस योजना को वर्गीकरण-अनुसूची कहा जाता है।

डॉ. रंगनाथन के अनुसार, अनुसूची किसी वर्गीकरण योजना का शब्द-भण्डार अथवा शब्द कोश है, जिससे प्रत्येक वर्गीकरण का मतलब सरल अथवा प्रचलित भाषा में प्राप्त होता है। इसका क्रम प्रबन्ध वर्गों के क्रमानुसार होता है।

वर्गीकरण अनुसूची, पदावलियों तथा वर्गांकों से परिपूर्ण वर्ग को योजना कहते हैं, इसे संक्षिप्त रूप में डॉ. रंगनाथन ने स्पष्ट किया है। ज्ञान के विभाजन की पद्धतियों को विशेषकर उनकी प्रक्रियाओं के शब्दों में तीन तरह की श्रेणियों में रखा जा सकता है, ये तीन श्रेणियां हैं—दार्शनिक वर्गीकरण, वैज्ञानिक वर्गीकरण तथा तार्किक वर्गीकरण।

उपरोक्त तीनों विधियों तथा उनकी प्रक्रियाओं को स्पष्ट करने के लिए इसका संक्षिप्त परिचय देना अनिवार्य है। ये विधियाँ ज्ञान के वर्गीकरण अथवा विभाजन की प्रक्रिया में उन विशेषताओं तथा सिद्धान्तों को स्पष्ट करने में मदद करती हैं। पुस्तकालय वर्गीकरण का आधार इसी परिप्रेक्ष्य में माना जाता है। इसको माध्यम वस्तुतः ज्ञान का विषय विभाजन होता है और पाठ्य-सामग्री को सुविधाजनक क्रम में व्यवस्थित किया जाता है।

(अ) दार्शनिक वर्गीकरण—वर्गीकरण की इस योजना के तहत दार्शनिक अपने शोध एवं उपलब्धियों को वास्तविक के रूप में व्यवस्थित करते हैं और उसके आधार पर अपनी बुद्धि, विवेक एवं विचारधारा के अनुसार अपने शब्दों में पूरे संसार का वर्णन करते हैं।

(ब) वैज्ञानिक वर्गीकरण—वैज्ञानिक वर्गीकरण के अन्तर्गत सामग्रियों के विभाजन की ऐसी योजना प्रस्तुत की जाती है जो मुख्य विशेषताओं और उनके वास्तविक सम्बन्धों पर आधारित होती हैं और जो परस्पर अनन्य और निःशेषी होती हैं।

(स) तार्किक वर्गीकरण—इस वर्गीकरण में तार्किकता को विभाजन का आधार माना जाता है। जहाँ तर्क ही मुख्य आधार होता है उसे तार्किक वर्गीकरण कहा जाता है। इसमें अक्सर यूनानी तर्कशास्त्री **पारफिरी** द्वारा प्रतिपादित **पारफिरी के वृक्ष** का अनुकरण करके ही द्वैतात्मक विभाजन या द्विशाखित वर्गीकरण की प्रक्रिया होती है।

वर्गीकरण के सिद्धान्त एवं गुण

पूर्व में ही उल्लेख किया जा चुका है कि वर्गीकरण की आधारशिला किस तरह की होनी चाहिए और पदों तथा वर्गों का विभाजन किन-किन मौलिक तथा उपयोगी सिद्धान्तों पर होना चाहिए, किन्तु उन प्रक्रियाओं तथा सिद्धान्तों एवं विशेषताओं को स्पष्ट करने तथा वर्गीकरण योजना को मजबूत एवं उपयोगी बनाने की नजर से कई नियमों एवं उपनियमों अथवा उपसूत्रों (Canons) का प्रतिपादन किया गया है, जो वर्गीकरण की संरचना तथा उनके मौलिक आधार को परखने के लिए कसौटी का काम करते हैं।

तर्काधारित वर्गीकरण के प्रमुख सिद्धांत निम्नवत हैं—

(1) वर्गों की सृष्टि के लिए वर्गीकरण का प्रत्येक सोपान मात्र एक ही निर्धारित सिद्धान्त पर निर्भर होना चाहिए।

(2) समकक्ष वर्गों को आपस में पूर्ण तथा निःशेषी होना चाहिए। किसी एक ही क्रम, श्रेणी या मात्रा में रहने वाले वर्ग को समकक्ष वर्ग के नाम से जाना जाता है।

द्रव्य के प्रकार में **सजीव अथवा प्राणी** की प्राप्ति का गुण **सजीव** को **शरीर** में सम्मिलित करके हुई है। इसमें जीवधारी अन्य प्रकार के शरीर से पृथक हो जाते हैं, जो शरीर रहित समूह में शामिल हो जाते हैं। इसका तात्पर्य यह है कि जो वर्ग और उपवर्ग विभाजन से प्राप्त होते हैं, उन्हें अपने में पूर्ण होते हुए आपस में टकराना नहीं चाहिए चाहे वे दो वर्ग ही क्यों न हों।

यदि एक ही स्थिति में दो विशेषताओं का उपयोग विभाजन या वर्गों की संरचना के लिए होगा, तो असंगति व्याप्त हो जाएगी फलतः प्रति विभाग अथवा प्रति वर्गीकरण उत्पन्न हो जाएगा। प्रति वर्गीकरण का अभिप्राय है—किसी विषय के उपविभागों में दो गुणों का उपयोग करना, जिससे भ्रम पैदा हो जाता है। इसके परिणामस्वरूप एक ही विषय से सम्बन्धित वर्ग विविध विषयों के साथ चले जाते हैं। प्रति वर्गीकरण तर्कसंगत नहीं है किन्तु अधिकांशतः व्यावहारिक अनुसूचियों में सिद्धान्तों की अपेक्षा प्रति वर्गीकरण के दृष्टान्त ज्यादा मिलते हैं।

सेयर्स का विचार है कि प्रत्येक वर्गीकरण उतने भ्रम पैदा करने वाले नहीं होते, न उनसे उतनी कठिनाई ही होती है, जितना उपसूत्रों और सिद्धान्तों का अक्षरशः परिपालन करने से पैदा हो जाती है। सामान्य वर्गीकरण में प्रत्येक विभाग के लक्षित व्यवहार को पूरा करने के दृष्टिकोण से एक आवश्यक पहलू हो जाता है, जो **ब्लिस** के वर्गीकरण का एक निर्धारित और अनिवार्य अंग है। पदों का प्रयोग निर्धारित रूप से संदिग्ध स्थिति में न होकर एकरूप होना चाहिए। किसी आवश्यक एवं व्यापक वर्गीकरण योजना के अन्तर्गत पदों के विस्तृत आशय तथा प्रयोग का वर्णन एवं परिभाषा आवश्यक है, जिससे संदिग्धता की स्थिति पैदा ही न हो सके।

(3) सामूहिक रूप से समकक्ष वर्गों को निःशेषी होना चाहिए। इसका यह तात्पर्य है कि अनुसूची में इस प्रकार के सभी विषयों का विवरण होना चाहिए जो पर्याप्त है या भविष्य में जिनके पर्याप्त होने का लक्ष्य है किन्तु पूर्णरूपेण निःशेषता विशेष वर्गीकरण में ही सम्भव है, जिसमें एक ही विषय का वर्गीकरण विशेष रूप से हो, जैसे कोई वर्गीकरण सिर्फ रसायनशास्त्र, भौतिकी अथवा मनोविज्ञान के किसी एक विषय के लिए ही निर्मित किया गया हो।

अतः यह पूरी तरह नामुमकिन है, क्योंकि मनुष्य के ज्ञान के साधन सीमित हैं और वह ज्ञान की प्रत्येक शाखा से परिचित भी नहीं हो सकता। किसी सामान्य

वर्गीकरण का पूर्णरूप से संतोषप्रद एवं निःशेष रचना एक व्यक्ति के सामर्थ्य की बात नहीं है। जिन वस्तुओं और विचारों की जानकारी हो उसी का वर्गीकरण सम्भव है। इस तरह वर्गीकरण के अन्तर्गत प्रत्येक वस्तुओं और विचारों को चिह्नित कर देना चाहिए और कालान्तर में उत्पन्न होने वालों के लिए स्थान का प्रावधान होना चाहिए, जिससे उनका सन्निवेश सम्भव हो सके। कहने का तात्पर्य है कि अनुसूची में लचीलापन, वर्द्धनशीलता और संग्रह करने की विशेषताएँ जिस वर्गीकरण में जितनी ही अधिक होंगी, उतना ही वह पूर्ण, विस्तृत एवं उपयोगी होगा।

वर्गीकरण के लिए आधारशिला की तरह ये तीनों विशेषताएं औपचारिक रूप से आवश्यक हैं, किन्तु व्यावहारिक के मद्देनजर अथवा सैद्धान्तिक मूल्य की नजर से इतनी महत्त्वपूर्ण नहीं है। वर्गीकरण किए जाने का व्यावहारिक तथा सैद्धान्तिक पक्ष उस उद्देश्य अथवा प्रयोजन पर आधारित है। वर्गीकरण की प्रणालियाँ अपने प्रयोजन पर ही आधारित होती हैं और उपवर्गों का विस्तार भी इसी से निश्चित होता है।

सैद्धान्तिक वर्गीकरण तथा किसी समूह के **उपवर्ग** निम्नलिखित चार नियमों पर आधारित हैं–

1. वर्गीकरण के उद्देश्य से आवश्यक एवं उपयोगी विशेषताओं का ही प्रयोग होना चाहिए;
2. प्रत्येक स्तर पर विभाजन की विशेषताओं के प्रयोग में समानता होना चाहिए;
3. प्रत्येक वर्ग आपसी रूप से अलग होना चाहिए और पदों का प्रयोग बिना किसी सन्देह को उत्पन्न किए निरन्तर होना चाहिए;
4. विभाजन अवश्य ही निःशेषी होना चाहिए।

वर्गीकरण के मुख्य उपसूत्र

वर्गीकरण के स्वरूप एवं प्रक्रियाओं का निर्धारण करने तथा उन्हें पूरी तरह एवं स्पष्ट करने हेतु अनेक प्रकार की परिभाषाओं और दृष्टान्तों को उद्धृत किया गया, ताकि वर्गीकरण के सही स्वरूप और अर्थ एवं प्रकृति तथा उद्देश्य को सैद्धान्तिक और व्यावहारिक नजर से भली-भाँति समझा जा सके। बहुत से वैज्ञानिकों ने जो पुस्तकालय वर्गीकरण में दक्ष रहे सिद्धान्त और व्यवहार की दृष्टि से वर्गीकरण को कार्यान्वित करने सुव्यवस्थित और उपयोगी बनाने हेतु उपसूत्रों का प्रतिपादन किया। ये उपसूत्र वर्गीकरण सिद्धान्त की मूलभूत शिलाएँ हैं, जिनके अनुसरण से वर्गीकरण बहुत सुव्यवस्थित एवं मजबूत हो जाता है, जो काफी उपयोगी सिद्ध होता है।

पुस्तकालयों और वैज्ञानिकों ने विविध प्रकार से उपसूत्रों का प्रतिपादन किया है, जो वर्गीकरण योजनाओं के लिए कसौटी पर काम करते हैं। असल में ये वर्गीकरण सिद्धान्त के मूलाधार हैं। **रिचर्डसन** ने इन्हें कसौटी की संज्ञा दी है, जो पाँच प्रकार की है। **ब्लिस** ने इन उपसूत्रों को सिद्धान्त की संज्ञा दी है जिनकी संख्या 32 है। **सेयर्स** तथा **डॉ. रंगनाथन** ने इन्हें उपसूत्रों के नाम से संबोधित किया है।

सेयर्स ने कुल 29 उपसूत्रों को प्रतिपादित किया है, जिनमें से वर्गीकरण सिद्धान्त से सम्बन्धित उपसूत्र निम्नवत हैं–

1. पदों को पारस्परिक रूप से अनन्य एवं अलग होना चाहिए।
2. प्रक्रिया को अनुक्रमिक होना चाहिए, प्रत्येक पद को अपने पहले वाले पद के क्रम में होना चाहिए और सम्पूर्ण को विधिवत समवर्गीय होना चाहिए।
3. विशेषताओं के अनुरूप होना चाहिए।
4. जिन विशेषताओं के आधार पर विभाजन होता है, उनको वर्गीकरण के उद्देश्य की पूर्ति के लिए आवश्यक एवं उपयोगी होना चाहिए।
5. विभाजन की परिगणना सम्पूर्ण और निःशेषी होनी चाहिए।

डॉ. रंगनाथन ने उपसूत्रों की रचना और उनका प्रतिपादन मौलिक रूप से किया है, जो वर्गीकरण के मूल तत्त्व हैं। इन उपसूत्रों के सिद्धान्त पर इन्हें निश्चय ही सुव्यवस्थित एवं सुसंगठित किया जायेगा तथा उनकी कार्यशीलता में वृद्धि होगी।

सन्दर्भ में जरूरत की दृष्टि से तथा व्यावहारिकता के मद्देनजर इन उपसूत्रों को छह कोटियों में रखा जा सकता है। हरेक कोटि वर्गीकरण-पद्धति में सन्निहित छह धारणाओं से सम्बन्धित है, जिनका प्रतिपादन डॉ. रंगनाथन ने वर्गीकरण के उन पहलुओं एवं तत्त्वों को स्पष्ट करने के लिए किया है, जो वर्गीकरण विधि की अनुसूची की रचना और उद्देश्य को प्रभावित करते हैं।

उपसूत्रों का वर्गीकरण–उपसूत्रों को नीचे वर्णित किया जा रहा है–

(1) संसर्ग-अनुक्रम, (2) वर्ग-शृंखला, (3) अंकन, (4) पारिभाषिक पदावली, (5) वर्ग-विन्यास, (6) विशेषताएँ।

उपरोक्त उपसूत्रों की श्रेणियों की कुल संख्या बाइस है। पहली चार धारणाएँ विचार के धरातल में विद्यमान हैं। परिभाषा की दृष्टि से पदों की धारणा शाब्दिक धरातल पर तथा अंकों की धारणा अंकन धरातल से सम्बन्धित है।

गुणों का उपसूत्र–विचारों और सामग्रियों में कुछ न कुछ गुण अवश्य विद्यमान होते हैं। ये गुण एक भी हो सकते हैं और अनेक भी। सम्पूर्ण विचारों और वस्तुओं का नाम पदार्थ या द्रव्य है, पदार्थों में निहित गुण के आधार पर समानता

और असमानता का अन्तर निर्धारित किया जाता है, जो वर्गीकरण प्रक्रिया का जरूरी आधार है।

सात उपसूत्रों का डॉ. रंगनाथन ने विशेषताओं की नजर से प्रतिपादन किया है—

(1) सम्बद्धता उपसूत्र—प्रत्येक विशेषता को वर्गीकरण के प्रयोजन से सम्बन्धित होना चाहिए। विशेषताएँ ऐसी होनी चाहिए, जिससे वर्गीकरण उद्देश्य सिद्ध हो और वे मददगार साबित हों।

उदाहरणार्थ—पाठकों को सुविधा प्रदान करने हेतु अगर किताबों का वर्गीकरण करना है तो पुस्तकों का विषय, उनकी भाषा और प्रकाशन-तिथि तथा लेखक एक विशिष्ट और उपयोगी आधार हो सकते हैं : पुस्तक के आकार, जिल्द और मुद्रण के प्रकार की अपेक्षा ये विशेषताएँ ज्यादा महत्त्वपूर्ण हैं।

(2) निर्धारिता उपसूत्र—विशेषताओं का चुनाव ऐसा होना चाहिए, जिसे सरलता से निर्धारित अथवा निश्चित किया जा सके।

उदाहरणार्थ—यदि मनुष्य के समूह का विभाजन करने के लिए उनकी मृत्यु की तिथि को विभाजन की विशेषता का आधार माना जाए तो यह तार्किक ढांचे के अनुकूल नहीं है क्योंकि मृत्यु का समय और तारीख कोई भी निर्धारित नहीं कर सका और न ही यह सरल है। इसी प्रकार डॉ. **मिलविल ड्यूवी** ने अपने दशमलव वर्गीकरण में उच्चकोटि के लेखक और लघुकोटि के लेखक को एक विशेषता मानकर उनका विभाजन किया है। यह न तो तर्कसंगत है और न चिरस्थायी ही, अतः यह निर्धारित करना आसान नहीं है। वर्तमान समय में जो लेखक छोटा व कम लोकप्रिय है वही भविष्य में लोकप्रिय माना जा सकता है।

डॉ. रंगनाथन के कोलन क्लासीफिकेशन में इस प्रकार के किसी विभाजन का प्रावधान नहीं है, जो तर्कसंगत न हो। यहाँ लेखकों की जन्म-तिथि को आधार माना गया है।

(3) पृथक्करण उपसूत्र—इस उपसूत्र के अनुसार गुणों में यह क्षमता होनी चाहिए कि वह इस आधार पर किसी भी विचार अथवा वस्तु को न्यूनतम दो वर्गों में विभक्त कर सके।

उदाहरणार्थ—मान लो किसी एक वर्ग के विद्यार्थियों का विभाजन करना है। यदि सभी छात्र एक स्तर के हैं तो उन छात्रों को बांटना अथवा विभाजित करना नामुमकिन है। फिर भी निम्न विशेषताओं के आधार पर उनका विभाजन आसान हो जाएगा :

1. बौद्धिक स्तर, 2. अध्ययन का विषय, 3. लिंग भेद।

उक्त तीनों गुणों के आधार पर एक ही कक्षा के विद्यार्थियों का समूह—छात्र-छात्राओं, तीव्र बुद्धि एवं मन्द बुद्धि एवं भूगोल अथवा इतिहास पढ़ने वाले—इन वर्गों में विभाजित किया जा सकता है; इस प्रकार इस सूत्र के शब्दों में, वर्गीकरण में वर्गों को उपभागों में विभाजित किये जाने के लिए प्रावधान होना चाहिए। डॉ. **रंगनाथन** ने अपने कोलन क्लासीफिकेशन में हरेक वर्ग के विभाजन के लिए पृथक्करण की विशेषता का विधिवत अनुसरण करने का उचित प्रावधान किया है। हरेक मुख्य वर्ग की अनुसूची के प्रारम्भ में विषय के उपविभागों के लिए प्रयुक्त विशेषताओं की क्रमबद्ध शृंखला उल्लिखित है, जिसके प्रयोग के लिए जरूरी निर्देश भी हैं।

(4) स्थायित्व उपसूत्र—साहित्य में नाटक उसका एक भाग होता है, उसे स्थाई और निश्चित होना चाहिए। चूँकि विशेषताओं में बिना किसी उद्देश्य के बदलाव लाने से अव्यवस्था होने की आशंका बनी रहेगी।

उदाहरणार्थ—साहित्य में नाटक का भी स्थान होता है या उसे एक स्वरूप भी कहा जा सकता है। विभाजन की नजर से इसको रूप-विभाजन के तहत निश्चित किया जाता है। साहित्य में नाटकों को रूप-विभाजन के आधार पर एक स्वरूप मानकर विभाजित करना ही स्थायी एवं एक निश्चित पद्धति है। चूंकि नाटक, गद्य और पद्य दोनों में होते हैं और उनमें समान भाव न होकर अन्तर चलता रहता है जिसे एक शैली भी माना जा सकता है। जो साहित्य के विभाजन की नजर से उपयोगी विशेषता नहीं है इस प्रकार यह विशेषता विभाजन का आधार नहीं हो सकती।

(5) अनुरूपता उपसूत्र—इस उपसूत्र के अनुसार निश्चित किये गये गुणों के प्रयोग के अनुक्रम का अनुसरण अनुरूपता के साथ लगातार होना चाहिए। इससे केवल विशेषताओं के प्रयोग में ही अनुरूपता नहीं होनी चाहिए, अपितु जिस अनुक्रम में उनका प्रयोग होना है, उनमें भी अनुरूपता जरूरी है। कहने का अर्थ यह है कि यह एक प्रकार का सामान्य नियम है, जिसके अनुसार किसी एक विशेष स्थिति या उद्देश्य के परिप्रेक्ष्य में ठीक उन्हीं विशेषताओं के अनुक्रम का अंनुसरण जरूरी है।

(6) संलग्नता उपसूत्र—इस उपसूत्र का सिद्धान्त है कि किसी भी विषय के वर्गीकरण के अन्तर्गत एक ही उपविभाग अथवा उपवर्ग के लिए दो विशेषताओं का प्रयोग नहीं होना चाहिए। यदि दो विशेषताओं का प्रयोग करने का वर्ग एक ही होता है तो दोनों का प्रयोग एक साथ नहीं होना चाहिए।

उदाहरणार्थ—मानवों के समूहों या वर्गों के विभाजन करने के लिए जन्मतिथि और उम्र को आधार मानने पर यह एक बात होगी इसी प्रकार पुस्तकों के संस्करण तथा प्रकाशन की तिथि को आधार मानकर विभाजन करने से एक ही वर्ग होगा। इस प्रकार का प्रयोग नहीं होना चाहिए, जो व्यवहार की दृष्टि से उचित न हो।

(7) सम्बद्ध अनुक्रम—वर्गीकरण की योजना में गुणों की अनुसूची वर्गीकरण के प्रयोजन से संबंधित होनी चाहिए। साहित्य में भाषा, रूप, विधान, काल एवं लेखक विशेषताओं का क्रम है। डेसिमल क्लासीफिकेशन में साहित्य का विभाजन उक्त क्रम के आधार पर ही किया है। कोलन क्लासीफिकेशन में भी भाषा, रूप, विधान एवं लेखक तथा उनकी कृतियों के अनुक्रम को विशेषताओं के आधार पर चुना गया है। दोनों विधियों में ये क्रम वर्गीकरण के उद्देश्य से सम्बद्ध हैं। इसमें चौबीस प्रकार की विशेषताएँ उपलब्ध हैं।

डेसिमल वर्गीकरण के अनुसार इसकी निम्नवत चार विशेषताएँ हैं—

(1) सांविधिक अंग,

(2) भौगोलिक,

(3) समस्या,

(4) कालक्रम जिसे एक उद्देश्य का आधार माना गया है।

उपरोक्त गुणों के अनुक्रम का दोनों विधियों में अक्षरशः अनुसरण किया गया है। इनका अनुसरण न होने से वर्गीकरण की अनुरूपता खत्म हो जाएगी और व्यक्तिक्रम की स्थिति उत्पन्न होने लगेगी। उपसूत्रों के पालन से वर्गीकरण को सुविधाजनक बनाया जा सकता है।

पुस्तक वर्गीकरण का महत्त्व

'वर्गीकरण पुस्तकालय-विज्ञान की आधारशिला है' इस तथ्य को स्पष्ट करने के लिये पुस्तक वर्गीकरण की वैज्ञानिक प्रणाली अनिवार्य होती है।

1. इसके आधार पर पुस्तकों को सुसंगठित करने में सहायता मिलती है तथा समूहों में पुस्तकों का समावेश आसान हो जाता है। यह एक सरल साधन है जिसके द्वारा पुस्तकों को अपने सम्बन्धित स्थानों पर वापस रखने में भी सुविधा होती है।
2. इसके द्वारा आलमारियों के खानों पर स्टॉक रजिस्टर के माध्यम से पूरे संग्रह की जाँच करने में भी सहायता मिलती है।
3. विभिन्न प्रकार की सन्दर्भ पुस्तक सूचियाँ सूचीकरण एवं शोध कार्य में भी

सहयोग प्रदान करती हैं।

4. मुख्य संग्रह में से कुछ निर्धारित पुस्तकों को वापस लेना हो या प्रदर्शित करना हो तो इससे सुविधा होती है। इसकी सहायता से पुस्तकालयाध्यक्ष अपने केन्द्रीय पुस्तकालय से शाखा पुस्तकालयों तथा लेन-देन विभाग एवं वितरण केन्द्रों की समुचित पुस्तकें सरलतापूर्वक दे सकता है।
5. इसके आधार पर किताबों को लाने व ले जाने का लेखा रखने में सुविधा होती है। इससे अनेक प्रकार के आँकड़े तैयार करने में मदद मिलती है। इस प्रकार अपने संग्रह के विभिन्न उपविभागों की स्थिति का सही पता लगता रहता है और माँग प्रस्तुत की जा सकती है।
6. इस सूची के माध्यम से उपयोगकर्ताओं के लिए पुस्तकों के प्रतिपाद्य विषय का विश्लेषण सरल और उनको शीघ्रतापूर्वक सूची से पुस्तक की ओर जाने का हवाला मिलता है। साथ ही यह एक ऐसा साधन है जिससे संग्रह को अच्छे ढंग से प्रदर्शित किया जा सकता है।
7. यह पुस्तकों को एक ऐसे क्रम में व्यवस्थित कर देता है जिससे उपयोगकर्ताओं और पुस्तकालय-कर्मचारियों को अध्ययन-सामग्री के आदान-प्रदान और रख-रखाव में सुविधा होती है।
8. यह पुस्तकों के चुनाव करने, संग्रह से पुस्तकें वापस निकालने और छाँटने आदि में सहायक होती है।

पुस्तक वर्गीकरण की यह प्रक्रिया न सिर्फ पुस्तकालय कर्मचारियों को मानसिक उलझन से बचाती है बल्कि इससे उपयोगकर्ताओं के समय की भी बचत होती है। इसीलिए पुस्तक वर्गीकरण को पुस्तकालय विज्ञान की महत्त्वपूर्ण शाखा माना गया है और अधिकांशतः पुस्तकालय की सार्थकता इसी पर निर्भर करती है।

चूँकि 'पुस्तक वर्गीकरण' का मुख्य लक्ष्य ऐसी व्यवस्था करना है जिससे पुस्तकों का उपयोग सब प्रकार से भली-भाँति सुविधापूर्वक किया जा सके, इस प्रकार इसके लिए एक वैज्ञानिक पुस्तक वर्गीकरण पद्धति होनी चाहिए।

वर्गीकरण के साधन

पुस्तक वर्गीकरण के लिये कुछ अनिवार्य उपकरणों का होना अनिवार्य होता है, क्योंकि इनके अभाव में सही वर्गीकरण सम्भव नहीं होता।

इसके प्रमुख साधन निम्नवत हैं–

1. सामान्य पारिभाषिक कोश,
2. वर्गीकरण सम्बन्धी संहिताएँ और नियमावली ये सब वर्गीकरण के साधन हैं। इसकी सहायता से सही वर्गीकरण में मदद मिलती है,
3. विशेष विषयों के परिभाषिक कोश,
4. नेशनल बिब्लियोग्राफी के पुराने और नये अंक,
5. भाषा और साहित्य के प्रामाणिक इतिहास,
6. एक अच्छा जीवनी कोश,
7. एक अच्छा गजेटियर,
8. अनुक्रमणिका सहित एक अच्छा एटलस,
9. कालक्रम,
10. एक ताजे संस्करण का नेशनल गजेटियर, एवं
11. डिक्शनरी ऑफ डेट्स।

पुस्तकालय वर्गीकरण के कार्य

पुस्तकालय में वर्गीकरण विशेष महत्त्व रखता है क्योंकि बिना इसके किसी प्रकार से वास्तविक सन्दर्भ की पुस्तकों को खोजना सम्भव नहीं होता। क्रमबद्ध रूपों में व्यवस्थित की गई सामग्री से कार्य के समय सकारात्मक सहयोग मिलता है।

पुस्तकालयों में कुछ ऐसे कार्य होते हैं जिनमें वर्गीकरण का प्रयोग प्रमुख रूप से होता है। ये कार्य निम्नवत हैं–

1. वर्गीकृत सूची द्वारा अभिलिखित ज्ञान को क्रमबद्ध व्यवस्थित करके पाठ्य-सामग्री को सुलभता प्रदान करना वर्गीकृत आँकलन की प्रविधिक प्रक्रिया है, सिर्फ इतना ही नहीं वर्णगत अनुक्रम का भी आंकलन है जिसमें वर्गीकरण काफी मददगार साबित होता है।
2. इस प्रणाली से एक महत्त्वपूर्ण लाभ यह भी होता है कि कार्य के समाप्त होने पर पुस्तकों को पुनः उसी समय नियत स्थान पर रखा जा सकता है। जिससे प्रतिदिन की समस्याएँ समाप्त होती रहती हैं।
3. प्रलेखन सेवा के क्षेत्र में सूचना पुनर्प्राप्ति के लिए वर्गीकरण की सहायता ली जाती है।
4. सन्दर्भ एवं सन्दर्भ पुस्तक-सूची सेवा क्षेत्र में पाठकों के सूचनार्थ उनके विषय की मात्रा का विश्लेषण करने और तत्पश्चात् उसको विशिष्ट विषय के तहत निश्चित करने में भी वर्गीकरण का बहुत ज्यादा योगदान है।

2

ज्ञान वर्गीकरण

वर्तमान समय में विभिन्न प्रकार के नवीन शोध तथा आविष्कार के कारण मानव-ज्ञान व्यापक होता जा रहा है जिसके परिणामस्वरूप उसकी प्रकृति में भी परिवर्तन हो रहा है। ज्ञान की उपयोगिता पर प्रकाश डालते हुये वैदिक काल में भी स्पष्ट रूप से कहा गया कि ज्ञान मनुष्य की तीसरी आँख है। चूँकि व्यक्ति स्वभाव से ही एक जिज्ञासु प्राणी है। वह जीवन में प्रत्येक दिन एवं प्रत्येक क्षण कुछ न कुछ देखता, सुनता और समझता है और उसके द्वारा जो अनुभव प्राप्त करता है उसे ही ज्ञान मान लेता है। इस प्रक्रिया में उसकी अन्य ज्ञानेन्द्रियाँ भी महत्त्वपूर्ण भूमिका निभाती हैं। मानव प्रत्येक दिन कुछ न कुछ नया सीखता है और अनुभव करता है। अनुभव का यह बोध ज्ञानेन्द्रियों द्वारा आभास किया जाता है जिसे वह ज्ञान की संज्ञा देता है क्या उसे सत्य माना जाए। सच्चाई यह है कि जो कुछ हम प्रतिदिन देखते हैं, सुनते हैं, और अन्य ज्ञानेन्द्रियों के माध्यम से अनुभव करते हैं, वे सभी ज्ञान नहीं हो सकते हैं। सही और सत्य जानकारी को ही ज्ञान माना जा सकता है। अनेक विद्वान मानते हैं कि सत्य का अनुभव और आधार ही वास्तविक ज्ञान है, क्योंकि वही सही है। यदि कोई अनुभूति सत्य पर आधारित नहीं है तो उसे ज्ञान नहीं कहा जा सकता है। वही अनुभव ज्ञान के दर्जे में शामिल किए जा सकते हैं जो सत्य हों तथा उन्हें सही मानने के लिये पर्याप्त आधार उपलब्ध हों। मानव जीवन में मुख्य रूप से दो ऐसी परिस्थितियाँ आती हैं जिन्हें हम क्षणिक रूप

से ज्ञान मान लेते हैं, परन्तु परीक्षण के बाद पता चलता है कि वे असत्य पर आधारित हैं इसलिये वे ज्ञान नहीं हैं। कभी-कभी हम किसी वस्तु को वह मान लेते हैं जो वह होती नहीं यह स्थिति भ्रम की होती है। उसमें कोई सत्यता नहीं होती। इसलिये उसे ज्ञान कहना ठीक नहीं होगा। उदाहरण के लिये कभी-कभी रात्रि के समय किसी पेड़ को देखने से व्यक्ति का भ्रम होता है परन्तु यह वास्तविक सत्य नहीं होता।

दूसरी स्थिति में किया गया अनुभव ज्ञान नहीं कहा जा सकता, उसे भ्रम कहा जाता है। भ्रम की अवस्था में कोई वस्तु वैसी नहीं होती है जिसे हम कुछ और समझ लेते हैं। विभ्रम की अवस्था में किसी वस्तु को न होने पर भी हम मान लेते हैं कि वह अवश्य थी। उदाहरण के लिये अर्थरात्रि में बगीचे में पत्तियों की आवाज से आप विभिन्न प्रकार के संदेहों से घिर जाते हैं, परन्तु यह एकमात्र भ्रम ही होता है। प्रकाश में उसे फिर से देखने पर वहाँ कोई भी नहीं मिलता है। इस प्रकार से प्रथम अनुभव को हम विभ्रम की संज्ञा देते हैं तथा दूसरा अनुभव वास्तव में ज्ञान का रूप लेता है। भ्रम और विभ्रम में अन्तर केवल इतना है कि पहली अवस्था में कोई भी ऐसी वस्तु होती है जिसे हम कुछ और मान लेते हैं परन्तु दूसरी अवस्था में कोई भी ऐसी वस्तु नहीं होती है जिसे हम साकार रूप से स्वीकार कर लें। इन दोनों अवस्थाओं में ज्ञान तभी होता है जब हम किसी वस्तु को करीब से देख लें अथवा उसका परीक्षण कर लें।

इस प्रकार ज्ञान वह बहुआयामी माध्यम है जो ज्ञाता तथा श्रेय के बीच सम्पन्न होता है। ज्ञाता के रूप में व्यक्ति होता है तथा ज्ञेय के रूप में वस्तु या विचार होते हैं। दोनों के परस्पर सम्बन्ध से ज्ञान की उत्पत्ति होती है इसे निम्न प्रकार से दिखाया जा सकता है।

ज्ञाता	→	ज्ञान	→	ज्ञेय
(व्यक्ति)				(वस्तु या विचार)

ज्ञान का विकास

आधुनिक समय में ज्ञान का जो व्यापक क्षेत्र हमें दिखाई दे रहा है वह प्राचीन समय के विभिन्न प्रयासों का प्रतिफल है। इसी कारण वर्तमान समय का मानव ज्यादा ज्ञानवान और गुणवान है। उसने इसी के बल पर प्रायः सभी समस्याओं का समाधान खोज लिया है। मृत्यु को छोड़ कर उसने प्रत्येक कार्य और प्रत्येक क्षेत्र में विजय प्राप्त की है। ज्ञान जिस रूप से आज हमारे समाने है ऐसा पहले नहीं था। मानव सभ्यता के विकास के साथ ज्ञान का विकास हुआ है। हम जिस समाज में

आज रह रहे हैं वह पहले नहीं था। वर्तमान जीवन पद्धति, विज्ञान एवं सूचना का स्वरूप, समाज एवं समाज में प्राप्त सभी मान्यताएँ हमेशा ऐसी नहीं थीं। ज्ञान के विकास के साथ-साथ व्यक्ति की जीवन शैली बदलती रही। आज हम जिस स्थान पर हैं वह एक दिन में सम्भव नहीं हो सका है। ज्ञान की उत्पत्ति को समझने और जानने के लिये हमें मानव इतिहास के आदि काल को देखना होगा।

पुरातन काल में व्यक्ति अपना जीवन जंगलों में बिताता था। उस समय मानवीय सभ्यता का विकास नहीं हुआ था। उसे सुख एवं दुख का बोध प्रकृति के बीच में रहते हुए हो सका। पत्तों से तन ढकता था। पड़ों के नीचे रह कर वह गर्मी, वर्षा से बचाव करता था। सूर्य की धूप से सर्दी से बचाव करता था। न तो उस समय वर्तमान समाज की तरह समाज था और न तो आज की तरह कोई कानून व्यवस्था थी। जिसकी लाठी उसकी भैंस की कहावत पूर्ण रूप से चरितार्थ होती थी। जो शक्तिशाली था वह निर्बलों पर अपना शासन करता था। उनका कोई परिवार नहीं था। आज की तरह मकान नहीं थे। प्रकृति द्वारा प्रदत्त सुख-दुख का अनुभव उसने समान रूप से किया तन ढ़कने के लिये पेड़ों की पत्तियों का उपयोग करना, भूख लगने पर जंगल में उपलब्ध फलों का सेवन करना, धूप में छाया की तलाश करना, वर्षा में पेड़ों के नीचे छिप कर अपना बचाव करना तथा सर्दी से बचने के लिये धूप का सेवन करना व्यक्ति ने प्रकृति के बीच रह कर ही सीखा। इस प्रकार से प्रकृति के बीच रह कर उसने जो कुछ सीखा अथवा व्यवहार में लाया उसे हम ज्ञान की संज्ञा दे सकते हैं। दो पत्थरों को आपस में रगड़ने से अग्नि उत्पन्न होती है, इस ज्ञान को उसने वहीं प्राप्त किया। बाद में आवश्यकता पड़ने पर आग बनाना सीख गया। उसे डर, भय और सुख की अनुभूति भी प्रकृति के बीच में रह कर ही हुई। इस प्रकार से उसे जो कुछ ज्ञान प्राप्त हुआ उसे प्राकृतिक विज्ञान का नाम देते हैं। इसलिये यह कहा जा सकता है कि प्रकृति के मध्य रह कर जो कुछ मानव ने सीखा वही बाद में प्राकृतिक विज्ञान कहा गया।

इस समय व्यक्ति कंद-मूल खाकर जीवन तो बिताता था परन्तु, भाषा विकास के अभाव में उसमें विचारों का आदान-प्रदान परिमार्जित रूप में सम्भव नहीं था। उस समय उसने हाव-भाव तथा इशारे से दूसरे की भावनाओं को समझने का प्रयत्न किया। हँसना तथा रोना दोनों नैसर्गिक होते हैं। इसके अतिरिक्त उसके मुख से जो भी आवाज निकली उसे एक-दूसरे समझने लगे होंगे। यहीं से भाषा का उद्भव अथवा जन्म हुआ। आदि मानव ने अपनी बात को कहने तथा दूसरे को बताने के लिये जमीन पर रेखांकन द्वारा प्रयास किया होगा। वही बाद में लिपि के रूप में विकसित

हुई। उसने अपनी भावनाओं को रो कर, गा कर तथा चित्र बना कर दूसरे को बोध कराने के लिये भी प्रयत्न किया जिसकी परिणति कला तथ्य साहित्य के रूप हुई।

सुरक्षा के दृष्टिकोण से सामाजिक प्रतिबंध तथा कानूनों की विशेषता अनिवार्य होती है। प्राचीन काल में इसी की व्यवस्था नहीं थी, परिणामतः पूरा समाज शोषण तथा शोषित-दो वर्गों में विभक्त था। अपने को बचाने का कोई उपाय न पाकर व्यक्ति ने किसी एक ऐसे अस्तित्व की खोज करने का कार्य शुरू किया जिसके पास जाकर उसे शान्ति मिल सके तथा अपने दुखों को उससे बाँट सके। इस प्रयास में उसे ईश्वर जैसी शक्ति प्राप्त हुई जिसके पास में बैठ कर वह कुछ समय तक अपने दुखों को बाँट सकता था तथा उसे शांति प्राप्त हो सकती थी। यहीं से धर्म का जन्म होता है। व्यक्ति ने अच्छे बुरे की पहचान व उचित अनुचित का ज्ञान प्राप्त करना शुरू किया यह व्यक्ति की सोच से विकसित हुआ उसके इसी कोशिश की वजह से दर्शनशास्त्र का प्रादुर्भाव हुआ।

इन सभी अनुभूतियों के कारण जो विविध तरह का ज्ञान व्यक्ति ने सीखा अथवा अपने जीवन में उनको आधार मान कर कार्य किया उसे मानविकी नाम दिया गया। कालान्तर में व्यक्ति के रहन-सहन एवं बुद्धि के विकास के साथ-साथ वह आपस में मिलजुल कर रहने लगा। आदान-प्रदान के जरिए सुख और दुख की अनुभूति करने लगा। इस प्रकार से एक सामाजिक ढांचे का प्रारूप सामने आया। उसे ही समाज का नाम दिया गया। समाज में रहकर उसने उन सभी प्राकृतिक साधनों की पहचान की जो उसके जीवन को नित्य प्रायः किसी न किसी रूप में प्रभावित करते थे। इसके फलस्वरूप भूगोल विषय का प्रादुर्भाव हुआ। मानव को अपने पूर्वजों के बारे में विस्तृत जानकारी और उनके विकास की प्रक्रिया को जानने के लिए इतिहास पढ़ने की आवश्यकता हुई। इसी प्रकार से अर्थशास्त्र, राजनीति विज्ञान, समाजशास्त्र तथा कानून आदि विषय आये जो कालान्तर में परम्परागत विषय के रूप में पढ़े तथा पढ़ाये जाने लगे। इन्हें सामाजिक विज्ञान का नाम दिया गया।

यद्यपि प्राचीन काल में किसी प्रकार की शिक्षालय व्यवस्था नहीं थी। उस समय कागज का भी आविष्कार नहीं हुआ था, परिणामतः भोजपत्रों को प्रयोग में लाया जाता था। इस सब समस्याओं के मध्य व्यक्ति अपने सभ्यता विकास के साथ गणित, भौतिकी, भू-विज्ञान तथा अन्य प्रकार के विषयों का पर्याप्त विकास किया। इन सभी को प्राकृतिक विज्ञान की श्रेणी में स्थान दिया गया है। आगे चलकर उसमें अनेक विषय भी आये जो समय के साथ विकसित होते रहे। उसी

प्रकार जब मनुष्य ने स्वयं के बारे में जानना चाहा तथा उसे अध्ययन करने लगा तो उसे भी अनेक दृष्टिकोणों से जाना और पहचाना गया। उसे मानविकी नाम दिया गया। मनुष्य ने अपने अनुभवों के आधार पर जो सीखा उसे कला, साहित्य, भाषा, विज्ञान, धर्म और दर्शन आदि विषय के रूप में रखा। समाज से जुड़ने के पश्चात् जिन विषयों का अध्ययन किया जाने लगा उनमें भूगोल, इतिहास, राजनीति विज्ञान, अर्थशास्त्र, समाजशास्त्र तथा कानून हैं। उन्हें सामाजिक विज्ञान नाम दिया गया। इन तीनों स्रोतों के आधार पर जिन विषयों की उत्पत्ति हुई उसे विश्व ज्ञान के नाम से जाना गया। उसी को ज्ञान वर्गीकरण कहा गया। ज्ञान वर्गीकरण एक मानसिक प्रक्रिया मात्र है। उसके अन्तर्गत जो विषय स्थान पा सके उन्हें मुख्य वर्ग कहा गया।

डॉ. रंगनाथन ने ज्ञान जगत की वर्गीकरण योजना के प्रथम शृंखला क्रम में सभी विषयों को मुख्य वर्ग कहा है। ज्ञान वर्गीकरण द्वारा ज्ञान क्षेत्र को व्यवस्थित किया जाता है। दूसरे, ज्ञान वर्गीकरण विचारों की एक मानसिक प्रक्रिया है तथा ज्ञान वर्गीकरण पूर्व अनुमानित, अनुकूल, वर्तमान तथा स्थापित विचारों पर निर्भर होता है।

सामान्यतया यदि देखा जाए तो ज्ञान तीन प्रकार का होता है—वैज्ञानिक, तार्किक एवं दार्शनिक ज्ञान।

ज्ञान वर्गीकरण के प्रमुख लाभ

ज्ञान वर्गीकरण के प्रमुख लाभ निम्नवत हैं—

1. इसमें ज्ञान को मूर्त रूप में क्रमबद्ध किया जाता है।
2. यह एक भावनात्मक प्रक्रिया मात्र है।
3. ज्ञान वर्गीकरण एक मानसिक प्रक्रिया है।
4. यह पूर्व धारणा पर आधारित विचारों पर निर्भर करता है।

ज्ञान वर्गीकरण के प्रमुख उद्देश्य

ज्ञान तालिका का निर्माण इसका प्रमुख प्रयोजन है, जिसके आधार पर पुस्तकों के विषयों के शब्दों में वर्गीकरण करने के लिए एक पुस्तक वर्गीकरण पद्धति तैयार की जा सके। पुस्तकालय की प्रत्येक पुस्तक ज्ञान की किसी न किसी शाखा से सम्बन्ध रखती है। इस प्रकार पुस्तकों के वर्गीकरण का मूल आधार ज्ञान का वर्गीकरण ही है।

विश्व ज्ञान

विश्व ज्ञान की संकल्पना पर यदि ध्यान दिया जाए तो समाज, मनुष्य एवं प्रकृति इसके प्रमुख स्रोत होते हैं, क्योंकि सम्पूर्ण राष्ट्र विश्व ज्ञान की इन्हीं प्रक्रियाओं पर निर्भर करता है। यह भी बताया गया है कि इन्हीं तीनों स्रोतों के माध्यम से विविध परम्परागत विषयों का जन्म हुआ है जो आजकल मुख्य विषय के रूप में जाने और पहचाने जाते हैं। वर्गीकरण के लिए मात्र परम्परागत विषयों को ही आधार मान लेना उचित नहीं है, क्योंकि आज का युग विशिष्टता का है इसलिये विशिष्ट विषय को ही वर्गीकरण का सही आधार माना गया है।

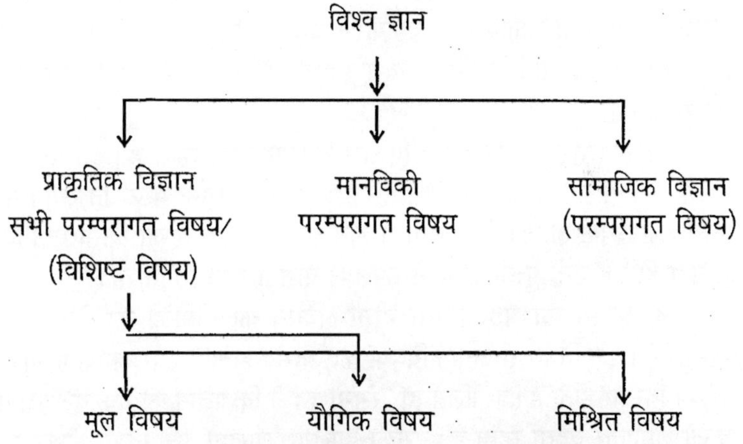

प्राचीन काल से वर्तमान समय तक विषयों के मूल स्वरूप में स्वाभाविक तौर पर समयानुसार अनेक परिवर्तन हुए हैं। विषयों की प्रकृति में परिवर्तन के साथ ही उनका विषयों में बदलाव और विस्तार आया एक विषय से दूसरे विषय का जन्म हुआ और दो विषयों को मिलाकर तीसरे विषय की रचना हुई। ऐसा अनायास ही नहीं हुआ, समय की जरूरतों की पूर्ति के लिये विषयों के रूप एवं स्वभाव में परिवर्तन होते रहे हैं। भविष्य में भी यह प्रक्रिया निरन्तर चलती रहेगी। जो विषय आज हमारे सामने हैं वे उसी तरह से भविष्य में भी बने रहेंगे ऐसा निश्चित रूप से कहना ठीक नहीं होगा। विषयों के स्वरूप में परिवर्तन कुछ विशेष कारणों से होते हैं जो निम्न हैं–

विषय की विशेषताएं

1. विषय की गीतशीलता— वर्तमान समय में विषयगत परिवर्तनशीलता के कारण समानान्तर शोध कार्य किये जा रहे हैं। यही कारण है कि नये-नये विचारों तथा विषयों की उत्पत्ति हो रही है। शोध कार्य के परिणामस्वरूप जिन नए विचारों और विषयों का प्रादुर्भाव वर्गीकरण पद्धति में हो रहा है उसे उचित स्थान देना आवश्यक हो जाता है।

2. विषय की व्यापकता—विषय को किसी निश्चित सीमा में नहीं बांधा जा सकता क्योंकि इसकी कोई सीमा निर्धारित नहीं है यह असीमित है। इसके अन्तर्गत लगातार नये-नये विचारों का सृजन होता रहता है जिस कारण नये-नये विषयों का निर्माण होता है, ऐसी स्थिति में किसी वर्गकार को वर्गीकरण करते समय इस बात की जानकारी होनी चाहिए तथा वर्गीकरण योजना में इस तरह की परेशानियों के निराकरण हेतु अनिवार्य नियमों का विधान होना चाहिए। ऐसा न होने पर वर्गीकरण अधूरा होता है।

3. निरन्तरता—विषय का विकास निरन्तर होता रहता है। इस प्रक्रिया के परिणामस्वरूप नये तत्त्वों तथा विचारों को वर्गीकरण योजना में उचित स्थान प्रदान करना आवश्यक हो जाता है। ऐसा न होने से वे नये विचार जो किसी एक विषय में पैदा होते हैं उन्हें पुस्तकालय में उपलब्ध कराना कठिन होता है।

4. विषय का बहुआयामी होना—विषय की सीमाओं का क्षेत्र बहुत ही विस्तृत है। एक विषय से अनेक विषयों का उद्भव होता है और अनेक दिशाओं में इसका विस्तार होता है। इसीलिये **डॉ. रंगनाथन** ने विश्वज्ञान को एक बट वृक्ष कहा है जो लागातार बढ़ता रहता है। उसकी डालियाँ, शाखायें, पत्ते किसी भी दिशा की तरफ बढ़ सकते हैं। ऐसी अवस्था में किसी वर्गीकरण पद्धति में उन सभी बहुआयामी विषयों तथा उनकी शाखाओं को समुचित स्थान देने के लिये पर्याप्त व्यवस्था होनी चाहिए। इसके अभाव में विषयों के सूक्ष्मतम अंशों के लिये सही स्थान प्रदान करना सम्भव नहीं होगा तथा वर्गीकरण अधूरा रहेगा।

विषय संरचना विधि

डॉ. रंगनाथन ने परतबन्दी, विच्छेदन, शिथिल संयोजन, अनाच्छादन विषय रचना की बात की है।

पहले की तुलना में यह बढ़कर 12 हो गई थी। सन् 1972 में डॉ. रंगनाथन की मृत्यु के बाद ए. नीलमेघन ने इस विषय पर गंभीरता से विचार किया तथा

उसमें कुछ संशोधन किये। उन्होंने विषय रचना की नौ विधियाँ बताई हैं, जो निम्नवत हैं–

1. समूहीकरण

वर्तमान समय को अनुसंधान का समय भी माना जाता है, क्योंकि इस समय अनेक विषयों पर अनुसन्धान कार्य हो रहा है। अनुसन्धान के पश्चात् जिस नए विषय का प्रादुर्भाव होता है उसे समूहीकरण के रूप में परिभाषित करते हैं। जैसे–महात्मा गांधी ने अपनी जीवन में हमेशा सभी सामाजिक विषयों पर कुछ न कुछ लिखा है। राजनीति, समाजशास्त्र, अर्थशास्त्र तथा कई अन्य विषयों पर उनके विचार संकलित हैं, जिसे गांधी वाङ्मय नामक नए विषय के नाम से जाना जाता है। उसी प्रकार से अनेक है विषय बने हैं।

2. विखण्डन

विश्वज्ञान को दो स्तरों पर विभिन्न हिस्सों में विभाजित करने पर उनसे दोनों स्तरों पर कई विधियों की रचना होती है, जैसे–विश्वज्ञान को प्रथम स्तर पर प्राथमिक मुख्य विषयों के रूप में बाँटते हैं। जैसे प्राकृतिक विज्ञान में गणित, भौतिक एवं रसायन शास्त्र आदि। मानविकी में साहित्य, भाषा, कला, धर्म तथा दर्शन आदि। सामाजिक विज्ञान में इतिहास, भूगोल एवं राजनीति विज्ञान आदि विषय आते हैं।

द्वितीय स्तर पर प्रमुख विषयों से गौड़ विषयों की रचना होती है। जैसे–भौतिक विज्ञान से पदार्थ, ध्वनि, ऊर्जा तथा प्रकाश आदि गौड़ विषय बनते हैं।

3. विलयीकरण

विलयीकरण की प्रक्रिया में दो विषयों को मिलाकर एक विषय बनाने की क्रिया शामिल है जैसे कि किसी शोधकर्ता का शोध विषय दो विषयों से सम्बन्धित हो। उसके द्वारा शोध कार्य पूरा करने के बाद उन दोनों विषयों के आधार पर एक नये विषय की रचना हो जाती है। इसे विलयीकरण कहते हैं।

जैसे–Geophysics, Bio-Chemistry, Econometrics आदि। इन सभी नये विषयों का सम्बन्ध दो मूल विषयों से है।

4. आसवन

ऐसे विषय या विचार जिनका प्रयोग अन्य कई विषयों के साथ समान रूप से किया जाता है आसवन विधि के अन्तर्गत आती है और इस प्रक्रिया के

परिणामस्वरूप एक नए विषय की रचना होती है। विषय संरचना की यह उपयोगी विधि है, उदाहरणार्थ, प्रबन्ध विज्ञान आधुनिक युग की देन है जो आसवन विधि के माध्यम से उत्पन्न हुई है। पहले इसका अध्ययन मुख्य विषय अर्थशास्त्र में ही होता था परन्तु आजकल इसका अध्ययन कई विषयों के साथ होने लगा है। जैसे—व्यापार प्रबन्ध, पुस्तकालय प्रबन्ध आदि, इस कारण वर्तमान समय में प्रबन्ध विज्ञान को एक मुख्य विषय का स्थान प्राप्त हो गया है। इस प्रकार से आसवन विधि द्वारा किसी एक मुख्य विषय से सम्बन्धित कई पृथक-पृथक क्षेत्रों पर अनुसंधान लेख लिखे जाते हैं। वही बाद में एक विषय का रूप ले लेते हैं। जैसे मुख्य विषय में पुस्तकालय विज्ञान, पुस्तकालय सेवा, पुस्तकालय वर्गीकरण, सूचीकरण, सन्दर्भ सेवा आदि पर कई रचनायें पृथक-पृथक प्रकाशित हो रही हैं।

5. पुन्जयन

पुन्जयन विधि को पहले डॉ. रंगनाथन ने पार्सिएल कम्प्रीहेन्सन नाम दिया था। इस प्रकार से विषय संरचना में बिना किसी सामन्जस्य और तारतम्यता के कई धारणाओं और विचारों को एक ही साथ एकत्र करके सम्पादित करना होता है। इस प्रक्रिया से एक मुख्य विषय अथवा एकल विचार की रचना होती है। जैसे एक प्राकृतिक विज्ञान तथा धारणाओं का समावेश होता है। जैसे गणित, भौतिक विज्ञान, रसायन विज्ञान के लेखों का एक स्थान पर सम्पादन होना। इसी तरह से मानविकी में उससे सम्बन्धित विषयों के लेख तथा सामाजिक विज्ञान में सामाजिक विज्ञान से सम्बन्धित लेख होंगे।

6. शिथिल संयोजन

शिथिल संयोजन प्रणाली के द्वारा दो या दो से अधिक विषयों को आपस में मिला कर एक नया विषय बनाया जाता है। ऐसा करके दो विषयों में आपसी सम्बन्ध स्थापित किया जाता है। इस प्रक्रिया के द्वारा एक मिश्रित विषय अथवा मिश्रित एकल विचार का जन्म होता है। इस प्रक्रिया से जुड़ने वाले सभी अंशों को 'दशा' कहा गया है। इसमें पहले विषय/एकल विचार को -1 तथा दूसरे को -2 कहा जाता है।

संबंध निम्नलिखित चार तरह के होते हैं—

1. तुलना दशा सम्बन्ध,
2. प्रभाव दशा सम्बन्ध,

3. सामान्य दशा सम्बन्ध,

4. अभिनत दशा सम्बन्ध।

दशा सम्बन्ध द्वारा नये विषयों की रचना तीन स्तरों पर होती है, जो निम्नवत हैं–

1. अन्तःपक्ष दशा सम्बन्ध : किसी भी विषय के दो पक्षों को जोड़ने से जो नया विषय बनता है वह अन्तःपक्ष दशा सम्बन्ध कहलाता है।

2. अन्तःपंक्ति दशा सम्बन्ध : जब किसी विषय/पक्ष के दो एकलों के बीच सम्बन्ध दिखाया जाता है और उससे कोई नया विषय बनता है तो वह अन्तःपंक्ति दशा सम्बन्ध कहलाता है।

3. अन्तःविषय दशा सम्बन्ध : किन्ही दो विषयों को मिलाकर नए विषय के निर्माण की प्रक्रिया को अन्तःविषय दशा सम्बन्ध कहते हैं।

7. परतबन्दी

परतबन्दी के अन्तर्गत विषय तथा पक्षों की संरचना नए सिरे के करके एक के ऊपर दूसरी परत के रूप में रखने की होती है। इस सन्दर्भ में डॉ. एस.आर. रंगनाथन ने पाँच मूलभूत श्रेणियों की परिकल्पना की है। किसी नये विषय का निर्माण मूल विषय के किसी एक पक्ष श्रेणी को जोड़ने से हो सकता है। इसी प्रकार अन्य मूलभूत श्रेणियों को जोड़े जाने पर वे कभी एक मूल विषय के रूप में उभर कर आते हैं। यह परतबन्दी दो तरह की होती है। जो इस प्रकार हैं–

परतबन्दी-1

इस प्रणाली के द्वारा किसी मूल विषय के साथ एक अथवा अनेक एकलों को रखा जाता है। उदाहरणार्थ–भारत में सार्वजनिक पुस्तकालय यहाँ पर पुस्तकालय सार्वजनिक पुस्तकालय को मिलाकर भारत में सार्वजनिक पुस्तकालय विषय का निर्माण हो सका है।

परतबन्दी-2

इस प्रणाली के द्वारा किसी एक मूल विषय में एक यौगिक पक्ष के दो या दो से अधिक उप-पक्षों को एक दूसरे पर परतबंदी की जाती है। पूर्व में इसे गौड़ एवं मुख्य विषय के रूप में जाना जाता था। इसके मुख्य अंग के रूप में विशिष्ट विषय होता था। बाद में उन्हें उनके साथ ही प्राप्त/विशिष्ट/प्रणाली दर्शाने वाले शब्द उनके एक भाग के रूप में रखे जाते हैं।

जैसे–
चिकित्सा विज्ञान,
बच्चों की चिकित्सा,
महिलाओं की चिकित्सा।

इस तरह की परतबंदी में मुख्य विषय के साथ विशिष्ट पक्ष को सम्मिलित कर दिया जाता है।

8. विच्छेदन

विच्छेदन का तात्पर्य है किन्हीं दो या अधिक चीजों को आपस में पृथक करना। इस विधि द्वारा विषय को छांटकर अलग-अलग कर दिया जाता है। उससे हम विषयों की एक पंक्ति की रचना करते हैं। उदाहरण के लिये भूगोल विषय में हम पूरे विश्व के भौगोलिक सन्दर्भों का अध्ययन करते हैं। उसके लिये पहले विश्व को महाद्वीपों में, महाद्वीपों को देशों में, देशों को प्रान्तों में, प्रान्तों को जनपदों में विभाजित करते हैं। इस प्रक्रिया से प्रत्येक विषय एक दूसरे से जुड़े हुए भी अपना अलग अस्तित्व रखते हैं और पृथक रूप से विषय बनते हैं। यही विच्छेदन कहलाता है।

9. अनाच्छादन

अनाच्छादन विधि के द्वारा किसी नये विषय के निर्माण हेतु मूल विषय के विस्तृत स्वरूप को कम कर दिया जाता है। साथ ही साथ उसमें लगातार विस्तार किया जाता है।

उदाहरणार्थ–प्रमुख वर्ग दर्शनशास्त्र के अन्तर्गत तर्कशास्त्र को जोड़ने से विस्तार कम होता है तथा तीव्रता अधिक होती है। इसी तरह से भौगोलिक क्षेत्र को देखने पर यही परिणाम सामने आता है, जैसे विश्व-एशिया-भारत-उत्तर प्रदेश यहाँ पर विषय का विभाजन अनाच्छादन विधि के माध्यम से सम्भव हुआ है।

ज्ञान एवं पुस्तक वर्गीकरण में अन्तर

ज्ञान तथा पुस्तक वर्गीकरण में क्रमशः स्वयं तथा ज्ञान की धारणाओं के वर्गीकरण का अन्तर होता है। इसलिए ज्ञान वर्गीकरण एक भाव है क्योंकि इसमें केवल विचारों को क्रमबद्ध किया जाता है, लेकिन पुस्तक वर्गीकरण ठोस होता है क्योंकि वह विचारों के लिखित प्रतिनिधित्व से सम्बन्धित होता है। चूंकि इसका

स्वरूप लिखित होता है इसलिए विचारों से कहीं अधिक कठिन है। दूसरी बात यह है कि ज्ञान वर्गीकरण पूर्व धारणा से युक्त विचारों पर आधारित होता है। वह व्यक्तिगत या चालू वर्तमान सिद्धान्तों पर निर्भर करता है, जिसे नए सिद्धान्तों के तहत उलटा-पलटा भी जा सकता है, क्योंकि किताबें विचारों की सच्चाई का प्रतीक हैं, इसलिए उनके विभिन्न रूप और उद्देश्य होते हैं—मनोरंजन, शिक्षा और सूचना अब यहाँ पर एक बड़ा अंतर साफ दिखाई देने लगता है। मस्तिष्क में विचारों को क्रमबद्ध रखने की अपेक्षा पुस्तकों का व्यवस्थापन एक विशेष रीति की अपेक्षा करता है। वास्तविक चीजें जो एक साथ उपयोग में आ सकती हैं उनको एक स्थान पर इकट्ठा करना जिससे कि वे आवश्यकता पड़ने पर सरलतापूर्वक मिल सकें। ज्ञान एवं पुस्तक वर्गीकरण के उद्देश्यों के शब्दों में इन दोनों में बहुत अन्तर है।

स्मृति सहायक

एक वर्गांक में दूसरे विशेष विचारधारा की अभिव्यक्ति के लिए प्रयोग किए गए अंकों को समान विचारधारा की अभिव्यक्ति करने वाले सभी वर्गांकों में प्रयुक्त होना चाहिए। इस क्रिया के द्वारा अन्य विशेष जरूरतों को नुकसान अथवा हानि न होती हो, उसे स्मृति सहायक कहते हैं। वर्गीकरण की प्रक्रिया के अन्तर्गत इस प्रकार की सहायक सारणियों का निर्माण किया जाना आवश्यक है। जो स्मृति सहायक हों और जहाँ उपयुक्त हो उनके द्वारा विभाजन किया जा सके। जैसे—देश, भाषा, काल और सामान्य विभाजन की सारणियाँ। इनको सारणीबद्ध स्मृति सहायक कहते हैं।

ज्ञान का वर्गीकरण करने के पश्चात् ज्ञान क्षेत्र की एक सारणी तैयार की जाती है, जिसमें स्मृति सहायकों को मिला कर उस तालिका को उस वर्गीकरण के लिए पूर्ण सक्षम बना लिया जाता है। उसके बाद ज्ञान वर्गीकरण की उस पूर्ण तालिका के कुछ विशिष्ट उपसूत्रों को जोड़ कर उस तालिका को पुस्तक वर्गीकरण के योग्य बनाया जाता है।

ज्ञान वर्गीकरण का क्षेत्र

ज्ञान वर्गीकरण के क्षेत्र को निम्नलिखित आधारों पर वगीकृत किया जा सकता है—

1. तार्किक वर्गीकरण—प्रसिद्ध तार्किक वर्गीकरण का विशुद्ध प्रयोग सिर्फ तर्कशास्त्र में ही किया जा सकता है, क्योंकि इसका आधार निगमन प्रणाली है।

2. वैज्ञानिक वर्गीकरण—यह ऐसी वर्गीकरण प्रणाली है, जिसकी श्रेणियाँ सम्बन्धित चीजों के अत्यावश्यक गुणों पर और उनके वास्तविक पारस्परिक सम्बन्धों पर आधारित हों।

3. दार्शनिक वर्गीकरण—यह एक ऐसी मूलभूत योजना है जिस पर दार्शनिक अपनी खोजों को अन्तिम तथ्य के रूप में संगठित करता है और जिसके द्वारा अन्त में वह अपनी मान्यताओं और विश्व के अर्थ को दूसरों को बताता है।

डॉ. रंगनाथन के उपसूत्र

ज्ञान का क्षेत्र काफी विस्तृत है और यह लगातार विकास की ओर बढ़ रहा है, परन्तु इसके बाद भी इसे विविध विभागों एवं उपविभागों में वर्गीकरण करना अनिवार्य है। ज्ञान-जगत का वर्गीकरण वर्गों में वर्गीकरण करने के बाद हर विषय की अनुसूची में विभाग, उपविभाग आदि की व्याख्या की जाती है तभी अनुसूची विषयानुसार ग्रन्थ वर्गीकरण की दृष्टि से उपयोगी और सहायक हो सकती है।

ज्ञान वर्गीकरण के तहत ऐसे सभी कारकों व घटकों का अध्ययन किया जाता है जिनमें से कुछ का ज्ञान प्राप्त नहीं हो सका है और भविष्य में हो सकता है। हकीकत में ऐसा ज्ञान वर्गीकरण पद्धति बनाने हेतु **डॉ. रंगनाथन** ने ज्ञान वर्गीकरण के उपसूत्रों का प्रतिपादन किया है जिनका वर्गीकरण पद्धति में अनुसरण करना न केवल जरूरी है बल्कि ग्रन्थ वर्गीकरण को एक वैज्ञानिक एवम् व्यावहारिक स्वरूप प्रदान करने में महत्त्वपूर्ण भी है। वे ज्ञान-वर्गीकरण के विशिष्ट उपसूत्र कहलाते हैं। जिनका वर्णन नीचे किया जा रहा है—

1. **शाब्दिक स्मरणशीलता**—वर्गीकरण पद्धति में अनुवर्ण स्मरणशीलता या शाब्दिक स्मरणशीलता भी होनी चाहिए। यत्र-तत्र इसका उपयोग हितकर होता है। इसको शाब्दिक स्मरणशीलता कहते हैं।
2. **स्मरणशीलता**—किसी वर्ग के विशिष्ट सत्व का प्रतिनिधित्व करने के लिए प्रयुक्त वर्ग संख्या—जहाँ भी उस विशिष्ट सत्व का उसी अर्थ में फिर प्रयोग किया जाए—वही और वैसा ही पूर्ववत् प्रयोग किया जाना चाहिए जहाँ इस तरह का अवरुद्ध क्रम दूसरे तुलनात्मक रूप से मुख्य सिद्धान्तों में बाधा न उत्पन्न करता हो। इसको स्मरणशीलता कहते हैं।
3. **पंक्ति में ग्राह्यता**—पंक्तियों के वर्गीकरण के निर्माण के लिए ऐसी विधि अपनायी जानी चाहिए कि किसी भी पंक्ति में नए वर्गांक का कोई अंक

वर्तमान वर्गों को बाधा पहुँचाए बगैर जोड़ा जा सके, इसको पंक्ति में ग्राह्यता कहते हैं।

4. **सजातीय स्मरणशीलता**—वर्गीकरण पद्धति के तहत एक ही नाति के विचारों को व्यक्त करने के लिए पूरी पद्धति में सभी स्थानों पर एक ही अंक का प्रयोग किया जाना चाहिए। इसको सजातीय स्मरणशीलता कहते हैं।

5. **शृंखला में ग्राह्यता**—शृंखला के वर्गांकों का निर्माण इस भांति होना चाहिए कि जिससे नए वर्गांकों का कोई भी अंक उस शृंखला के अन्त में वर्तमान वर्गांकों को किसी रूप में बाधा पहुँचाए बिना जोड़ा जा सके, जिससे कि उन अधीनस्थ वर्गों का प्रवेश हो सके जो एक या ज्यादा धर्मों के सहयोग से बने हुए हों। इसको शृंखला में ग्राह्यता कहते हैं।

6. **सारणीबद्ध स्मरणशीलता**—वर्गीकरण पद्धति में ऐसी सहायक सारणियाँ बनाई जानी चाहिए जो स्मृति सहायक हों और आवश्यकतानुसार उनके द्वारा विभाजन किया जा सके। यथा—भाषा, देश, काल और सामान्य विभाजन की सारणियाँ। इसको सारणीबद्ध स्मरणशीलता कहते हैं।

अन्ततः यह परिणाम प्राप्त होता है कि पुस्तकों एवं अन्य अध्ययन-सामग्री का निरन्तर संग्रह पुस्तकालय में किया जाता है। यह ज्ञान के किसी-न-किसी शाखा-प्रशाखा से संबद्ध होता है। प्रत्येक पुस्तक का विषय एवं शीर्षक ज्ञान के किसी-न-किसी अंश को बताता है। सामान्यतया इसीलिए जब हम ज्ञान का वर्गीकरण करना प्रारम्भ करते हैं तो सारणी बनाते समय विभिन्न नियमों व सिद्धान्तों का अनुपालन करते हैं तदुपरांत क्रमबद्ध रूप से ज्ञान को व्यवस्थित किया जाता है।

3

पुस्तकालय वर्गीकरण के मूलभूत सिद्धान्त

सामान्यतः किसी भी कार्य को सकारात्मक रूप से कम समय में सम्पन्न करने के लिये उससे सम्बन्धित विभिन्न प्रकार के नियमों व सिद्धांतों का अनुपालन करना होता है। इसी प्रकार पुस्तकालय को वर्गीकृत करते समय भी इस बात का ध्यान रखना होता है कि इसे निश्चित मानकों के अनुरूप ही किया जाए क्योंकि ऐसा न करने से जहाँ अध्येताओं के लिये विभिन्न समस्याएँ होती हैं वहीं पुस्तकों का विन्यास भी सफलतापूर्वक सम्भव नहीं होता।

पुस्तकालय वर्गीकरण के सिद्धांतों का विकास

पुस्तकालय वर्गीकरण तथा सिद्धान्तों को निम्नलिखित रूपों में वर्णित किया गया है–

1. विवरणात्मक सिद्धांत–पुस्तकालय वर्गीकरण के विकास का शुरुआती दौर में कोई भी सैद्धान्तिक आधार नहीं था। शुरुआत में स्थानीय स्तर पर कुछ संस्थाओं और व्यक्तियों द्वारा वर्गीकरण करने के लिए अलग-अलग तरीके अपनाये गये। इसलिये वर्गीकरण की प्रक्रियाओं में किसी भी प्रकार की एकरूपता नहीं पाई जाती थी। उस समय में प्राप्त वर्गीकरण पद्धतियों का कोई भी वैज्ञानिक आधार नहीं

था तथा उनसे वर्गीकरण की आवश्यकताओं की पूर्ति सही रूप से सम्भव नहीं थी। वर्गीकरण के आधार के रूप में जो भी विधि या प्रक्रिया अपनाई गई उसे विवरणात्मक सिद्धान्तों का काल कहा गया। उस समय के चर्चित वर्गीकरण के विशेषज्ञों में जे. डी. ब्राउन, ई.सी. रिचर्डसन, ई. ह्यूम, डब्ल्यू वी.सी. सेयर्स, एच.ई. ब्लिस और कुछ अंशों तक डॉ. एस.आर. रंगनाथन थे। कुछ विद्वानों द्वारा अपनी अलग एक वर्गीकरण पद्धति की रचना भी की गई है तथा कुछ ने केवल वर्गीकरण के सिद्धांतों का प्रतिपादन किया है। विद्वानों द्वारा प्रतिपादित सिद्धांतों एवं विचारों के आधार पर ही बाद में मानकीय सिद्धांतों का प्रादुर्भाव हुआ जो वर्तमान समय में वर्गीकरण को एक नई और ठोस दिशा प्रदान कर रहे हैं।

2. गतिशील सिद्धांत—डॉ. रंगनाथन द्वारा इस सिद्धान्त का प्रतिपादन हुआ और इसके विकास को दूसरे चरण तक पहुँचाने का श्रेय भी उन्हीं को प्राप्त है। उन्होंने अपने जीवन काल में अनेक आधारभूत नियमों, अभिधारणाओं, उपनियमों तथा सिद्धांतों की भी रचना की जिसने पुस्तकालय वर्गीकरण को एक नई दिशा प्रदान की। उन्हीं आधारभूत सिद्धांतों के आधार पर नई वर्गीकरण पद्धतियों का विकास सम्भव हुआ जो वर्तमान समय में ज्ञान के कारण उत्पन्न नई परिस्थितियों में वर्गीकरण को एक ठोस आधार प्रदान करते हैं।

पुस्तकालय वर्गीकरण के इतिहास पर गौर करने से पता चलता है कि आरम्भ में वर्गीकरण किसी न किसी विधि से किया जाता था, जो बिल्कुल अलग और व्यक्तिगत पुस्तकालयों से सम्बन्धित होता था। इसके कोई भी साक्ष्य स्पष्ट नहीं हैं कि उस समय व्यवहारिक वर्गीकरण के लिये ऐसी कोई विधि थी जो किन्हीं सिद्धांतों पर आधारित थी। कालान्तर में वर्गीकरण प्रक्रिया को सही दिशा प्रदान करने के लिये विवरणात्मक सिद्धान्तों की रचना हुई जो उस समय में प्राप्त विश्वज्ञान एवं विषयों को वर्गीकृत करने के लिये आवश्यक था। उस समय की जो वर्गीकरण प्रक्रिया व्यवहार में लाई गई वही विवरणात्मक सिद्धांतों के रूप में मान्य हुई। उस समय के सिद्धान्त एक प्रकार से उस समय में सामान्य तौर पर व्यवहार में लाई जाने वाली वर्गीकरण की विभिन्न प्रक्रियाओं से प्रभावित थी। वर्गीकरण पद्धतियाँ जो विवरणात्मक सिद्धांतों पर आधारित थीं उनका समय सन 1850 के बाद से आरंभ होता है। इसके पूर्व बनी सभी वर्गीकरण पद्धतियाँ व्यवहारिक वर्गीकरण पर आधारित थीं।

वर्गीकरण के गतिशील सिद्धांत

पुस्तकालय को मानसिक तौर पर तार्किक और वैज्ञानिक बनाना ही सैद्धान्तिक आधार पर वर्गीकरण की गतिशीलता है। आर.एस. पारसी के शब्दों में गतिशील

सिद्धांतों के प्रयोग से हमें विश्वज्ञान में उत्पन्न नये-नये विषयों को वर्तमान वर्गीकरण पद्धति में पुराने विषयों के साथ संयोजित करने में सहायता मिलती है। इसके अन्तर्गत किसी भी तरह की रुकावट की उम्मीद कम रहती है। साथ ही विषयों का आपस में सामंजस्य बिना किसी व्यक्तिक्रम के होता रहता है। भविष्य को आवश्यकताओं की पूर्ति हेतु गतिशील सिद्धांतों का उपयोग होता है।

सन् 1948 से 1955 के मध्य अपनी पुस्तक में डॉ. रंगनाथन ने गतिशील सिंद्धातों का विकास किया तथा स्थान दिया। इस पुस्तक का उन्नत एवं तृतीय संस्करण 1967 में प्रकाशित हुआ। उसके बाद इन सिद्धांतों में कोई और परिवर्तन नहीं हो सका। डॉ. रंगनाथन की मृत्यु (1972) के बाद डी.आर.टी.सी., बंगलौर के कुछ विद्वानों ने इस दिशा में कुछ काम किया, परन्तु डॉ. रंगनाथन द्वारा प्रतिपादित गतिशील सिद्धांतों में कोई महत्त्वपूर्ण बदलाव नहीं आया। गतिशील सिद्धांतों ने पुस्तकालय वर्गीकरण प्रणाली की सुदृढ़ संरचना हेतु एक ठोस आधार प्रदान किया तथा वर्गीकरण प्रक्रिया को विकसित किया। विद्वानों को नवीन वर्गीकरण में वैधानिक स्थान प्रदान करने के लिए समय-समय पर नए विषयों को बनाने में सहायता मिली।

गतिशील सिद्धांतों के विकास क्रम में डॉ. रंगनाथन ने तीन धरातलों की पहचान की। इन्हें विचार धरातल, शाब्दिक धरातल तथा अंक धरातल के नाम से जाना जाता है।

गतिशील सिद्धांतों के विकास क्रम में अंकन धरातल पर कुछ कमी महसूस की गई वह बाद में विस्तृत कर दी गई। उसके बाद ही इन सिद्धांतों के उपयोग करने में महत्त्वपूर्ण सफलता मिल सकी। इसके अतिरिक्त शाब्दिक धरातल पर भी यह देखा गया कि बहुत-सी प्रक्रियाओं में अनेक अलग-अलग और पर्यायवाची शब्द मिले हैं जिनसे विचार धरातल पर अनेक भ्रान्तियाँ पैदा हुईं। इसके साथ ही उनका भी समाधान खोजा गया जिससे विचार धरातल और मजबूत हो सका।

कुछ विशेष परिवर्तन सन् 1963 के बाद किए गए। डॉ. रंगनाथन ने इस सिद्धान्त में कुछ महत्त्वपूर्ण बदलाव किये गये। उनमें से कुछ इस प्रकार हैं—

(i) T तथा Z को रिक्तांक अंक के रूप में प्रयोग किया गया जिसे पंक्ति में कहीं भी उपयोग में लाया जा सकता है।

(ii) विचार धरातल पर 18 सिद्धान्तों को सहायक क्रम में लिया गया। इसके साथ ही भित्तिचित्र सिद्धांत को भी स्थान दिया गया।

(iii) अंकन धरातल पर पंक्ति की धारिता को बढ़ाने के लिये रोमन लिपि के छोटे अक्षरों के पूर्वकालिक गुणों में कमी की गई तथा उनके स्थान पर (0) शून्य रखा गया।

(iv) मुख्य पक्ष व्यक्तित्व को रखने के पूर्व (,) कामा लगाना आवश्यक माना गया।

(v) पहले ऊर्जा पक्ष को एक अंग के रूप में दिखाये जाने वाले समस्या पक्ष के स्थान पर पदार्थ सत्व की पहचान की गई।

कोलन वर्गीकरण के सातवें संस्करण में उक्त सभी परिवर्तनों को स्थान प्राप्त है। ऐसा करके उसे एक निर्वाधमुखी पक्षात्मक, विश्लेषी, संश्लेषणात्मक पद्धति का रूप प्रदान किया गया है। ऊपर बताया गया है कि गतिशील सिद्धांतों के जनक के रूप में डॉ. रंगनाथन को जाना जाता है। वर्गीकरणविदों में भी उनका प्रमुख स्थान है। डॉ. रंगनाथन ही गतिशील सिद्धांतों के प्रणेता के रूप में सम्मानित हुए यह कहना अतिश्योक्ति न होगा।

कोलन वर्गीकरण प्रणाली का उपयोग

डॉ. रंगनाथन को कोलन वर्गीकरण प्रणाली के प्रयोग का श्रेय जाता है। उन्होंने अपने द्वारा बनाये गये सिद्धांतों को अपनी ही वर्गीकरण पद्धति में प्रयोग किया उनकी यह एक अन्य महत्त्वपूर्ण उपलब्धि है। उन्होंने वर्गीकरण सिद्धांतों में नये-नये विचारों एवं मान्यताओं को स्थान दिया। उनका यह विचार था कि अनुकरण सदा ही पुस्तकालय वर्गीकरण में करना चाहिए। पुस्तकालय विज्ञान के पाँच सूत्रों का दूसरे शब्दों में उनकी मांगों को पूरा करना चाहिए। तभी पुस्तकालय वर्गीकरण अच्छा, वैज्ञानिक तथा व्यावहारिक कहा जायेगा। नहीं तो समय के साथ-साथ वह वर्गीकरण पद्धति भी लुप्त हो जायेगी। इसीलिये डॉ. रंगनाथन ने कोलन वर्गीकरण से पूर्व बनी प्रायः सभी वर्गीकरण पद्धतियों को यह कहकर नकार दिया था कि गतिशील वर्गीकरण के लिये उनका कोई स्थान नहीं है क्योंकि उनमें से किसी ने भी पुस्तकालय विज्ञान के पाँच सूत्रों का पालन नहीं किया है।

डॉ. रंगनाथन द्वारा निर्मित गतिशील सिद्धान्त अधिक से अधिक सहायता क्रम तथा मूलभूत श्रेणियों जैसे नवीन विचारों के साथ दिया। कोलन वर्गीकरण पद्धति से पहले बनी प्रायः सभी परिगणनात्मक पद्धतियों को उन्होंने स्वीकार नहीं किया। उन्होंने अपनी पुस्तक में अनेक मूलभूत नियमों, उपनियमों, अभिधारणाओं तथा सिद्धांतों का प्रतिपादन किया।

डॉ. रंगनाथन के पूर्व के विद्वानों ने भी उल्लेख किया है कि भविष्य में पद्धति के प्रयोग हेतु उसके पक्षात्मक, संश्लेषी, विश्लेषणात्मक गुण होने आवश्यक हैं नहीं

तो वर्गीकरण पद्धति से जो अपेक्षा है वह उसे पूरा नहीं कर सकेगी और उसके परिणाम-स्वरूप पुस्तकालय पाठकों की सेवा नहीं कर सकेगा जिसके लिये उसे प्रतिष्ठापित किया गया है। इन्हीं बातों को ध्यान में रखते हुए ऐसी वर्गीकरण पद्धति की रचना की जिसमें अनेक प्रकार के गतिशील सिद्धांतों को स्थान दिया तथा व्यावहारिक वर्गीकरण में उनका सफलतापूर्वक उपयोग भी किया।

डॉ. रंगनाथन के गतिशील सिद्धान्त में उनकी अवधारणाएँ, मूलनियम, उपनियम और उनके सिद्धांत हैं। उनके नाम नीचे दिये जा रहे हैं। इस वर्गीकरण के सिद्धान्त पृथक-पृथक होते हैं क्योंकि समयानुसार इसमें विभिन्न प्रकार के परिवर्तन भी होते रहते हैं। डॉ. रंगनाथन ने इसके कुछ नियम स्पष्ट किये जिनका वर्णन निम्नवत है—

1. मूल सिद्धान्त

प्रमुख मूल नियम निम्नलिखित हैं—

(1) मितव्ययता का नियम,

(2) निष्पक्षता का नियम,

(3) स्थानीय विभिन्नता का नियम,

(4) प्रति सभ्यता का नियम,

(5) परासरण का नियम, एवं

(6) अर्थनिर्णय-नियम।

उपरोक्त विषयों के सन्दर्भ में विचार करने, उन्हें पहचानने तथा विश्लेषण करने की प्रक्रिया प्रभावी होती है। उनका उपयोग तभी किया जाता है जब वर्गीकरण कार्य को सम्पन्न करते समय पुस्तकालय विज्ञान के सूत्रों अथवा वर्गीकरण के उपनियमों की आपस में टकराहट हो तो किसी निर्णय पर पहुँचना कठिन होता हो। समस्या का समाधान ढूढ़ने में मूल नियमों की सहायता ली जाती है।

2. पुस्तकालय विज्ञान के आधारभूत सिद्धान्त

डॉ. रंगनाथन द्वारा अपनी पुस्तक (1931) में पाँच सूत्रों का जिक्र किया गया है। वे सूत्र भी पुस्तकालय वर्गीकरण से संबंधित हैं। इसके अन्तर्गत आने वाले पाँच सूत्र निम्नवत हैं--

(1) पुस्तकें उपयोग के लिए हैं,

(2) पाठकों का समय बचे,

(3) पुस्तकालय एक वर्धनशील संस्था है,

(4) सभी पुस्तकों को उसका पाठक मिले, एवं

(5) सभी पाठकों को उनकी पुस्तक प्राप्त हो।

बिना किसी व्यवधान के उचित सहायता प्राप्त करने के लिए आवश्यक है कि पुस्तकों का विभक्तिकरण इस प्रकार से किया जाए कि इससे पुस्तकालय विज्ञान के उपरोक्त सभी सूत्रों की मांगों को पूरा किया जा सके। इन सूत्रों द्वारा पुस्तकालय के प्रायः सभी कार्य प्रभावित होते हैं। उनके प्रमुख कार्य सम्पन्न होने से पुस्तकालय अपने उत्तरदायित्व को सफलतापूर्वक निभा सकते हैं।

3. पक्षों हेतु संकल्पनाएँ

वर्गीकरण के कार्य को सहजता और वैज्ञानिक आधार पक्ष विश्लेषण तथा श्रेणियों के प्रतिपादन द्वारा ही कोलन वर्गीकरण प्रणाली को प्राप्त होता है। डॉ. रंगनाथन ने अनेक अभिधारणाओं की रचना को ध्यान में रखकर इनका प्रतिपादन किया है।

मूलभूत श्रेणियाँ

पांच मूलभूत श्रेणियों का उल्लेख कोलन वर्गीकरण प्रणाली में डॉ. रंगनाथन द्वारा किया गया है। जो व्यवहारिक वर्गीकरण प्रक्रिया में विषयों के अनेक पक्षों को विभाजित करता है। उनका यह मानना है कि किसी भी एक विषय में अधिक से अधिक पाँच मूलभूत श्रेणियाँ हो सकती हैं। उनके नाम निम्न प्रकार हैं—व्यक्तित्व, पदार्थ, ऊर्जा, देश तथा काल।

डॉ. रंगनाथन ने एक मूर्तता ह्रास सिंद्धात का प्रतिपादन उक्त पांचों मूलभूत श्रेणियों की व्यवस्था हेतु किया। उनके मतानुसार ऊर्जा पक्ष को एक से अधिक बार एक विषय में प्रयोग किया जा सकता है। पक्षों का व्यवस्थापन उसी के अनुसार होता है।

पक्ष-अनुक्रम के सिद्धांत

कोलन वर्गीकरण प्रणाली के अन्तर्गत किसी विषय में प्राप्त विभिन्न पक्षों को स्थान देने के लिए कई महत्त्वपूर्ण सिद्धांतों का प्रतिपादन किया गया है। जो इस

प्रकार हैं—(i) भित्तिचित्र सिद्धांत, (ii) पूर्ण-अंग सिद्धांत, (iii) गो-वच्छ सिद्धांत, (iv) विधेय क्रिया-कर्ता उपकरण सिद्धांत।

ऊर्जा पक्ष का आवर्तन

डॉ. रंगनाथन का मानना है कि एक विषय में ऊर्जा पक्ष को एक से ज्यादा बार लाया जा सकता है। उनकी इसी अभिधारणा को आवर्तन कहा गया है। इसी तरह व्यक्तित्व और पदार्थ भी आवर्तन में एक से अधिक बार आ सकते है। इसमें प्रथम आवर्तन को स्तर एक तथा दूसरे आवर्तन को स्तर दो कहा जायेगा। देश और समय सदा आखिरी आवर्तन में ही आते हैं।

सहायक अनुक्रम के सिद्धांत

डॉ. रंगनाथन ने कुछ अन्य सिद्धान्तों का प्रतिपादन किया है जो किसी विषय की रचनाक्रम में सहायक साबित होगा। ये सिद्धान्त निम्नलिखित हैं—

1. स्थानीय समीपता का सिद्धांत ,
2. प्रामाणिक अनुक्रम का सिद्धांत,
3. साहित्यिक समावेश का सिद्धांत,
4. मर्तता वृद्धि का सिद्धांत,
5. परिमाणात्मक माप का सिद्धांत,
6. परवर्ती काल सिद्धांत,
7. परवर्ती विकास सिद्धांत,
8. विस्तार ह्रास का सिद्धांत,
9. 4-10 अकारात्मक क्रम का सिद्धांत, एवं
10. जटिलता वृद्धि का सिद्धांत।

4. अंकन के उपनियम

डॉ. रंगनाथन ने अंकन के उपनियम के तहत धरातलों को विशेष रूप से तीन भागों में विभाजित करके व्यवहारिक वर्गीकरण को उचित और विस्तृत बनाने पर विशेष जोर दिया है। ये तीन धरातल इस प्रकार हैं—1. विचार धरातल 2. शाब्दिक धरातल 3. अंकन धरातल।

विचार धरातल के पाँच उपसूत्र होते हैं।

अभिलक्षण हेतु उपनियम

अभिलक्षण के कुछ निश्चित उपनियम या उपसूत्र होते हैं जो निम्नवत हैं–

1. स्थायित्व का उपनियम,
2. विभेदीकरण का उपनियम,
3. औचित्य का उपनियम।

अभिलक्षणों की उत्तरवर्तिता के उपनियम

ये उपनियम निम्नलिखित हैं–

1. औचित्य अनुक्रम का उपनियम
2. समरूपी उत्तरवर्तिता का उपनियम
3. समानधर्मिता का उपनियम

A. शृंखला हेतु उपनियम

ये उपनियम निम्न प्रकार हैं–

1. ह्रासमान विस्तार का उपनियम
2. अनुविम्बन का उपनियम

B. पंक्ति हेतु उपनियम

पंक्ति के लिये निम्न उपनियमों का प्रतिपादन किया गया है–

1. सर्वांग पूर्णता का उपनियम,
2. अनन्यता का उपनियम,
3. सहायक क्रम का उपनियम,
4. समरूपी तारतम्यता का उपनियम।

C. अंकन धरातल के उपनियम में 7 प्रकार के निम्नलिखित उपनियम होते हैं–

1. अंकन के लिये मूल उपनियम,
2. विषय की एकमात्रता का उपनियम,
3. श्रुतिसमता का उपनियम,
4. सापेक्षता का उपनियम,
5. एकरूपता का उपनियम,
6. पदानुक्रम का उपनियम, एवं

7. पदानुक्रम हीनता का उपनियम।

D. शाब्दिक धरातल के उपसूत्र के अन्तर्गत चार प्रकार के निम्नवत उपनियम होते हैं–

1. प्रासंगिकता का उपनियम,
2. परिगणना का उपनियम,
3. साम्प्रतिकता का उपनियम, एवं
4. संयमन का उपनियम।

E. वर्धनशील विश्वज्ञान के उपनियम

ये उपनियम चार प्रकार के हैं–

1. पंक्ति में वहिर्वेशन का उपनियम,
2. पंक्ति में अन्तर्वेशन का उपनियम,
3. श्रृंखला में वहिर्वेशन का उपनियम,
4. श्रृंखला में अन्तर्वेशन का उपनियम।

F. मिश्राधार का उपनियम

मिश्राधार के उपनियम निम्नलिखित हैं–

1. शुद्धाधार का उपनियम,
2. पक्षात्मक अंकन का उपनियम,
3. अपक्षात्मक अंकन का उपनियम,
4. सहविस्तृति का उपनियम।
5. स्मरणशीलता के लिये उपनियम निम्नलिखित प्रकार के हैं–
    - सामान्य स्मरणशीलता के उपनियम
    - वर्णात्मक स्मरणशीलता के उपनियम
    - समपद स्मरणशीलता के उपनियम
    - समजीवी स्मरणशीलता के उपनियम

5. पुस्तक वर्गीकरण के उपनियम

पुस्तक वर्गीकरण के तीन उपनियम हैं जो निम्नवत हैं–

1. ग्रन्थांक का उपनियम,

2. संग्रहांक के उपनियम,

3. सुस्पष्टता का उपनियम।

व्यवहारिक वर्गीकरण में नियम, उपनियम और अभिधारणाएँ अलग-अलग प्रकार से उक्त सिद्धान्तों के माध्यम से सहायता देती हैं। इनसे सम्पूर्ण वर्गीकरण प्रक्रिया को गतिशीलता मिलती है। अभिधारणाओं का मुख्य उद्देश्य है, विचार धरातल पर जो कार्य होने हैं उन्हें बताना। साथ ही उसके लिये प्रक्रिया को भी बताना है। उसी प्रकार उपनियम व्यावहारिक वर्गीकरण को एक गति प्रदान करते हैं। वर्गीकरण के सिद्धांतों द्वारा किसी विषय में पाये जाने वाले एकल विचारों को किस स्थान पर व्यवस्थित करना है उसके लिये आवश्यक निर्देश देने हैं। उस तरह सभी मूलनियम, उपनियम, अभिधारणाएँ तथा सिद्धांतों के उपयोग से गतिशील वर्गीकरण के लिये नई दिशा प्राप्त होती है। इस प्रकार डॉ. रंगनाथन ने अपने गतिशील सिद्धान्तों के द्वारा वर्गीकरण का जो नवीन प्रारूप प्रस्तुत किया है उसकी बराबरी करना असम्भव है। डॉ. रंगनाथन द्वारा प्रतिपादित विचारों और सिद्धान्तों पर अनेक शोध हो चुके हैं और निरन्तर हो रहे हैं उनकी उपलब्धियों के कारण उन्हें अनेक देशों में विशिष्ट पहचान व मान्यता मिली है।

सामान्यतः 'वर्गीकरण' शब्द से दोनों विधियों का बोध होता है और व्यावहारिक रूप में कोई अलगाव नहीं माना जाता।

वर्गीकरण के सामान्य सिद्धान्त

वर्गीकरण शब्द की उत्पत्ति लैटिन शब्द 'Class' से हुई है जिसे अंग्रेजी में 'क्लासीफिकेशन' 'Classification' कहा जाता है। इसका प्रयोग वर्ग की जानकारी के लिए किया जाता है। 'वर्गीकरण वह प्रक्रिया है जिसमें पदार्थ को उसकी समानता और असमानता के आधार पर मानसिक दृष्टि से एकत्रित किया जाता है, जिससे हमारे कुछ उद्देश्यों की पूर्ति हो। 'वर्गीकरण' की यह परिभाषा तर्कशास्त्र में दी गई है। इसमें चार बातों का वर्णन है–

1. समानता या असमानता के आधार पर वर्गीकरण–वर्गीकरण निम्न दो प्रकार के होते हैं–विभिन्न रूपों को ध्यान में रखकर किसी वस्तु को समझने या सामने वाले को समझाने हेतु नाम रख दिया जाता है। उसके पश्चात् उनमें मौजूद गुणों के आधार पर कुछ जोड़ दिए जाते हैं। इस तरह उनमें अलगाव पैदा हो जाता है। जैसे–'लाल सूती चादरें' कहने से पहले तो 'चादर' शब्द से एक विशेष वस्त्र का बोध होता है। फिर 'सूती' विशेषण से–जो कि मैटीरियल है–सभी अन्य

मैटीरियल वाली चादरों में से केवल 'सूती' का बोध होता है। उसके बाद 'लाल' शब्द जुड़ जाने से, सूती चादरों में से सिर्फ लाल रंग वाली चादरों का ही बोध होता है। इस तरह यह स्पष्ट हो जाता है कि पदार्थ में विद्यमान कुछ गुणों या विशेषताओं से ही समानता और असमानता आँकी जाती है। यही पदार्थ का गुण कहलाता है। चादरों से मैटीरियल, रंग, आकार और स्वच्छता आदि गुण सर्वोपरि हैं। इन्हीं से समानता देखकर अलगाव तथा समूहन किया जा सकता है।

2. पदार्थ का वर्गीकरण—इस सृष्टि में मौजूद सभी विचार और वस्तुओं को सामूहिकता की दृष्टि से पदार्थ के रूप में जाना जाता है। इस पदार्थ के विविध स्वरूप को अच्छी प्रकार समझने हेतु इसका वर्गीकरण किया जाता है।

3. किसी विशेष प्रयोजन से वर्गीकरण—तर्कशास्त्री ज्ञान प्राप्त करने के उद्देश्य से पदार्थ का वर्गीकरण करते हैं, लेकिन संसार के अन्य लोग वस्तुओं का वर्गीकरण अपने-अपने उद्देश्य के अनुकूल विधि से करते हैं। चादरों का वर्गीकरण तर्कशास्त्री अचेतन पदार्थ में कर लेंगे लेकिन व्यापारी अपने तथा अपने ग्राहकों की सुविधा के उद्देश्य से मैटीरियल, रंग, आकार और स्वच्छता आदि के आधार पर करेगा और उनके पृथक समूह बना लेगा। धोबी चादरों के एक गट्ठर की धुलाई करके जब देगा तो उसके क्रम को अत्यावश्यक एवं सामान्य आदि के आधार पर करेगा। इस प्रकार वर्गीकरण प्रयोजनों के आधार पर इसे उद्देश्यों की पूर्ति हेतु किया जाता है।

4. वर्गीकरण एक मानसिक प्रक्रिया है—वे गुण जो अच्छाई, बुराई, समानता, असमानता के आधार हैं वास्तव में मन के भाव हैं, जैसे—ऊनी, सूती, नीली, लाल, बड़ी, पीली, छोटी, सफेद और गन्दी आदि इसी 'भाव' के आधार पर वर्गीकरण किया जाता है। इसलिए वर्गीकरण एक मानसिक प्रक्रिया है।

वर्गीकरण की प्रकृति

वर्गीकरण दो प्रकार के होते हैं—प्रथम कृत्रिम वर्गीकरण, द्वितीय स्वाभाविक वर्गीकरण।

1. कृत्रिम वर्गीकरण का अभिप्राय—वस्तुओं को समानता के आधार पर विशेष उद्देश्य से व्यावहारिक सुलभता के लिए किए गए मानसिक संकलन को 'कृत्रिम वर्गीकरण' कहते हैं।

जैसे कपड़े का वर्गीकरण यदि उनके रंग, आकार तथा स्वच्छता के आधार पर किया जाए तो यह 'कृत्रिम वर्गीकरण' होगा। इसी तरह पेड़-पौधों का वर्गीकरण यदि

उनमें आधुनिक औषधि तत्त्वों या वन सम्पत्ति के तत्त्वों के आधार पर किया जाए तो वह 'कृत्रिम वर्गीकरण' होगा। तर्कशास्त्री लोग अपने प्रयोजन हेतु पदार्थों का मात्र 'स्वाभाविक वर्गीकरण' करते हैं। पुस्तक वर्गीकरण कृत्रिम वर्गीकरण के अन्तर्गत ही आता है क्योंकि उपयोगकर्ता की व्यावहारिक सुविधा के उद्देश्य से पुस्तकों का वर्गीकरण किया जाता है जिससे पुस्तकालय-कर्मचारी और पाठक दोनों को पुस्तकों के लेन-देन और रख-रखाव में सरलता हो और समय की बचत हो।

2. स्वाभाविक वर्गीकरण—सामान्य ज्ञान की जानकारी हेतु किया गया मानसिक संकलन जो वस्तुओं की समानता या असमानता के आधार पर किया जाता है स्वाभाविक वर्गीकरण के अन्तर्गत आता है। जैसे, चादरों का वर्गीकरण उनके मूल गुण के आधार पर किया जाए तो ऊनी चादरें, सूती चादरें, रेशमी चादरें आदि होंगी। इसी तरह यदि पौधों का वर्गीकरण उनकी उत्पत्ति, उनकी प्रकृति तथा अन्य स्वाभाविक गुणों के आधार पर वनस्पति शास्त्रियों की भाँति किया जाए तो अपुष्प वनस्पति, स्थाणु वनस्पति आदि होंगे। यह 'स्वाभाविक वर्गीकरण' होगा।

पद—किसी शब्द या शब्दों के समूह को मनुष्य द्वारा पदार्थ के माध्यम से पहचाना जाता है या दूसरे को समझाने के लिए मानव प्रयोग द्वारा होता है तो ऐसे शब्द या शब्दों के समूह को पद कहा जाता है।

उदाहरणार्थ—

	कपड़े	व्यक्ति
1.	सूती कपड़े	सुन्दर व्यक्ति
2.	लाल कपड़े	धनी व्यक्ति
3.	स्वच्छ कपड़े	विद्वान व्यक्ति

पद बोध

पद निम्नलिखित दो बातों का बोध कराता है—

1. उस नाम से समझे जाने वाले सभी व्यक्ति।

2. वे धर्म जिनकी वजह से वे सभी व्यक्ति उस 'पद' के समझे जाते हैं।

जब हम किसी 'पद' को सुनते हैं, कहते हैं या लिखते हैं तो सबसे पहले हमको उस 'पद' से उन सभी व्यक्तियों का बोध होता है जो उस पद से जाने जाते हैं। इस बोध (ज्ञान) को 'व्यक्ति बोध' या 'द्रव्य बोध' कहते हैं। इसे 'पद' का विस्तार भी कहा जाता है क्योंकि इससे यह मालूम होता है कि अमुक 'पद' से समझे जाने वाले व्यक्तियों का विस्तार कितना है। यथा—ऊपर 'कपड़े' पद दिया हुआ है।

'कपड़े' पद से संसार के समस्त कपड़ों का अर्थात् कपड़ा जाति का बोध होता है। इसलिए यह बोध 'कपड़ा' पद का व्यक्तिबोध हुआ।

'पद' से उसमें रहने वाले धर्मों का भी बोध होता है। इस बोध को 'स्वभाव बोध' या पद की गहनता भी कहते हैं। यथा—'कपड़ा' पद से उसमें मौजूद मूल तत्त्व (ऊन, सूत आदि), रंग, आकार और स्वच्छता आदि धर्मों का बोध होता है। उसी तरह 'व्यक्ति' पद से उसका मूल धर्म (विवेकशीलता और प्राणितत्त्व) तथा सुन्दरता, अमीरी, विद्वता आदि धर्मों का बोध होता है जो उसमें संभव है और पाये जाते हैं। यह स्वभाव बोध या पद की गहनता का बोध करता है।

धर्म—पद में तीन तरह के धर्म या गुण पाये जाते हैं—

1. आकस्मिक धर्म, 2. स्वभाव धर्म तथा 3. स्वभाव सिद्ध धर्म।

1. **आकस्मिक धर्म**—किसी 'पद' में स्वभाव धर्म और स्वभाव सिद्ध धर्म को छोड़कर अन्य जो धर्म पाए जाते हैं वे आकस्मिक धर्म कहलाते हैं। उदाहरण के लिए 'व्यक्ति' में उसका आकार, बौद्धिक स्तर, रंग-रूप, वेदना, क्रियाशील, भार, शरीर के अंग आदि। इसी तरह 'कपड़ा' में उसका रंग, आकार, स्वच्छता आदि आकस्मिक धर्म है।।
2. **स्वभाव धर्म**—किसी पद में जो स्वाभाविक या स्थायी धर्म पाया जाता है अर्थात् जिसके न रहने पर उस पद से उसका बोध नहीं हो सकता, वह उस पद का 'स्वभाव धर्म' है। यथा—'व्यक्ति' पद का स्वभाव धर्म 'विवेकशीलता और प्राणितत्त्व' है। 'कपड़ा' का धर्म उसका मूल तत्त्व ऊन, सूत आदि हैं जिसके न रहने पर 'कपड़ा' का अस्तित्व न रह सकेगा।
3. **स्वभाव सिद्ध धर्म**—जो धर्म, स्वभाव धर्म का कोई अंग न होते हुए भी उसी से सिद्ध होता है, उस 'पद' को 'स्वभाव सिद्ध धर्म' कहा जाता है। जैसे जल का प्राणी होना मछली का स्वभाव धर्म है और पानी में साँस ले सकना, मछली का स्वभाव सिद्ध धर्म है, चूँकि उसका यह धर्म जल का होने से सिद्ध है। इसी तरह 'कपड़ा' पद से उसकी 'आवरण क्षमता', उसका स्वभाव सिद्ध धर्म है।

इस प्रकार यह स्पष्ट होता है कि जब किसी 'पद' को सुनते हैं, बोलते हैं या लिखते हैं, तो उस 'पद' का व्यक्ति बोध और उसका स्वभाव बोध दोनों का बोध होता है। व्यक्ति बोध से 'पद' की जाति का बोध होता है और स्वभाव बोध से उस 'पद' में विद्यमान तीनों तरह के धर्मों का बोध होता है। व्यक्ति बोध और स्वभाव बोध दोनों

एक दूसरे पर आश्रित हैं। किसी पद को सुनने पर उसका 'स्वभाव बोध' हुए बिना उसका 'व्यक्ति बोध' नहीं हो सकता।

ह्रास वृद्धि—पद के व्यक्ति बोध और स्वभाव बोध विपरीत दिशा में कम-ज्यादा हैं। इसका मतलब यह है कि जब एक बढ़ता है तो दूसरा कम हो जाता है और जब दूसरा बढ़ता है तो पहला कम हो जाता है। इसे वृद्धि-ह्रास का सिद्धान्त अथवा घटने-बढ़ने का नियम कहते हैं। जैसे—

कपड़ा

स्वभाव बोध	व्यक्ति बोध
'क'=मूलतत्त्व 'सूत'	'ख'= संसार के सब सूती कपड़े
'क' लाल	'ख'= संसार के सब सूती कपड़े
'क' लाल छोटी	— अन्य रंगों के कपड़े
	'ख'= संसार के सब सूती कपड़े
—	अन्य रंगों के कपड़े
—	बड़े कपड़े
'क' लाल छोटी स्वच्छ	'ख'= संसार के सब सूती कपड़े
—	अन्य रंगों के कपड़े
—	बड़े कपड़े
	'ख'= संसार के सब सूती कपड़े
—	अन्य रंगों के कपड़े
—	बड़े कपड़े
—	गन्दे कपड़े

ऊपर दिये गये क्रम में कपड़ा का स्वभाव बोध 'क' माना गया है व्यक्ति बोध 'ख'। पहले में क्रमशः वृद्धि होने पर दूसरे में 'ह्रास' होता गया। 'पद' के स्वभाव बोध में 'लाल' (रंग) जुड़ने से व्यक्ति बोध में दूसरा रंग कम हो गया। इसी तरह 'छोटे' (आकार) बढ़ने पर उसका विपरीत धर्म (गुण) 'बड़े' व्यक्ति बोध में घट गया।

अब इसके प्रतिकूल जो उदाहरण प्रस्तुत किया गया है उसमें व्यक्ति बोध में वृद्धि होने से स्वभाव बोध में ह्रास होता है इन पदों को नीचे वर्णित किया जा रहा है—

स्वच्छ-छोटे-लाल-सूती-कपड़े

व्यक्ति बोध		स्वभाव बोध
'क'=संसार के सब ऐसे सूती कपड़े	'ख'=	स्वच्छता-छोटापन-ललाई सूतीपन
'क' + गन्दे कपड़े	'ख'=	स्वच्छता
'क' गन्दे कपड़े + बड़े कपड़े	'ख'=	स्वच्छता-छोटापन
'क' गन्दे कपड़े + बड़े कपड़े + अन्य रंगों की कपड़े	'ख'=	स्वच्छता-छोटापन-ललाई

यहाँ पर पद के स्वभाव बोध में ज्यों-ज्यों एक-एक धर्म या गुण लोप होते गए वैसे-वैसे व्यक्तिबोध में नए-नए धर्म शामिल होते गए।

पहले उदाहरण में नीचे की तरफ देखने से प्रतीत होगा कि जैसे-जैसे पद के स्वभाव बोध में एक-एक गुण लोप होते गए वैसे-वैसे व्यक्ति बोध में नए-नए प्रकार के धर्म भी शामिल होते गए।

इसी प्रकार दूसरे उदाहरण में नीचे की तरफ से देखने से मालूम होता है कि जैसे-जैसे पद के व्यक्ति बोध में एक-एक तरह के गुण लुप्त होते गए वैसे-वैसे स्वभाव बोध में नए-नए गुण भी शामिल किये जाने लगे।

इस पद के दोनों 'बोधों' के परस्पर वृद्धि-ह्रास (घटने-बढ़ने) का नियम निम्नलिखित चार बातों पर निर्भर किया–

(अ) स्वभाव बोध में वृद्धि होने से व्यक्ति बोध में ह्रास होता है।
(ब) व्यक्ति बोध में वृद्धि होने से स्वभाव बोध में ह्रास होता है।
(स) स्वभाव बोध में ह्रास होने से व्यक्ति बोध में वृद्धि होती है।
(द) व्यक्ति बोध में ह्रास होने से स्वभाव बोध में वृद्धि होती है।

इस नियम को संक्षेप में इस तरह समझा जा सकता है कि पद जितना खास होता जाएगा उसका स्वभाव बोध उतना ही बढ़ता जाएगा। इसे नीचे के उदाहरणों के माध्यम से स्पष्ट किया जा रहा है–

कपड़ा	कपड़त्व
सूती	कपड़त्व + सूत का बना होना
लाल	कपड़त्व + सूती + लाल रंग
बड़ा	कपड़त्व + सूती + लाल रंग + बड़ा

स्वच्छ	कपड़त्व + सूती + लाल रंग + बड़ा + स्वच्छ

उपरोक्त उदाहरण में कपड़ा एक जाति है और 'सूती' उसकी उपजाति है। व्यक्ति बोध की दृष्टि से 'कपड़ों' में 'सूती' भी शामिल है तथा स्वभाव बोध की दृष्टि से सूतीपन में कपड़त्व भी शामिल है।

व्यक्ति बोध के नजरिए से एक 'जाति' में उसकी 'उपजाति' निहित है, किन्तु स्वभाव बोध की दृष्टि से 'उपजाति' में 'जाति' अन्तर्निहित है।

पदों में निम्नलिखित छः प्रकार के पारस्परिक सम्बन्ध स्थापित होते हैं—

(1) महाजाति—जिस पद का व्यक्ति बोध दूसरे किसी पद के व्यक्ति बोध के तहत न हो, वह महाजाति कहलाती है। ऐसा पद 'पदार्थ' है चूँकि इसके अन्तर्गत सब कुछ आ जाता है। महाजाति की फिर कोई जाति नहीं होती।

(2) अन्त्य जाति—जिस पद का व्यक्ति बोध किसी दूसरे पद के व्यक्ति बोध को अपने तहत न कर सके वह अन्त्य जाति कहलाती है। अन्त्य जाति की फिर कोई उपजाति नहीं होती।

(3) जाति-उपजाति—जब दो पक्षों में इस प्रकार का आपसी सम्बन्ध हो कि पहले का व्यक्ति बोध दूसरे के व्यक्ति बोध को अपने अधीन कर ले तो पहला दूसरे के सम्बन्ध में 'जाति' है और दूसरा पहले के सम्बन्ध में 'उपजाति' है। उदाहरणार्थ, 'भारतीय-पंजाबी', पशु-घोड़ा, वस्त्र-कपड़ा इत्यादि पदों में यही जाति-उपजाति सम्बन्ध है।

उदाहरण—'वस्त्र' पद का व्यक्ति बोध 'कपड़ा' पद के व्यक्ति बोध को अपने तहत कर लेता है क्योंकि 'वस्त्र' पद से समझे जाने वाले सभी वस्त्रों में 'कपड़ा' पद से समझे जानेवाले व्यक्ति के अधीन है, इसलिए 'कपड़ा' पद के सम्बन्ध में 'वस्त्र' पद जाति है और 'वस्त्र' पद के सम्बन्ध में 'कपड़ा' पद उपजाति है।

(4) सजाति-सजाति—यदि दो या दो से ज्यादा पदों में परस्पर ऐसा सम्बन्ध हो कि उनके अपने-अपने व्यक्ति बोध एक ही अन्य पद के व्यक्ति बोध के अन्तर्गत हों तो एक दूसरे के सम्बन्ध में 'सजाति' कहे जाएँगे। जैसे—गुजराती, पंजाबी, घोड़ा-बैल, आम-जामुन, सूती-ऊनी आदि पदों में परस्पर यही सम्बन्ध है।

उदाहरण—'सूती', 'ऊनी' पदों के जो अपने-अपने व्यक्ति बोध हैं, वे एक अन्य 'चादर' पद के व्यक्ति बोध के तहत हैं। अतः वे पद एक-दूसरे से हमेशा अलग होते हैं। सूती का व्यक्ति बोध 'ऊनी' पद के व्यक्ति बोध से सर्वथा पृथक है चूँकि कोई सूती-ऊनी नहीं है और कोई ऊनी-सूती नहीं है।

(5) दूरस्थ जाति—दूरस्थ उपजाति—अगर जाति और उपजाति के बीच दूसरे पदों के व्यक्तिबोध का अन्तर्भाव हो तो पहला दूसरे के सम्बन्ध में दूरस्थ जाति है और दूसरा पहले के सम्बन्ध में 'दूरस्थ उपजाति' है, जैसे 'छोटी लाल सूती-कपड़ा' के सम्बन्ध में कपड़ा 'दूरस्थ जाति' है और कपड़ा के सम्बन्ध में 'छोटी लाल सूती-कपड़ा' दूरस्थ उपजाति है चूँकि इन दोनों के बीच में 'सूती कपड़ा' पद का व्यक्ति बोध उपस्थित है।

(6) आसन जाति-आसन उपजाति—अगर 'जाति' एवं 'उपजाति' के मध्य किसी तीसरे पद का व्यक्ति बोध आ जाने की संभावना न हो तो पहला दूसरे के सम्बन्ध में 'आसन्न जाति' और दूसरा पहले के सम्बन्ध में 'आसन्न उपजाति' कहलाता है।

उदाहरण—'कपड़ा' पद 'सूती-कपड़ा' पद की 'आसन्न जाति' है और 'सूती-कपड़ा' पद 'कपड़ा' पद की समानान्तर उपजाति है। हाँ, यदि इनके मध्य किसी नये पद का व्यक्ति बोध उपस्थित किया जा सके तो ऐसा हो जाने से उनमें वह सम्बन्ध नहीं समझा जाएगा, तब वही सम्बन्ध उस नए पद और 'सूती कपड़ा' में स्थापित किया जा सकेगा।

विभाग

विभाग मुख्यतया तीन प्रकार के होते हैं जिन्हें नीचे स्पष्ट किया जा रहा है—

(1) शारीरिक विभाग—शरीर को उसके विभिन्न अंगों से विभाजित करने को शारीरिक विभाग कहते हैं। जैसे—

व्यक्ति का शारीरिक विभाग—पैर, हाथ, सिर आदि।

वृक्ष का शारीरिक विभाग—जड़, तना, शाखाएँ, टहनियाँ एवं पत्तियाँ आदि।

(2) तार्किक विभाग—किसी 'जाति' को अपनी उपजातियों में विभाजित कर देने की क्रिया को तार्किक विभाग कहते हैं। उदाहरण के लिए चेतन प्राणी को विवेकशील और अविवेकशील, फिर विवेकशील को व्यक्ति और व्यक्ति को कमल, कोमल आदि व्यक्ति में, अथवा 'कपड़ों' के एक समूह को उसके मूल तत्त्व के आधार पर सूती कपड़े, ऊनी कपड़े और रेशमी कपड़े आदि में।

तार्किक विभाग के निम्न नियमों का प्रयोग होता है—

1. एक बार एक ही 'विभाजक धर्म' के अनुसार विभाग किए जाते हैं।
2. एक विभाजक धर्म (Dividing Characterisic) के अनुसार पद के जितने भी भाग हो सकते हैं उन सभी का उल्लेख जरूर हो जाना चाहिए।

3. किसी ऐसे विभाग को स्वीकार नहीं करना चाहिए जिसका पद के व्यक्ति बोध में कोई स्थान नहीं है।
4. सभी विभागों के व्यक्ति बोध का योग विभाज्य पद के व्यक्ति बोध के बराबर ही होना चाहिए।
5. एक विभाग दूसरे विभागों से सदैव अलग होना चाहिए।
6. सभी विभाग के विभाज्य पद की आसन्न उपजातियाँ होनी चाहिए।
7. तार्किक विभाग किसी एक वर्ग का होता है किसी व्यक्ति का नहीं।

कुछ तर्कशास्त्रियों ने प्रत्येक पद के दो विभाग करके विभाजन की एक नई पद्धति भी निकाली है। उसको भावात्मक (Dichotomy) विभाग कहते हैं। यह सिद्धान्त तर्कशास्त्रियों को मान्य नहीं हुआ। पारफिरी का जाति विषयक वृक्ष इस विधि का बढ़िया उदाहरण है।

(3) अभिधार्मिक विभाग—किसी धर्मी को उसके अलग-अलग धर्मों में बाँटकर रखना अभिधार्मिक विभाग कहलाता है। यथा—

व्यक्ति—रूप, वेदना, ज्ञान, मोटाई, लम्बाई, रंग, वजन आदि।

पुस्तक—मोटाई, विषय, चौड़ाई, लम्बाई, रूप, रंग, उपयोगिता आदि।

कपड़े—आकार, रंग, स्वच्छता आदि।

व्यावहारिक वर्गीकरण करने में अपने प्रयोजन के अनुसार किसी भी धर्म (गुण) को विभाजक धर्म मानकर उसके अनुसार वर्ग बनाया जा सकता है। विविध विभाजन धर्मों की सम्बद्ध योजना बनाकर वर्गीकरण किया जा सकता है, उसमें आवश्यकतानुसार शारीरिक और अभिधार्मिक विभाग भी बनाया जा सकता है। जैसे—कपड़ों का वर्गीकरण, उनके रंग, आकार और स्वच्छता का विभाजक धर्मों द्वारा किया जाए तो वह अभिधार्मिक विभाग होगा।

सेयर्स का नियम—तार्किक नियमों के आधार पर ही आचार्य श्री वरविक सेयर्स महोदय ने वर्गीकरण के छः नियमों का उल्लेख किया है, जो निम्न प्रकार हैं—

1. गुण अविरुद्ध एक से होने चाहिए।
2. यह विधि क्रमशः होनी चाहिए, प्रत्येक पद अपने आगे आने वाले पद में उत्तर रखता हो और सब आपस में संबंधित हो।
3. विभाजन पद के व्यापक विस्तार और कम परिधि से कम विस्तार और अधिक परिधि की तरफ बढ़ता है।
4. विभाजन के आधार के रूप में चुने हुए गुण या विभाजक धर्म वर्गीकरण के उद्देश्य हेतु जरूरी हों।

5. प्रयुक्त पद आपस में एक-दूसरे से अलग हों।
6. भागों के परिगणन पूरे होने चाहिए।

लाल सूती छोटी चादरें

ऊपर दिये गये उदाहरण में कपड़ों का एक समूह प्रस्तुत किया गया है, जिसका वर्गीकरण एक वस्त्र व्यापारी को करना है। वह अपनी तथा अपने ग्राहकों की सुविधा के उद्देश्य से वर्गीकरण के निमित्त चार विभाजक धर्मों को चुनता है। ये सभी उसके उद्देश्य के लिए जरूरी तथा अनुकूल हैं। पहले वह 'तत्त्व' के अनुसार कपड़ों के वर्ग बनाता है। इसके तीन वर्ग बनते हैं। फिर वह उनमें एक वर्ग को लेकर 'रंग' नामक दूसरे विभाजक धर्म के अनुसार तीन विभाग बनाता है। तीसरे क्रम में वह एक विभाग लाल सूती कपड़ों के 'आकार' के अनुसार अनुभाग करता है। अन्त में वह चौथे विभाजक धर्म 'स्वच्छता' के आधार पर एक अनुभाग का उप-अनुभाग करता है। इस प्रक्रिया में वर्ग, विभाग, अनुभाग, उप-अनुभाग (प्रविभाग) को क्रमशः क्लास, डिवीजन, सेक्शन और सब-सेक्शन भी कहा जाता है।

इस प्रकार यह परिणाम प्राप्त होता है कि कृत्रिम या व्यावहारिक वर्गीकरण में अपने उद्देश्य और आवश्यकता के अनुसार तीनों तरह के धर्मों में से किसी भी प्रकार के धर्म को 'विभाजक धर्म' के रूप में अपनाया जा सकता है। दूसरे यह कि व्यावहारिक वर्गीकरण विभाजक धर्मों की एक सम्बद्ध योजना के अनुसार अपनी आवश्यकता के अनुरूप कई क्रमों तक किया जा सकता है।

डॉ. रंगनाथन का सिद्धान्त

पुस्तकालय-विज्ञान के भारतीय आचार्य डॉ. रंगनाथन का यह मत है कि वर्गीकरण में 22 नियमों का पालन किया जाना चाहिए। उन नियमों को उन्होंने उपसूत्र कहा है और उनको छः श्रेणियों में रखा है, जिन्हें नीचे वर्णित किया जा रहा है—

1. वर्ग-शृंखला

इस उपसूत्र को दो भागों में विभाजित किया गया है—

(क) शृंखला की अन्तिम कड़ी और प्रथम कड़ी के बीच में जितने क्रम पड़ते हों उनमें से प्रत्येक क्रम का वर्ग बनाते समय उन सभी वर्गों की एक शृंखला बनानी चाहिए।

(ख) शृंखला में प्रथम कड़ी से अन्तिम कड़ी की ओर जाने में वर्गों की गहनता (इन्टेनशन) बढ़नी चाहिए और पद का विस्तार (इक्सटेन्शन) घटना चाहिए।

2. धर्म

इसके प्रमुख उपसूत्र निम्नवत हैं–

(क) प्रत्येक विभाजक धर्म ठीक तौर पर सुनिश्चित होना चाहिए।

(ख) प्रत्येक विभाजक धर्म परिभाष्य होना चाहिए। जब तक वर्गीकरण के उद्देश्य में कोई परिवर्तन न हो उस विभाजक धर्म को स्थायी (अपरिवर्तनीय) होना चाहिए।

(ग) वर्गीकरण में प्रयोग किये जाने वाले विविध प्रकार के विभाजक धर्मों का अनुक्रम भी वर्गीकरण के उद्देश्य से सम्बद्ध एवं अनुकूल होने चाहिए।

(घ) पद्धति के विभाजक धर्म और जिसमें उनका प्रयोग होगा, वे दोनों निर्धारित होने चाहिए तथा अविरोध रूप में दृढ़तापूर्वक उनका पालन किया जाना चाहिए।

(ङ) प्रयोग किये जाने वाले प्रत्येक विभाजक धर्म को ऐसा होना चाहिए जो पृथक्करण कर सके अर्थात् विभाज्य को कम-से-कम दो भागों में विभाजित कर सके।

(च) दो विभाजक धर्म सहगामी नहीं होने चाहिए।

(छ) प्रत्येक विभाजक धर्म वर्गीकरण के प्रयोजन के अनुरूप (सुसंगत) होना चाहिए।

3. आनुवांशिक कक्षा

आनुवांशिकता कक्षा के निम्नवत दो उपसूत्र है–

(क) पंक्ति के वर्गों में कम समान जातीय वाला कोई वर्ग महत्त्व समान जातीयता वाले वर्गों के बीच में नहीं आना चाहिए।

(ख) किसी वर्ग के सभी अधीनस्थ वर्गों को वे चाहे जिस शृंखला में उद्भूत हुए हों, अपने मूल वर्ग से तथा आपस में भी किसी अन्य वर्ग से वियुक्त हुए बिना अपने जनक वर्ग का अनुगमन करना चाहिए।

4. पारिभाषिक पदावली

पारिभाषिक पदावली के चार उपसूत्र निम्नवत हैं–

(क) हर पद का अर्थ (व्याख्या) वर्गों के परिगणन के द्वारा शृंखलाओं में निश्चित होना चाहिए, जो कि वर्ग के द्वारा शृंखलाओं की प्रथम सामान्य शृंखला के रूप में प्रकट किया गया हो।

(ख) हर पद का अर्थ उसकी प्रारम्भिक कड़ी से संबद्ध निम्नतर क्रम से विभिन्न वर्गों के प्रकाश में निर्धारित होना चाहिए जैसा कि वर्ग में 'पद' के द्वारा प्रकट किया गया हो।

(ग) वर्गीकरण पद्धति में वर्गों को प्रकट करने वाला हर पद जिस क्षेत्र का हो उस क्षेत्र के विशेषज्ञों द्वारा मान्य और प्रचलित होना चाहिए।

(घ) वर्गीकरण पद्धति में वर्गों को प्रकट करने वाले **'पारिभाषिक पद'** आलोचनात्मक नहीं होने चाहिए।

5. वर्ग-पंक्ति

इस उपसूत्र को निम्न भागों में बाँटा गया है–

(क) किसी भी पंक्ति में वर्गों का क्रम तब तक किसी अनुकूल सिद्धान्त (काल, विकास, अनुवर्ण आदि) के अनुसार ही होना चाहिए न कि मनगढ़ंत, जब तक कि उस सिद्धान्त के अनुसरण करने से आशा के अनुरूप प्रमुख सिद्धान्त का बोध न हो।

(ख) जब विभिन्न पंक्तियों में वही या उसके समान वर्ग उद्‌भूत हो तो उनका क्रम इस तरह की सब पंक्तियों में जैसे पूर्ववत था उसी तरह होना चाहिए, जहाँ तक कि मुख्य सिद्धान्त की समानता के अनुसरण करने से किन्हीं अन्य मुख्य सिद्धान्तों का बोध न होता हो।

(ग) वर्गों की प्रत्येक पंक्ति से विभाज्य वर्ग अपने सामान्य क्षेत्रों में पूर्ण रूप से निःशेष हो जाना चाहिए।

(घ) वर्गों की पंक्ति में सभी वर्ग आपस में एक दूसरे के निषेधक होने चाहिए।

6. अंकन

अंकन के प्रमुख उपसूत्र को निम्नलिखित रूपों में विभक्त किया गया है–

(क) वर्गीकरण की पद्धति में वर्ग संख्या की लम्बाई वर्ग के क्रम के सामान्याभिधान के अनुपात से होनी चाहिए।

(ख) वर्गीकरण पद्धति का अंकन या नोटेशन मिश्रित होना चाहिए।

(ग) हर वर्ग से सम्बद्ध विभाजक धर्मों का प्रतिनिधित्व करने वाली उसकी वर्ग संख्या को अभिव्यक्तिशील होना चाहिए।

वर्गीकरण के प्रमुख लाभ

वर्गीकरण करने से विषय-वस्तु की व्यवस्था क्रमबद्ध हो जाती है जिसके कारण विभिन्न प्रकार से कार्य करने में सहजता होती है।

(1) इससे वस्तुओं को स्मरण रखने में सहायता मिलती है, चूँकि वर्गगत वस्तुओं को स्मरण रखना एक वस्तु के स्मरण रखने की अपेक्षा सरल होता है।

(2) इस प्रणाली के कारण सम्बन्धित विषय-वस्तु को आवश्यकतानुसार समझा जा सकता है क्योंकि यह बात पहले से ही संज्ञान में किसी न किसी रूप में रहती है।

(3) इससे वस्तुओं का ज्ञान स्पष्ट रूप से हो जाता है। इसमें प्रत्यक्ष वस्तु अथवा तत्परिवर्तन सन्निहित रहते हैं। यदि वर्गीकरण न हो तो प्रत्येक वस्तु के स्पष्टीकरण के लिए उसकी व्याख्या करनी पड़ती है।

(4) इससे वस्तुओं का आपसी सम्बन्ध तथा उनका स्पष्टीकरण सरलतापूर्वक हो जाता है।

(5) वर्गीकृत वस्तुओं में जरूरी समानता होने के कारण उनमें आपसी सम्बन्ध स्पष्ट रहता है। इस प्रकार वर्गीकृत पदार्थों (वस्तुओं एवं विचारों) के ज्ञान का पूरा लेखा वास्तविक और सत्य ज्ञान की खोज में मददगार होता है।

4

पुस्तक वर्गीकरण प्रणाली

पुस्तक वर्गीकरण प्रणाली एक प्रकार की ऐसी क्रम व्यवस्था है, जिसमें पुस्तकों को व्यवस्थित करने के लिये वैज्ञानिक विधि का प्रयोग किया जाता है। इसके द्वारा पुस्तकों को एक निश्चित सन्दर्भ में रखा जाता है जिससे अनुसंधान कर्ताओं, अध्येताओं व सम्बन्धित लोगों को पुस्तकें निकालने तथा वापस रखने में सरलता होती है।

पुस्तक वर्गीकरण प्रणाली की अनिवार्यता

विद्यालयों में प्रामाणिक वर्गीकरण व्यवस्था विशेष रूप से अनिवार्य होती है क्योंकि, ऐसी व्यवस्था के अभाव में पुस्तकों का आधार क्रम बिगड़ जाता है। इसके साथ ही प्रत्येक विषय से सम्बन्धित उपविषयों की अध्ययन सामग्री व्यवस्थित होनी चाहिए। वर्गीकरण पद्धति के निर्माता को वर्गीकरण-पद्धतिकार कहते हैं और उस पद्धति के शब्दों में वर्गीकरण करने वाले व्यक्ति को वर्गकार कहते हैं।

पुस्तक वर्गीकरण की पद्धति को नीचे वर्णित किया जा रहा है–

विश्लेषण-संश्लेषणात्मक प्रणाली–पुस्तक वर्गीकरण के इस विधि का निर्माण मूलभूत अवधारणाओं के तहत किया जाता है, जो किसी भी पुस्तक के विषय विश्लेषण करने पर मिल सकती है। इन्हीं को अर्थात् पुस्तकों के विषय के विश्लेषक तत्त्वों को पुनः एक निश्चित क्रम में रख कर उनका वर्ग बना दिया जाता है। इस

तरह की पद्धति में भी ज्ञान को मुख्य वर्गों में विभाजित किया जाता है। यह विभाजन किसी मान्य क्रम के आधार पर होता है। उसके बाद विभाजन के मानक बनाए जाते हैं, जिससे पुनः एक निश्चित विषय का विभाजन ऐसे वैज्ञानिक तरीके से हो कि एक विषय एक ही स्थान पर आ सके और वर्गीकरण निर्भ्रान्त हो। डॉ. रंगनाथन ने जिस कोलन वर्गीकरण को बनाया वह विश्लेषणात्मक व संश्लेषणात्मक है।

परिगणात्मक प्रणाली—परिगणात्मक प्रणाली में पुस्तक वर्गीकरण का आधार विभिन्न क्षेत्रों के वर्गानुसार क्रमबद्धता है। इसमें पुस्तकों का वर्गीकरण कर सही स्थान निर्धारित करने में सहायता मिलती है। इस प्रकार की पद्धति में ज्ञान के मुख्य वर्ग बना दिए जाते हैं फिर उनके विभाग आदि एक सिद्धान्त के शब्दों में बनाए जाते हैं। ड्यूवी की दशमलव वर्गीकरण पद्धति भी कुछ इसी प्रकार की है।

पुस्तक वर्गीकरण विधि के प्रमुख अंग

पुस्तक वर्गीकरण प्रणाली को निम्नवत रूपों में स्पष्ट कर सकते हैं—

तालिकाएँ

शिक्षा क्षेत्र को विषय विस्तार तथा क्रम के निर्धारण द्वारा ही वर्गीकृत करके स्थाई रूप दिया जाता है। इसी को वर्गीकरण की तालिका कहते हैं। विषयों की वैज्ञानिक क्रम से बनी हुई एक सूची-सी होती है। अंकन के द्वारा इसके क्रम को यान्त्रिक बना दिया जाता है।

सामान्य वर्ग

सामान्य वर्ग का अभिप्राय ज्ञान को सामान्य रूप से आत्मसात करना होता है, यानी ऐसी अध्ययन सामग्री जिसे तालिकाओं के शीर्षक में न रख कर सामान्य वर्ग में रखना। यह हमेशा सामान्य कृतियों के रूप में होता है, और यह ज्ञान क्षेत्र को बढ़ाता है। यथा—विश्वकोश, कोश, समाचार-पत्र एवं पत्रिकाएँ आदि।

रूप वर्ग

जो पुस्तक अपने मूल रूप में ही रहती है शब्दों तथा वाक्यांशों आदि में परिवर्तन के द्वारा उनके स्वरूप को बदला नहीं जाता क्योंकि ये पुस्तकें रूप वर्ग के तहत आती हैं। जैसे—पद्य, नाटक, उपन्यास, निबन्ध आदि जो विषय के दृष्टिकोण से नहीं बल्कि अपने रूप के दृष्टिकोण से पढ़ी जाती हैं। साहित्य समीक्षा सहित सभी

रूपों की पुस्तकों के लिए वर्गीकरण पद्धति में स्थान दिया जाता है। विभिन्न वर्गीकरण पद्धतियों में इस वर्ग का स्थान-निर्धारण पद्धतियों के आविष्कारक अपने ढंग से करते हैं।

रूप विभाजन

रूप विभाजन को कतिपय विद्वान मानक उपविभाग की संज्ञा देते हैं।

मानक उपविभाजन या सामान्य उपविभाजन—किसी एक विषय पर अनेक प्रकार की किताबें, विविध दृष्टिकोण एवं विविध रूप में बनाई जा सकती हैं। कोई पुस्तक उस विषय का विश्वकोश हो सकती है तो कोई उस विषय का इतिहास, और कोई उस विषय पर निबन्ध आदि। इस प्रकार की पुस्तकों के लिए प्रत्येक वर्गीकरण-पद्धति का आविष्कारक अपनी पद्धति में व्यवस्था जिस तत्त्व से करता है, उसे 'मानक उपविभाग' कहते हैं। ऐसे वर्गीकरण में बहुत से ऐसे शब्द आते हैं जो कि पद्धति के विशेष विषयों के लिए भी आए रहते हैं, लेकिन इन दोनों में अन्तर होता है। मुख्य तालिका में वे शब्द ज्ञान क्षेत्र के किसी विशेष विषय का प्रतिनिधित्व करते हैं। इस प्रकार वहाँ पर प्रतिपाद्य विषय और उपयोग के शब्दों में पुस्तकों को रखने का स्थान बनाया जाता है। वैसा ही शब्द यदि 'मानक उपविभाग' के तहत आता है तो वह दो बातों को प्रकट करता है, एक तो विशेष प्रकार जिसमें पुस्तक लिखी गई हो या दूसरे वह दृष्टिकोण जिसमें पुस्तक लिखी गई हो। इस प्रकार 'मानक उपविभाग' पुस्तक वर्गीकरण का आवश्यक तत्त्व है। 'मानक उपविभाग' को किसी विशेष वर्ग या शीर्षक में सामान्य विभाजन के रूप में भी समझा जा सकता है। इस प्रकार का सामान्य उपविभाजन न केवल सैद्धान्तिक अपितु व्यावहारिक रूप से महत्त्वपूर्ण पुस्तकों का वर्गीकरण रीतिबद्ध तरीके से किया जाता है।

अंकन या संकेतन

किताबों का अंकन अथवा संकेतन करने हेतु संकेतसूचक एक घड़ी होती है जो कि किसी वर्ग या उसके विभाग, अनुभाग या उप-अनुभाग के स्थान पर आती है और उसका प्रतिनिधित्व करती है।

आवश्यकता—पुस्तकों के सही वर्गीकरण के लिये अंकन व संकेतन वह महत्त्वपूर्व आधार हैं जिनमें इस पद्धति को सहजता से लागू किया जा सकता है। चूँकि वर्गीकरण पुस्तकालय-विज्ञान की आधारशिला है, इसलिए यह कहा जा सकता है कि ये अंकन व्यावहारिक पुस्तक वर्गीकरण के आधार हैं।

महत्त्व—पुस्तक वर्गीकरण के लिए अंकन या संकेतन का काफी महत्त्व होता है। जो निम्नलिखित हैं—

1. यह तालिकाओं और सारणियाँ की क्रम-व्यवस्था को बताने में सहायक होता है और उनमें प्रत्येक का स्थान और परस्पर सम्बन्ध भी बताता है। तालिका में यदि केवल विषयों के नाम ही लिखे रहें तो उन विषयों का परस्पर सम्बन्ध स्थिर और प्रकट नहीं हो सकता। उदाहरणार्थ—दशमलव वर्गीकरण में केवल 'मनोविज्ञान' लिखने से तालिका में इसका कोई सम्बन्ध नहीं प्रकट होता है, किन्तु जब इसका अंकन 150 आता है तो वह प्रकट करता है कि मुख्य वर्ग 100 का पाँचवां विभाग है।
2. यह अनुक्रमणिका के प्रयोग को सम्भव बनाता है। अनुक्रमणिका के साथ जो प्रतीक लगाए जाते हैं, उन्हीं के द्वारा तालिकाओं में विषयों के स्थान का हवाला शीघ्र प्राप्त हो सकता है।
3. पुस्तक के प्रत्येक भाग में संक्षिप्त अंकन लिखने से सहजता होती है। पुस्तक की पीठ पर, वर्गीकरण में, पुस्तकों के लेबल पर और आगत-निर्गत के कार्डों पर संक्षिप्त अंकन लिखने में, आलमारियों से पुस्तकों को व्यवस्थित करने में और लेन-देन का लेखा रखने में बहुत सुविधा होती है।
4. यह पुस्तक-सूची के कार्य को भी सरल बनाता है और पाठकों को सलेखों से पुस्तकों तक जाने का यथाशीघ्र हवाला देता है।
5. इससे पुस्तकालय की क्रम-व्यवस्था और पथ-प्रदर्शन में बहुत सहायता मिलती है।
6. अंकन द्वारा याद रखने की आदत का विकास होता है।
7. यह वर्गीकरण के पदों (टर्म्स) के स्थान पर आता है और इस अंकन से उन पदों का हवाला देने में सुविधा होती है जैसे—150 मनोविज्ञान।

सारणियों का महत्त्वपूर्ण अंग माने जाने वाले अंकन को पुस्तक वर्गीकरण के लिए भी बहुत जरूरी माना जाता है, लेकिन गौर करने योग्य बात है कि तालिकाओं के बिना अंकन भी बेकार है। यथा—केवल 150 का कोई अर्थ नहीं है जब तक कि उसके साथ 'मनोविज्ञान' पद न हो।

अंकन का स्वरूप—अंकन अनेक प्रकार से बनाया जा सकता है, जैसे—अक्षर, गिनती या अन्य चिह्न जो कि सारणी के पदों (टर्म्स) का प्रतिनिधित्व कर सकें।

दो या दो से अधिक संकेतों से मिलकर बने अंकन को मिश्रित अंकन कहा जाता है। जबकि स्वतंत्र रूप से अर्थात् बिना दो या इससे अधिक संकेतों के जो

अंकन बनते हैं वे शुद्ध अंकन कहलाते हैं। डॉ. रंगनाथन महोदय ने अपनी वर्गीकरण-पद्धति में अक्षरों और अंकों के मिश्रित अंकनों का प्रयोग किया है।

अनुक्रमणिका

पुस्तक वर्गीकरण प्रणाली विषयों को खोजने में सहायक सिद्ध होती है तथा मेहनत और श्रम की बचत होती है। परन्तु इसे कभी भी वर्गीकरण का मुख्य साधन नहीं बनाना चाहिए। इसमें पदों के सभी पर्यायवाची पद विषय के सूक्ष्मतम नामों के साथ (यहाँ तक कि तालिका में चाहे वे न भी आ पाए हों) होना चाहिए। इसका मुख्य गुण यह विश्वास दिलाना है कि सारणी के तहत जो विषय हैं, वे निर्धारित स्थान पर ही वर्गीकृत हों।

सामान्यतया अनुक्रमणिकाएँ निम्नवत दो प्रकार की होती हैं–

1. सापेक्ष–सापेक्ष अनुक्रमणिका वह अनुक्रमणिका है जिसमें पर्याप्त सीमा अन्य विभिन्न विषयों को भी शामिल किया गया है।

उदाहरणार्थ–डीवी

Eggs	
animal husbandry for	636.088 42
s.a. spec. animals	
biology see Embryology	
decorating	745.594 4
feeds	
animal husbandry	636.087 6
s.as pec. animals	
other aspects see poultry products	

सापेक्ष अनुक्रमणिका के गुण

सापेक्ष अनुक्रमणिका की प्रमुख विशेषताएँ निम्नवत हैं–

(1) यह प्रत्येक शीर्षक को उन अनेक रूपों में दिखलाती है, जिसमें वह विषय व्यवहृत हो सकता हो, साथ ही उसका प्रतीक भी दे देती है।

(2) विभिन्न स्थानों में एक विषय की अवस्थाओं को रख कर वर्गाकार के लिए सुविधा देती है।

(3) यह अकारादि-क्रम में सरलता से युक्त होती है और स्वयं वर्णन करने में समर्थ होती है।

सापेक्ष अनुक्रमणिका के दोष

इसकी प्रमुख कमियाँ निम्नवत हैं—

(1) किसी विषय के लिए ज्यादा विकल्प देने से गलत निर्णय भी हो जाता है।

(2) सभी दृष्टिकोणों को दिखाना असंभव होता है, इसलिए इसकी आलोचना की जाती है।

(3) छपाई के दृष्टिकोण से व्यय-साध्य होती है।

2. विशिष्ट—सारणी में दिए गए हर टॉपिक के लिए केवल एक प्रविष्ट उसके पर्याय सहित दी जाती है तो उसे विशिष्ट अनुक्रमणिका कहते हैं।

जैसे—ब्राउन में—

Eggs F 601

विशिष्ट अनुक्रमणिका के गुण

विशिष्ट अनुक्रमणिका के प्रमुख गुण निम्नवत हैं—

(1) सापेक्ष की अपेक्षा छोटी होने के कारण छपाई में कम व्यय पड़ता है।

(2) सैद्धान्तिक रूप में वर्गीकरण के लिए 'एक स्थान' निर्धारित करने में पूर्ण होती है।

(3) दुविधा और संदेह समाप्त करती है।

(4) सम्बन्धित विषयों को उनके नाम से अकारादिक्रम के द्वारा अलग कर देती है।

अनुक्रमणिका का प्रयोग विषय को सरलता से ढूंढने या वर्गीकृत विषयों की जानकारी लेने हेतु ही किया जाना चाहिए। क्योंकि सिद्धान्त रूप में ज्ञान-क्षेत्र में समान विषय को इकट्ठा करना और उनको उनकी सम्बन्धित दशा में क्रमबद्ध करना, जिससे कि उसका एक दूसरे के साथ सम्बन्ध स्पष्ट रूप से दिखाई पड़े। पुस्तक वर्गीकरण के व्यावहारिक पक्ष में उपयोगिता और सुविधा को विशेष रूप से ध्यान में रखना पड़ता है। इसलिए सर्वाङ्गपूर्ण पुस्तक वर्गीकरण में उपर्युक्त सैद्धान्तिक और व्यावहारिक दोनों बातें यथासाध्य एक साथ लाने की कोशिश की जाती है, जहाँ तक कि यह प्रयोग में सम्भव हो।

विशिष्ट संग्रह का स्थान

हर एक पुस्तक वर्गीकरण प्रणाली के तहत विशिष्ट संग्रह को पृथक रखने के लिए भी स्थान बनाने की व्यवस्था होती है।

सहायक तालिकाएँ

वर्गीकरण की हर एक प्रणाली के अन्तर्गत भाषा, देश आदि की सहायक सारणियाँ दी जाती हैं जिससे पुस्तक का सूक्ष्म वर्गीकरण किया जा सके।

पुस्तक वर्गीकरण पद्धतियां

पुस्तक वर्गीकरण हेतु प्रयास करते काफी समय हो गया है, जिसमें असुर-बानि पालि से लेकर हेनरी एब्लिन ब्लिस तक का सफर पुस्तक वर्गीकरण की पद्धतियों एवं उसकी सरंचना को लेकर है। इसके अन्तर्गत वर्गीकरण की सात पद्धतियां बनाई गई हैं जो निम्नवत हैं–

1. दशमलव वर्गीकरण पद्धति,
2. विस्तारशील वर्गीकरण पद्धति,
3. विषय वर्गीकरण पद्धति,
4. कांग्रेस लाइब्रेरी की वर्गीकरण पद्धति,
5. कोलन वर्गीकरण पद्धति,
6. विषयवाङ्मयात्मक वर्गीकरण पद्धति, एवं
7. विश्व दशमलव वर्गीकरण पद्धति।

पुस्तक वर्गीकरण प्रणाली का मापदण्ड

पुस्तक वर्गीकरण के कुछ निश्चित मानक हैं जो निम्नवत हैं–

(1) उपयोगकर्ताओं की सुविधा के दृष्टिकोण से मुख्य वर्ग तथा उसके विभागों और उपविभागों का सुव्यवस्थित क्रम होना चाहिए।

(2) इसमें जो टर्म्स प्रयोग किए जाएँ वे स्पष्ट हों, उनके साथ उनका वर्णन हो जिसमें उनका क्षेत्र वर्णित हो और आवश्यक स्थानों पर शीर्षक, नोटेशन आदि से युक्त हो जिससे वर्गीकरण करने वाले को किसी प्रकार की समस्या न हो।

(3) इसको यथासम्भव परिपूर्ण होना चाहिए, जिसमें ज्ञान का सम्पूर्ण क्षेत्र आ जाए।

(4) यह सामान्य से विशेष की ओर तथा क्रमबद्ध हो।

(5) इसके अन्तर्गत प्रत्येक प्रकार की किताबों हेतु स्थान निर्धारित करने की उचित व्यवस्था हो।

5

पुस्तकालय वर्गीकरण के महत्त्वपूर्ण कारक

क्रामक संख्या का आशय एवं परिभाषा

क्रामक संख्या का अभिप्राय है—माँग के अनुसार पुस्तकालयों में पुस्तकों का व्यवस्थापन। क्रामक संख्या पुस्तकालय में किताबों के संग्रह के लिए आवश्यक होता है। यह कहा जा सकता है कि, "किसी किताब के विशिष्ट स्थान को फलकों पर निर्धारित करने तथा पुस्तकालय की अन्य पुस्तकों से अलगाव और विशेषता प्रकट करने वाले चिह्नों को क्रामक संख्या कहते हैं।"

उद्देश्य

पुस्तकालय के समस्त संग्रह को यान्त्रिक प्रणाली के द्वारा नियन्त्रित करना ही क्रामक संख्या का प्रमुख प्रयोजन होता है। इसका उद्देश्य हरेक पुस्तक का उपयुक्त स्थान निर्धारण करके अन्य पुस्तकों से परस्पर अलगाव करना है। इसका उद्देश्य पुस्तकालय में पुस्तकों के लेन-देन की समस्या को दूर करना तथा पुस्तकों को उपयोग के बाद यथास्थान पर लगाना है। इसका उद्देश्य कर्मचारियों और उपयोगकर्ताओं के समय की बचत करना भी है।

आवश्यकता

पुस्तकालय में अक्सर एक ही विषय की कई किताबें आ जाती हैं, जिसके लेखक भिन्न-भिन्न होते हैं। उन पुस्तकों को अन्य विषयों की पुस्तकों से पृथक करने के लिए तथा एक ही विषय में अनेक लेखकों की पुस्तकों को एक दूसरे से अलग करने के लिए क्रामक संख्या की आवश्यकता होती है। इसके बिना आलमारी में फलकों पर पुस्तक के विशिष्ट स्थान का निर्धारण नहीं हो सकता और न तो पुस्तक की विशेषता का ही ज्ञान हो सकता है। इस प्रकार क्रामक संख्या का होना आवश्यक है।

लाभ

क्रामक संख्या से होने वाले प्रमुख लाभ निम्नवत हैं–

(1) उपयोगकर्ताओं और कर्मचारियों को पुस्तकों के आदान-प्रदान और रख-रखाव में सुविधा।

(2) पुस्तकालय के संग्रह सत्यापन में सुविधा।

(3) पुस्तकों का प्रदर्शन करने में सुविधा।

(4) पुस्तकों का चयन करने, संग्रह से पुस्तकें निकालने तथा वापस रखने में सुविधा।

क्रामक संख्या, वर्गांक और पुस्तकांक से मिल कर बनती है जिसको वर्ग संख्या और पुस्तकांक को पुस्तक संख्या भी कहा जाता है।

उदाहरणार्थ–

लेखक	*पुस्तक*	*वर्गांक*	*पुस्तकांक*
1. तुलसीदास	रामचरितमानस	891.431	दास/तु/रा
2. मैथिलीशरण गुप्त	साकेत	891.431	गुप्त/मैं/सा
3. महादेवी वर्मा	दीपशिखा	891.431	वर्मा/म/या
4. महादेवी वर्मा	यामा	891.431	वर्मा/म/या
5. प्रेमचन्द	रंगभूमि भाग-1	891.433-1	प्रेमचन्द/रं-1
6. प्रेमचन्द	रंगभूमि भाग-2	891.433-2	प्रेमचन्द/रं-2

ऊपर दी गई तालिका में संख्या के माध्यम से एक वर्ग की पुस्तकों को दूसरे वर्ग की पुस्तकों से तथा एक लेखक की पुस्तक से दूसरे लेखक की पुस्तक का तथा

एक ही लेखक की दो पुस्तकों का एक दूसरे से और एक पुस्तक के एक भाग से उसके दूसरे भाग का पृथकीकरण दिखाया गया है।

वर्गांक

अर्थ

किसी भी पुस्तक की वह क्रामक संख्या जो विषय समूह का बोध कराये वर्गांक कहा जाता है।

उदाहरणार्थ—दशमलव वर्गीकरण में 150 मनोविज्ञान, 330 अर्थशास्त्र।

पुस्तकांक

क्रामक संख्या में प्रयोग किए जाने वाले एक या अनेक चिह्नों को पुस्तकांक या पुस्तक संख्या कहा जाता है जो एक लेखक और उसकी पुस्तक को दूसरे लेखक से अलगाव करने के लिए बनाया जाए के बोधक हों।

उदाहरणार्थ—विपिन चन्द्र सक्सेना—1857 का स्वतंत्रता संग्राम=

330
———————
सक्सेना / व / 1857

उपरोक्त उदाहरण में 330 वर्गांक पुस्तक की कुछ विशेषताओं का क्रम दर्शन अंकों और अक्षरों को या केवल अक्षरों की कृत्रिम या संकेतात्मक भाषा में अनुवाद के रूप में होता है। इस समय अक्सर लेखक के अन्त्य नाम और व्यक्ति नाम के आदि अक्षर तथा पुस्तक के प्रथम अक्षर (आर्टिकिल को छोड़कर) को लेकर बनाया जाता है। क्रम सूचक अंकों के लिए अनेक लेखक टेबल अंग्रेजी तथा अन्य भाषाओं में बनाए गए हैं। उनमें से अंग्रेजी लेखकों के लिए कटर सनवार्न का ऑथर टेबल तथा भारतीय नामों के लिए नेशनल लेखक टेबल प्रसिद्ध है। हिन्दी-वर्गमाला अ से ह तक के आधार पर हिन्दी में बनाई गई 'सार्वभौम हिन्दी लेखक सारणी, सब भाषाओं के लेखकों के प्रतीक अंकों में देने के लिए उपयोगी है।

सार्वभौम लेखक सारणी के शब्दों में अग्रवाल का प्रतीक अंक अ 126 अ होगा। कोलन वर्गीकरण प्रणाली के अन्तर्गत पुस्तक संख्या का निर्माण करने की विधि भी दी गई है। उसका परिचय कोलन वर्गीकरण पुस्तक में दिया गया है।

संग्रहांक

संग्रहांक का पुस्तकालय वर्गीकरण में विशेष महत्त्व होता है क्योंकि इसी आधार पर पुस्तक के विभागों की जानकारी रखी जाती है।

जैसे BD = गणित विभाग, यहाँ B = गणित और D = Department है। जब किसी पुस्तकालय को किसी व्यक्ति की निजी पुस्तक, संग्रह भेंटस्वरूप प्राप्त होती है और उस संग्रह को अलग रखना होता है तो उस संग्रह की प्रत्येक पुस्तक के बुक लेबल तथा सूचीकृत प्रत्येक कार्ड आदि के सिरे पर क्रामक संख्या के ऊपर उस व्यक्ति के नाम का संकेत संग्रहांक के रूप में दिया जाता है। उदाहरण के लिए, अखिल भारतीय संस्कृत परिषद्, लखनऊ को मंगलदेव शास्त्री का पुस्तक संग्रह प्राप्त हुआ तो उसको दाता की इच्छानुसार पृथक रखा गया और उसमें संग्रहांक लिख दिया गया।

जैसे–

मं
89I.21 मंगलदेव शास्त्री संग्रह में कालिदास का
कालि/र रघुवंशचरित महाकाव्य

उपरोक्त उदाहरण से यह स्पष्ट होता है कि किस प्रकार पुस्तकालय में मुख्य संग्रह से मंगलदेव संग्रह की पुस्तकों का अलगाव हो गया।

सहायक क्रम या अनुकूल क्रम

सहायक क्रम की आवश्यकता

पुस्तकालय में आने वाले पाठकों को उनकी इच्छा अनुसार पुस्तकें उपलब्ध होनी चाहिए, साथ ही उनके समय की बचत भी होनी चाहिए। इस उद्देश्य की पूर्ति के लिए आवश्यक है कि पुस्तकों तथा अन्य अध्ययन-सामग्रियों को आलमारियों के फलकों पर ऐसे क्रम से व्यवस्थित किया जाए जो क्रम वैज्ञानिक हो और पाठकों के अनुकूल हो। इस क्रम को सहायक क्रम कहते हैं। इस क्रम से प्रत्येक विषय की पुस्तकें फलकों पर सजी हुई ऐसी दिखाई देती हैं जैसे किसी खानदान का वंश वृक्ष। इसलिए ज्ञान वर्गीकरण में ज्ञान के प्रत्येक विषय में सहायक क्रम का सिद्धांत अपनाना चाहिए। इस प्रकार के संयोजन से विषयों का वर्गीकरण क्रमबद्ध हो जाएगा

तथा पाठकों और पुस्तकालय कर्मचारियों को अधिक परेशानी का सामना नहीं करना पड़ेगा।

अनुकूल क्रम के आधारभूत सिद्धान्त

यह वर्गीकरण का एक उपसूत्र है। प्रत्येक पुस्तकालयाध्यक्ष अपने विवेक से विषयों का सहायक क्रम निर्धारित न करे। ऐसा करने से सहायक क्रम में एकरूपता नहीं हो सकती। इस प्रकार पुस्तकों के वर्गीकरण में सहायक क्रम लाने के लिए पुस्तक वर्गीकरण पद्धति में ही सहायक क्रम के सिद्धान्तों का अनुपालन करना चाहिए।

डॉ. रंगनाथन के अनुसार विषय वर्गीकरण के आधारभूत सिद्धान्तों को नीचे स्पष्ट किया जा रहा है–

1. यदि दो वर्ग एक विकास क्रम की दो अवस्थाओं में आते हों तो विकास क्रम की प्रथम स्थिति वाले वर्ग को पहले रखना चाहिए।

   जैसे–प्राथमिक शिक्षा

   माध्यमिक शिक्षा

   इस स्थान पर दोनों वर्ग शिक्षा के विकास क्रम की दो स्थिति वाले हैं। उनमें पहली स्थिति को आगे रखा जाना चाहिए।

2. अगर दो वर्गों में एक वर्ग काल की दृष्टि से दूसरे से पहले आता है तो पहले उत्पन्न होने वाले वर्ग को दूसरे से पहले रखना चाहिए।

   उदाहरणार्थ–हिन्दू धर्म

   जैन धर्म

   हिन्दू धर्म और जैन धर्म में काल की दृष्टि से हिन्दू धर्म पहले का है। इस प्रकार उस वर्ग को जैन धर्म से पहले रखा जाना चाहिए।

3. जब दो वर्ग एक दूसरे के तहत आने वाले न हों तो उन दोनों वर्गों को उनकी समीपता के आधार पर अनुकूल क्रम में रखा जाना चाहिए।

   उदाहरणार्थ–चीन

   जापान

   भारत

4. यदि वर्गों को व्यवस्थित करने का कोई सिद्धान्त न लागू हो सके तो पूर्व परम्परा से प्रसिद्ध क्रम को सहायक क्रम के रूप में अपनाया जाना चाहिए।

   उदाहरणार्थ–अंकगणित

बीजगणित

रेखागणित

5. अगर दो सम्बन्धित वर्ग हों और दोनों में जटिलता हो तो कम जटिलता वाले वर्ग को पहले रखना चाहिए।

उदाहरणार्थ—गणित

समतल ज्यामिति

ठोस ज्यामिति

6. अगर किसी प्रमुख वर्ग में किसी वर्ग या उपवर्ग के व्यवस्थापन में कोई सहायक क्रम का सिद्धान्त न हो तो वहाँ वर्णक्रम को अपनाना चाहिए।

उदाहरणार्थ—चावल श्र 381

बासमती श्र 381 ठ

7. किसी विषय पर एकत्र पुस्तकों तथा लेखों को सहायक क्रम में रखने के लिए इस पद्धति का उपयोग करना चाहिए। ऐसी दशा में सबसे ज्यादा अभीष्ट विषय को अंगीकृत श्रेणी में रखा जाता है।

8. अगर दो वर्गों में एक वर्ग ज्यादा विस्तार वाला हो तथा वह अपने में दूसरे को समा लेता हो तो उसको दूसरे वर्ग से प्रथम स्थान दिया जाना चाहिए।

उदाहरण—कानून

भारतीय कानून

इस स्थान पर कानून में भारतीय कानून भी समाया हुआ है। इस प्रकार कानून वर्ग को भारतीय कानून वर्ग से पहले रखना चाहिए।

9. यदि दो वर्ग विभिन्न अंशों में मूर्त हों तो कम मूर्त वाले वर्ग को उसके बाद में रखना चाहिए।

उदाहरणार्थ—पौधे की शरीर रचना

फूल वाले पौधे।

इस स्थान पर पौधे की शरीर रचना कम मूर्त है और 'फूल वाले पौधे' उससे ज्यादा मूर्त हैं। इस प्रकार पहले 'पौधे की शरीर रचना' उसके बाद 'फूल वाले पौधे' का वर्ग रखना चाहिए।

यह सच है कि सहायक क्रम का सिद्धान्त वर्गीकरण के सामान्य सिद्धान्त के तहत ही आता है। वर्गीकरण प्रणाली का निर्माण करने वाला जब पुस्तक वर्गीकरण प्रणाली का निर्माण करता है तो उस प्रणाली के अन्तर्गत उक्त सहायक क्रम के सिद्धान्तों को शामिल कर लेता है। इस तरह पुस्तकों का उस पद्धति में वर्गीकरण

करने पर पुस्तकें स्वतः सहायक क्रम में आ जाती हैं। यह अनुकूल क्रम या सहायक क्रम का सिद्धान्त वर्गपंक्ति के अन्तर्गत समाविष्ट है। सहायक क्रम का सिद्धान्त वर्गपंक्ति का एक उपसूत्र है।

पुस्तकालय वर्गीकरण की मुख्य प्रणालियाँ

सामान्यतया यदि देखा जाए तो वर्गीकरण का प्रमुख आधार विषय विशेष का गुण एवं आकार आदि होता है। प्रारम्भ में मनुष्य ने वस्तुओं का वर्गीकरण उनके रूप, रंग, आकार के आधार पर किया था, लेकिन अब ऐसा नहीं है। अब वर्गीकरण वस्तुओं के गुणों एवं विशेषताओं के आधार पर किया जाता है। इस बात का प्रभाव पुस्तकालय वर्गीकरण पर भी पड़ा जिसके कारण पुस्तकालय वर्गीकरण पद्धतियों का विकास विशेषताओं एवं गुणों के कारण भिन्न-भिन्न प्रकार से होता रहा। ऐतिहासिक दृष्टि से अब तक विकसित सभी वर्गीकरण पद्धतियों को निम्न प्रणालियों के अन्तर्गत विभाजित किया जा सकता है–

डॉ. रंगनाथन के अनुसार वर्गीकरण की निम्नवत प्रणालियाँ हैं–

1. लगभग पक्षात्मक पद्धति–इस पद्धति में शिक्षा जगत के सभी वर्तमान एवं अतीत के सम्भावित विषयों को वरीयतापूर्ण सहायक क्रम में वृहत अनुसूची के साथ रखा जाता है, जिन्हें वर्गांक कहते हैं। अधिकांश सूची में विशिष्ट विषयों के साथ-साथ सामान्य एकलों का उल्लेख भी रहता है। जितने भी मिश्रित विषयों के वर्गांक बने होते हैं, उनको प्रत्येक विषय से सम्बन्धित एकलों तथा विशिष्ट एकलों की सहायता से बनाया जा सकता है। इसके लिए संयोजी चिह्नों का भी प्रावधान इस प्रकार की प्रणाली में किया जाता है। इस प्रकार की प्रणाली के उदाहरण के रूप में **सार्वभौमिक वर्गीकरण पद्धति (यूडीसी)** का नाम लिया जा सकता है, जो **फिड** के दो उत्साही युवकों **पाल ओटलेट** तथा **हेनरी ला फान्टेन** द्वारा विकसित एवम् निर्मित की गई थी।

2. स्वतंत्र पक्षात्मक प्रणाली–पुस्तकालय वर्गीकरण की इस पद्धति में मूल पदों को एक वर्गीकरण संकेत में परिवर्तित कर दिया गया है। इस प्रणाली में मूल विषयों के साथ-साथ संयुक्त विषयों के लिए पहले से ही पक्ष-सूत्रों का प्रावधान नहीं होता है। इसमें संयुक्त विषयों को पक्ष-विश्लेषण द्वारा ज्ञात किया जाता है तथा पक्षों को जोड़ने हेतु संयोजी चिह्नों का प्रावधान किया जाता है। इसमें अंकों अथवा पक्षों में स्थिरता नहीं होती बल्कि इनकी वस्तु स्वतंत्र होती है। इस प्रकार की प्रणाली के

लिए डॉ. रंगनाथन के **कोलन वर्गीकरण** के सातवें संस्करण का उदाहरण दिया जा सकता है।

3. पूर्ण पक्षात्मक पद्धति—पुस्तकालय वर्गीकरण की इस पद्धति में शिक्षा क्षेत्र के वर्तमान और अतीत के समस्त सम्भावित विषयों की एक वृहत् अनुसूची प्रस्तुत कर दी जाती है, जिसमें सामान्य एकलों तथा विशिष्ट एकलों का भी प्रावधान किया जाता है, परन्तु संयुक्त विषयों का कोई उल्लेख नहीं होता है। संयुक्त विषयों के वर्गांक मूल विषयों—सामान्य एवम् विशिष्ट एकलों की सहायता से निर्मित किए जाते हैं, जिसके लिए अनेक संयोजी चिह्नों का प्रावधान भी किया जाता है। इस प्रकार की प्रणाली में वर्गांक के निर्माण के लिए पक्ष-सूत्रों का भी प्रावधान किया जाता है। इनके निर्देशानुसार ही विषयों के लिए अंकनों का चयन कर संयोजी चिह्नों की सहायता से पक्षों का संश्लेषण किया जाता है। इसके लिए **कोलन वर्गीकरण (सीसी)** के छठवें संस्करण का उदाहरण सर्वोत्तम रूप में दिया जा सकता है।

इस प्रकार यदि देखा जाए तो विश्लेषिक संश्लेषणात्मक प्रणाली परिगणनात्मक प्रणाली की परिणित है। वर्तमान समय में बढ़ती अनिवार्यता के कारण इसमें आशातीत वृद्धि हो रही है।

परिगणनात्मक प्रणाली

सामान्यतया यदि देखा जाए तो परिगणनात्मक प्रणाली मुख्य रूप से विभेदात्मक या पक्षात्मक प्रणाली का मूलाधार है। परिगणनात्मक प्रणाली के स्वरूप में जो सहजता थी वह अन्यत्र असम्भव थी। परिगणनात्मक प्रणाली में शिक्षा-जगत के समस्त अतीत और वर्तमान समय के मुख्य विषयों की अनुसूचियों का सहायक क्रम में उल्लेख कर दिया जाता है तथा प्रत्येक विषय को एक वर्गांक प्रदान कर दिया जाता है। अंकित वर्गों के तहत सरल विषयों तथा कुछ संयुक्त विषयों को सम्मिलित किया जाता है तथा उनको पूर्वनिर्मित वर्गांक दिये जाते हैं। इससे यह स्पष्ट है कि जिन संयुक्त विषयों को अंकित नहीं किया गया है एवं पूर्वनिर्मित वर्गांक नहीं दिये गए हैं, उनको व्यक्तित्व प्रदान नहीं किया जा सकता।

परिगणनात्मक प्रणाली के प्रकार

परिगणनात्मक प्रणाली के मुख्य रूप से दो प्रकार के होते हैं—

1. लगभग परिगणनात्मक
2. पूर्ण रूप से परिगणनात्मक

1. लगभग परिगणनात्मक पद्धति—पुस्तकालय वर्गीकरण की इस पद्धति में शिक्षा के क्षेत्र की वर्तमान और अतीत के समस्त सम्भावित विषयों को वरीयतापूर्ण सहायक क्रम में वृहत् अनुसूची के साथ रखे जाते हैं तथा उन विषयों को अंकन प्रदान कर दिए जाते हैं जिसे वर्गांक कहते हैं, जो पदों की अभिव्यक्ति वर्गांक के माध्यम से करते हैं। इस प्रणाली में इसके अतिरिक्त कुछ सामान्य एकलों की तालिका भी प्रस्तुत की जाती है तथा मूल विषयों के साथ मिश्रित विषयों का भी उल्लेख अनुसूची में होता है जिसके फलस्वरूप अनुसूची अधिक विस्तृत हो जाती है। सामान्य एकलों का प्रयोग करके मिश्रित विषयों के वर्गांक निर्मित कर लिए जाते हैं। इस प्रकार की प्रणाली के लिए जे.डी. ब्राउन **के विषय वर्गीकरण** तथा मिल्विल डीवी की **दशमलव** वर्गीकरण (डीडीसी) के नाम लिए जा सकते हैं।

2. परिगणनात्मक पद्धति—इसके अन्तर्गत शिक्षा जगत के समस्त सम्भावित विषयों की अनुसूची का उल्लेख एक वरीयतापूर्ण सहायक क्रम में किया जाता है। इस प्रकार अतीत एवं वर्तमान के जितने भी सम्भव विषय हैं उनके वर्गों की एक वृहत् अनुसूची प्रस्तुत कर दी जाती है और उन्हें अंकन प्रदान कर दिये जाते हैं जिन्हें वर्गांक कहते हैं। **मिल्स** का कथन है कि इस पद्धति में अंकित वर्गों के तहत सरल विषयों तथा कुछ संयुक्त विषयों को शामिल किया जाता है। अंकित वर्गों को पूर्वनिर्मित वर्गांक प्रदान कर दिए जाते हैं। इससे यह तात्पर्य निकलता है जो संयुक्त विषय अंकित नहीं किए गए तथा पूर्व निर्मित वर्गांक नहीं दिए गए वे स्पष्ट रूप में सम्भव नहीं हैं। इस प्रकार की प्रणाली का सर्वोत्तम उदाहरण **लाइब्रेरी ऑफ कांग्रेस** वर्गीकरण पद्धति है।

परिगणनात्मक प्रणाली के लाभ

परिगणनात्मक प्रणाली के प्रमुख लाभ निम्नवत हैं—

1. अनुसूचियों की बड़ी आकृति—इस पद्धति में सभी विषयों का अंकन किया जाता है, अतः इनकी अनुसूचियों का आकार भी ज्यादा विस्तृत हो जाता है। लेकिन इनके व्यक्तित्व रूप प्रदान किए जाने वाले विशिष्ट विषयों की संख्या सीमित होती है।

2. वाक्यों का संकलन—इस पद्धति की अनुसूचियां वाक्यों का संग्रह होती हैं। प्रथम स्तम्भ में वर्गांक का क्रम से उल्लेख किया जाता है तथा द्वितीय स्तम्भ में प्राकृतिक भाषा में उनके अर्थ दिए रहते हैं।

3. विशुद्ध अंकन का प्रयोग—इस पद्धति के अन्तर्गत उसी अंकन का प्रयोग होता है जो पूर्ण रूप से शुद्ध होता है तथा कहीं-कहीं पर आवश्यकता पड़ने पर अस्थिर मिश्रित अंकन का उपयोग भी किया जा सकता है।

4. सापेक्षिक अनुक्रमणिका—इस पद्धति में सापेक्षिक अनुक्रमणिका को महत्त्वपूर्ण माना जाता है। इस अनुक्रमणिका के प्रथम स्तम्भ में विशिष्ट विषयों के नाम वर्णानुक्रम में प्राकृतिक भाषा में दिए जाते हैं तथा द्वितीय स्तम्भ में उनसे सम्बन्धित वर्गांकों का उल्लेख किया जाता है।

5. लोकप्रियता—वर्गीकरण की यह पद्धति बहुत सरल है, इसी वजह से इसकी लोकप्रियता भी अधिक है और इसका प्रयोग भी अधिक होता है। इसका प्रमुख कारण है इस प्रणाली में वर्गाकार को विश्लेषण-संश्लेषण नहीं करना पड़ता है।

6. एक आधारीय संरचना—इस प्रणाली की संरचना इसलिये पारदर्शी होती है कि इसमें विभिन्न आधार न होने से इसकी पारदर्शिता बनी रहती है। किसी एक विशिष्ट विषय को मिश्रित रूप से एक ही स्थान पर रखना सम्भव नहीं है। जैसे—कोई मिश्रित विषय **विश्वविद्यालय शिक्षा का पाठ्यक्रम** कर सकता है, लेकिन दोनों को मिश्रित कर एक स्थान पर रखना सम्भव नहीं हो सकता।

वैश्लेषिक-संश्लेषणात्मक प्रणाली

वर्गीकरण की विधि के अन्तर्गत विश्लेषण और संश्लेषण नामक दो प्रक्रियाओं का विधान है। वर्गीकरण के दौरान विषय के पदों का पहले पक्षों में विश्लेषण करना पड़ता है, फिर उन पक्षों के अंकों को संश्लेषण करना अर्थात् जोड़ना पड़ता है। विश्लेषण व संश्लेषण दो प्रकार की प्रक्रियाओं के कारण इस पद्धति को वैश्लेषिक-संश्लेषणात्मक कहते हैं।

स्वच्छन्द पक्षात्मक वर्गीकरण प्रणाली ही वैश्लेषिक-संश्लेषणात्मक हो सकती है, क्योंकि स्वच्छन्द पक्षात्मक प्रणाली पूर्ण रूप से अभिधारणाओं एवम् सिद्धांतों पर आधारित होती है। इस प्रकार की प्रणाली में मूल पदों को एक वर्गीकरण चिह्न में परिवर्तित कर दिया जाता है और फिर एकत्रित चिह्नों द्वारा विषय को पुनः प्रस्तुत किया जाता है। इसमें मूल विषय के साथ संयुक्त विषयों के लिए पहले से निर्धारित पक्ष-परिसूत्र का प्रावधान नहीं होता है।

वैश्लेषिक-संश्लेषणात्मक पद्धति के अन्तर्गत संयुक्त विषयों के पक्षों को उस विषय के पक्ष-विश्लेषण द्वारा ज्ञात किया जाता है तथा उन पक्ष पदों के उचित क्रम को अभिधारणाओं एवं सिद्धांतों के आधार पर निश्चित किया जाता है। प्रत्येक पक्ष-पद को

उसके पक्ष अंक में बदल दिया जाता है। अंत में पक्ष अंकों को उपयुक्त संयोजी चिह्नों की सहायता से संश्लेषित कर वर्गांक निर्मित किया जाता है। इस प्रक्रिया द्वारा संयुक्त विषय अपने पक्षों और पक्ष क्रम को स्वयं निर्धारित करता है। इस प्रणाली को स्वच्छन्द वर्गीकरण इसलिए कहा जाता है क्योंकि अंकों एवम् पक्षों में कुछ भी स्थूलता नहीं है तथा प्रत्येक वस्तु स्वच्छंद है। विश्लेषण एवम् संश्लेषण प्रक्रियाओं का अनुसरण होने के कारण इसे वैश्लेषिक-संश्लेषणात्मक वर्गीकरण पद्धति भी कहा जाता है।

वैश्लेषिक-संश्लेषणात्मक प्रणाली के लाभ

वर्गीकरण की वैश्लेषिक-संश्लेषणात्मक प्रणाली से होने वाले प्रमुख लाभ निम्नवत हैं–

1. तीन धरातल–ऐसी पद्धति के अन्तर्गत वर्गीकरण की प्रक्रिया तीन धरातलों–विचार धरातल, शाब्दिक धरातल तथा अंकन धरातल के द्वारा पूर्ण होती है।

2. अंकन में स्मरणशीलता–स्मरणशीलता को प्रोत्साहित करने के लिए स्मृति सहायकों का प्रावधान भी किया जाता है। स्मरणशीलता के लिए रूप विभाजनों/सामान्य एकलों की व्यवस्था काफी उपयोगी होती है।

3. ग्राह्यता–ऐसी पद्धतियों में पंक्तियों एवं शृंखलाओं दोनों में ग्राह्यता स्थापित करने का प्रावधान अवश्य होता है, जिससे नये विषयों के साथ-साथ मिश्रित विषयों को भी वर्गांक प्रदान किए जा सकें। ग्राह्यता लाने हेतु अनेक प्रकार की सहायक युक्तियों का प्रावधान ऐसी प्रणालियों में किया जाता है।

4. विशेषज्ञों हेतु उपयोगी–इस पद्धति द्वारा किसी भी विषय के विशेषज्ञों को सुविधाजनक तरीके से सहायता मिलती है और वह बोधगम्य साबित होती है।

5. बहु-संख्यक आकार–डीवी द्वारा प्रतिपादित दशमलव वर्गीकरण से लेकर रंगनाथन की सीसी तक की वर्गीकरण पद्धतियों को देखने के पश्चात् यह निष्कर्ष निकलता है कि परिगणनात्मक पद्धतियां वर्तमान समय में शिक्षा के विभाजन हेतु उपयोगी नहीं रह गई हैं, क्योंकि इनका आकार एक संख्यक है। असंख्य विशिष्ट एवम् सूक्ष्म विषयों का वर्गीकरण करने के लिए वर्तमान युग में अनेक संख्यक आकार वाली पद्धतियों की आवश्यकता है जो वैश्लेषिक-संश्लेषणात्मक प्रणाली में ही सम्भव हो सकता है।

6. संयोजी चिह्नों की व्यवस्था–ऐसी पद्धति में संयोजी चिन्हों की खास व्यवस्था होती है, अतः इन चिह्नों के आधार पर ही विषयों के अंकों को संश्लेषित कर पूर्ण वर्गांक निर्मित करना सम्भव होता है।

7. लघु अनुसूचियां—संक्षिप्त प्रणाली के अन्तर्गत विषयों की अनुसूचियां परिगणनात्मक प्रणालियों की अपेक्षा ज्यादा छोटी होती हैं।

8. मिश्रित अंकन का उपयोग—इस प्रकार की प्रणाली में परिगणनात्मक प्रणाली उपयोगी हो सकती है, पर शुद्ध अंकन कभी भी सफल नहीं हो सकता।

9. पक्ष-विश्लेषण—इसके अन्तर्गत विषयों की दशाओं, पक्षों, एकलों आदि में विश्लेषण करने का प्रावधान होता है।

10. अनुसूचियों में स्थान—इस पद्धति के अन्तर्गत सम्भावित विशेष विषयों को अंकित नहीं किया जाता है बल्कि अनुसूचियों में केवल मूल अवधारणाओं एवं एकलों को ही अंकित किया जाता है।

11. अनुसूची शब्दों का संग्रह—ऐसी पद्धति की अनुसूचियों में वाक्यों के संग्रह की अपेक्षा शब्दों का संग्रह होता है।

सामान्यतया यदि देखा जाए तो डॉ रंगनाथन की सी.सी. प्रणाली इसलिये सर्वमान्य है कि इसकी व्यवस्था नियमों तथा उपनियमों को दृष्टिगत करके बनाई गई है।

6

ड्यूवी दशमलव विभक्तीकरण (डी.डी.सी.) पद्धति

डी.डी.सी. का उद्‌भव एवं विकास

दशमलव वर्गीकरण पद्धति के आविष्कारक मेल्विन ड्यूवी हैं, जिनका जन्म 10 दिसम्बर, सन् 1851 में न्यूयॉर्क नगर के जेफरसन काउन्टी में एडम सेन्टर नामक स्थान पर हुआ था। मेल्विन डीवी का जन्म एक सामान्य परिवार में हुआ था इनके पिता एक दुकानदार थे। ड्यूवी एक प्रतिभाशाली और प्रखर बुद्धि के व्यक्ति थे। उन्हें आधुनिक पुस्तकालय वर्गीकरण का जनक कहा जाता है। प्रारम्भ से ही उनकी रुचि पढ़ने-पढ़ाने और पुस्तकों में थी। प्राथमिक शिक्षा हासिल करने के पश्चात् उन्होंने अपनी उच्च शिक्षा हेतु अल्फ्रेड विश्वविद्यालय में दाखिला लिया तथा सन् 1874 में उसी विश्वविद्यालय से सम्बद्ध एमहर्स्ट कालेज से स्नातक की उपाधि हासिल की। उसके पश्चात् उसी कालेज में उन्होंने सहायक पुस्तकालयाध्यक्ष के रूप में सेवा शुरू कर दी वहाँ पर उनके द्वारा किये गये पुस्तकालय सम्बन्धी कार्यों से लोगों ने उनकी सराहना की। साथ ही इस क्षेत्र में उन्होंने अपनी एक अलग ही पहचान बना ली थी। वे वहाँ बहुत लोकप्रिय भी हुए। उसके बाद न्यूयार्क स्टेट्स पुस्तकालय में उन्हें पुस्तकालयाध्यक्ष के पद पर नियुक्त किया गया।

मेल्विन डी.वी. का योगदान

मेल्विन डी.वी. ने पुस्तकालय के अध्यक्ष पद पर आसीन रहते हुए जो विशिष्ट महत्त्वपूर्ण कार्य किये उसके लिए पुस्तकालय जगत उनका ऋणी अथवा एहसानमंद है। उन्होंने पुस्तकालय कार्य के प्रशिक्षण हेतु एक स्कूल की स्थापना की। यह विश्व के पुस्तकालय प्रशिक्षण हेतु प्रथम केन्द्र बना। इसके उपरान्त कोलम्बिया कालेज में एक 'स्कूल ऑफ लाइब्रेरी इकोनॉमी' की स्थापना की। साथ ही उसके प्रथम निर्देशक भी बने।

पुस्तकालय के महत्त्व को देखते हुये इसके वर्गीकरण के क्षेत्र में अनिवार्य प्रणाली की स्थापना करने वाले डॉ मेल्विन डी.वी. प्रथम व्यक्ति हैं। सन् 1876 में उसका प्रकाशन "A Classification and Subject Index for Catalogue" नाम से किया था। इसी कारण उन्हें पुस्तकालय वर्गीकरण का पिता भी कहा जाता है। सन् 1876 में ही उन्होंने एक संस्था की नींव रखी जिसका नाम बर्तनी सुधार संघ रखा। इसका उद्देश्य अंग्रेजी शब्दों के बर्तनी विन्यास से सम्बन्धित सभी प्रयासों को संगठित करना था। उनके ही प्रयास से एक मैट्रिक ब्यूरो की स्थापना की गई। उन्होंने पुस्तकालय विज्ञान प्रशिक्षण तथा पुस्तकालय सेवा हेतु अमेरिकन पुस्तकालय संघ की स्थापना भी की। उनके ही प्रयत्न से सबसे पहले पुस्तकालय विज्ञान पर प्रथम पत्रिका का प्रकाशन सन् 1876 में प्रारम्भ किया गया। उसकां नाम 'Library Journal' है जो अभी तक निरन्तर प्रकाशित हो रहा है। इस पत्रिका का सम्पादन भी अपने जीवन काल में उन्होंने ही किया था।

डॉ. मेल्विन डी.वी. ने उपरोक्त कार्यों के अलावा अपने जीवन काल में विभिन्न संगठनों से जुड़े हुए थे। जो निम्नवत हैं–

1. उन्होंने ब्रिटिश लाइब्रेरी एसोसिएशन की स्थापना की जो लंदन में सन् 1870 में हुई, उसमें अपना सहयोग दिया।
2. सन् 1882 में लाइब्रेरी ब्यूरो की स्थापना की।
3. रीडर्स एण्ड राइटर्स कम्पनी की स्थापना 1979 की।

इन सभी कार्यों के अलावा डी.वी. ने कई अन्य महत्त्वपूर्ण कार्य किये जो अपने आप में प्रशंसनीय हैं, परन्तु उन्हें पुस्तकालय जगत में उनकी वर्गीकरण पद्धति के लिये अधिक जाना जाता है।

दशमलव वर्गीकरण प्रणाली के महत्त्व को ध्यान में रखते हुए देश के अधिकांश पुस्तकालयों में इसे लागू किया गया क्योंकि यह बोधगम्य, पारदर्शी तथा स्मरणशील

होने के साथ-साथ यह काफी सुगम भी है जिसके द्वारा किसी भी आकार के पुस्तकालय की पाठ्य-सामग्री को अन्य किसी भी प्रणालियों की अपेक्षा अधिक सुगमता से वर्गीकृत किया जा सकता है। इस प्रणाली के आविष्कार के समय ही ड्यूवी एमहर्स्ट कॉलेज के सहायक पुस्तकालयाध्यक्ष थे। कुल 42 पृष्ठों में इस प्रणाली का प्रथम प्रकाशन सन् 1876 में हुआ। इसका दूसरा परिवर्द्धित संस्करण सन् 1885 ई. में 'Decimal Classification and Relative Index' के नाम से प्रकाशित हुआ। प्रथम संस्करण में एक हजार वर्ग अंकन 000–999 के बीच समाविष्ट किए गए और इसके साथ Relative Index भी दिया गया है, जिसमें समस्त 2 हजार प्रविष्टियाँ हैं। प्रथम संस्करण की निम्नवत विशेषताएँ हैं–

1. विषयों का क्रमिक व्यवस्थापन और अंकन का प्रयोग,
2. पुस्तकालय के फलकों पर समन्वित व्यवस्थापन,
3. समन्वित अनुक्रमणिका।

सन् 1888 में इस प्रणाली का तीसरा संस्करण प्रकाशित हुआ और आवश्यकतानुसार इस प्रणाली में लगातार परिवर्तन क्रम जारी रहा। तीन खण्डों में प्रकाशित 18वाँ संस्करण सन् 1971 में प्रकाशित किया गया, जिसमें सम्पूर्ण पृष्ठों की संख्या 4,779 है।

प्रकाशनों के विवरण अग्रलिखित हैं–

संस्करण	*वर्ष*	*भूमिका*	*सारणी*	*अनुक्रमणिका*	*कुल पृष्ठ सं.*	*प्रतियाँ*
1	1876	12	12	18	42	100
2	1885	66	162	66	314	500
3	1888	4	227	185	416	500
4	1891	41	234	191	466	1000
5	1894	41	235	191	467	2000
6	1899	41	260	210	511	7600
7	1911	48	420	324	792	2000
8	1913	48	462	340	850	2000
9	1915	48	465	342	856	3000
10	1919	48	517	374	940	4000
11	1922	61	551	376	988	5000
12	1927	67	683	491	1243	9340
13	1932	75	902	670	1647	9750
14	1942	80	1048	799	1927	15632

15	1951	55	469	192	716	11200
16, 2 खंड	1958	121	1314	1004	2439	31011
17, 2 खंड	1965-67	108	1149	1253	2407	37139
18, 3 खंड	1971		—	—	4779	—
19, 3 खंड	—	—	—	—	—	—
20, 4 खंड						

इस प्रणाली में निरन्तर सुधार व परिवर्तन इस बात के प्रमाण हैं कि इस प्रणाली को कितना अधिक प्रयोग में लाया जा रहा है। इसके महत्त्व को निम्नवत आधार पर समझा जा सकता है—

1. पृष्ठ संख्या में क्रमशः वृद्धि,
2. प्रकाशित पुस्तक की प्रतियों की कुल बिक्री,
3. विविध देशों में इसका प्रयोग,
4. विविध भाषाओं में इसका अनुवाद,
5. विविध कोटि के पुस्तकालयों में प्रयोग,
6. प्रकाशित संस्करणों की संख्या।

इस प्रणाली की लोकप्रियता के प्रमाण में यह उल्लेख करना प्रासंगिक होगा कि इसके प्रथम संस्करण की कुल एक हजार प्रतियाँ प्रकाशित हुई थीं, जबकि इसके सत्रहवें संस्करण की बिक्री 37,139 तक पहुँच गई थी। इस प्रणाली की पुस्तक की 45% बिक्री अमेरिका से बाहर दूसरे देशों के पुस्तकालयों में होती है। यह प्रणाली वर्तमान में उत्तरी अमेरिका, दक्षिणी अमेरिका, यूरोप, अफ्रीका, एशिया, आस्ट्रेलिया, कनाडा, अर्जेन्टीना, ब्राजील, पुर्तगाल, स्पेन, फ्रांस, इंग्लैण्ड, जर्मनी, इटली, नार्वे, हंगरी, रूस, चीन, जापान, भारत, पाकिस्तान, अरब, वर्मा, इण्डोनेशिया और न्यूजीलैण्ड में प्रचलित हैं। अब तक कई भाषाओं में इसका अनुवाद हो चुका है, जिनमें फ्रेंच, जर्मन, इटालियन, स्पेनिश, पुर्तगीज, नार्वेजियन, हंगेरियन, जापानी और हिन्दी आदि उल्लेखनीय हैं।

इसके अतिरिक्त इस प्रणाली का उपयोग विभिन्न राष्ट्रीय सन्दर्भ सूचियों में किया जा रहा है। उदाहरण के रूप में—ब्रिटिश नेशनल बिब्लियोग्राफी, इण्डियन नेशनल बिब्लियोग्राफी, आस्ट्रेलियन बिब्लियोग्राफी, फ्रेंच नेशनल बिब्लियोग्राफी आदि। इस तरह दशमलव वर्गीकरण प्रणाली का इतिहास अत्यन्त उज्ज्वल है और इसका विकास होता रहेगा।

डी.डी.सी. प्रणाली की रूपरेखा

डी.डी.सी. प्रणाली के अन्तर्गत समस्त प्रकार की जानकारी तथा अनुभव को मुख्यतः दो वर्गों में विभक्त किया गया है। संख्या के अंकन हेतु अरबी अंक प्रयोग में लाया गया है जो विषय वर्ग संख्या 1 से 9 तक नहीं आ सकता है और जिनका सम्बन्ध सामान्य विषय से है। उदाहरणार्थ–विश्वकोश, पत्रिकाएँ एवं संस्थाएँ आदि। इन्हें वर्ग संख्या शून्य के अन्तर्गत रखा गया है। दुबारा सूक्ष्म से सूक्ष्मतर वर्गीकरण हेतु प्रत्येक वर्ग को 9 हिस्सों में और पुनः 9 भागों को आगे 9 उपविभागों में विभाजित किया गया है। इस प्रकार वर्गीकरण के तृतीय चरण तक एक हजार वर्ग सम्पूर्ण ज्ञान का वर्गीकरण किया गया है। पुनः इसके आगे तीन अंकों के पश्चात् दशमलव का प्रयोग करने के पश्चात् आगे अंक बढ़ता जाता है और वर्गीकरण सूक्ष्म से सूक्ष्मतर की ओर बढ़ता जाता है। प्रथम सोपान में शून्य से नौ के बीच ज्ञान का वर्गीकरण दस प्रमुख समूहों में वर्गीकृत किया गया है जिसे नीचे की सारणी में देखा जा सकता है–

अंकन	*मुख्य वर्ग*
000	सामान्य कृतियाँ
100	दर्शन शास्त्र
200	धर्म
300	सामाजिक विज्ञान
400	भाषा शास्त्र
500	शुद्ध विज्ञान
600	व्यावहारिक विज्ञान
700	कला
800	साहित्य
900	इतिहास, भूगोल, यात्रा और जीवनी

दूसरे वर्गीकरण में दस प्रमुख हिस्सों को दुबारा दस उपविभागों में विभक्त किया जाता है। इस तरह 100 उपविभाग होंगे। मुख्य विभाग के अनुसार दूसरे विभाजन में भी विषयों के तीन ही अंक होते हैं और सबका अन्तिम अंक शून्य से खत्म हो जाता है। पहले विभाजन के तीन अंकों में दो शून्य होते हैं। विशिष्ट प्रकार की सूचियाँ किसी वर्ग या श्रेणी को सारांश में स्पष्ट करने के लिये बनाई गई है।

क्रम	वर्ग	वर्गान्तरगत विषय	वर्ग का अंकन (नोटेशन)
0	सामान्य कृतियाँ	सूचीपत्र, विश्वकोश, पत्रिकाएँ, समाचार-पत्र तथा अन्य फुटकर	000
1	दर्शन	दर्शन शास्त्र तथा उससे सम्बन्धित सब विषय	100
2	धर्म	संसार भर के धर्म, धार्मिक सम्प्रदाय, मत आदि	200
3	समाज विज्ञान	राजनीति, अर्थशास्त्र, कानून, शासन, शिक्षा आदि	300
4	भाषा-शास्त्र	संसार की समस्त भाषाओं का इतिहास तथा उनसे सम्बन्धित विषय	400
5	शुद्ध विज्ञान	गणित, ज्योतिष, रसायन, जन्तु विज्ञान आदि	500
6	शिल्प विज्ञान	चिकित्सा, खेती, इंजीनियरिंग, कला-कौशल आदि	600
7	कलाएँ	चित्रकला, मूर्तिकला, संगीत, शिकार मनोविनोद आदि	700
8	साहित्य	संसार की समस्त भाषाओं का साहित्य	800
9	इतिहास	भूगोल, भ्रमण, जीवनी एवं विश्व का इतिहास	900

इस प्रकार इसमें 000 से 999 तक 1000 शीर्षक मुख्य विषयों के हैं। इसके बाद जरूरत के अनुसार दशमलव लगाकर अन्य सेक्शन्स बनाए जा सकते हैं। वर्गों का नोटेशन विस्तार की दृष्टि से तीन अंकों में कर दिया गया है।

प्रमुख वर्गों का विभाजन

प्रत्येक प्रमुख समूह या वर्ग में नौ उपवर्ग निर्मित कर लेने पर पुनः उनको अन्य नौ हिस्सों में विभक्त किया जा सकता है और पुनः उसके अग्र में नौ उपभागों में विभाजित किये जा सकते हैं और इसी प्रकार आगे भी आवश्यकतानुसार विभाजित किया जा सकता है। यथा—

300	समाज विज्ञान
310	सांख्यिकी
320	राजनीति विज्ञान
330	अर्थशास्त्र
340	कानून

350	लोक प्रशासन
360	समाज कल्याण
370	शिक्षा
380	जनसेवाएँ और उपयोगिताएँ
390	प्रथाएँ, लोक गाथा

370	**शिक्षा**
371	अध्यापन
372	प्राथमिक शिक्षा
373	माध्यमिक शिक्षा
374	प्रौढ़ शिक्षा
375	पाठ्यक्रम
376	स्त्री शिक्षा
377	धार्मिक और नैतिक शिक्षा
378	उच्चतर शिक्षा
379	शिक्षा और राष्ट्र

371	**अध्यापन**
.1	अध्यापन और प्रशासकीय कतृगण
.2	स्कूल संगठन और संचालन
.3	अध्यापन विधि
.4	शिक्षा प्रणालियाँ
.5	विद्यालय अनुशासन
.6	स्कूल के उपादान और उपकरण
.7	स्कूल स्वास्थ्य
.8	विद्यार्थी जीवन
.9	विशेष वर्गों की शिक्षा

371.2	**स्कूल संगठन और संचालन**
.21	प्रवेश
.22	ट्यूशन
.23	स्कूल वर्ष

.24	विद्यालय सारणी
.25	शैक्षिक जाँच और माप
.27	परीक्षाएँ
.28	कक्षोन्नति
.29	अन्य विषयांश

इस प्रणाली में साहित्य और भाषा तथा इतिहास वर्ग को विभाजित करने में एक विशिष्ट प्रकार के नजरिये को अपनाया गया है।

भाषा-वर्ग

इस पद्धति या प्रणाली में भाषाओं का एक समूह अथवा वर्ग है जिसका वर्गीकरण निम्नलिखित रूप में भाषा के स्तंभ पर किया जाता है—

भाषा की किसी शाखा या समूह को पहले भाषा के अनुसार अलग व करके तब रूप से अलगव किया जाता है।

400	भाषाएँ
410	तुलनात्मक भाषा शास्त्र
420	अंग्रेजी भाषा
430	जर्मन भाषाएँ
440	फ्रेंच, प्रोवेंकल, कैटेलन
450	इटैलियन, रूमानियन
460	स्पेनिश, पुर्तगाली
470	लैटिन तथा अन्य इटैलिक
480	क्लॉसिकल तथा आधुनिक ग्रीक
490	अन्य भाषाएँ

इसके बाद 490 अन्य भाषाओं का उपविभाजन भाषाओं के स्तंभ पर किया गया है। जैसे—

490	अन्य भाषाएँ
491	अन्य भारोपीय भाषाएँ
492	सेमेटिक भाषाएँ

493	हेमेटिक भाषाएँ
494	फिन्नोउग्रिक, टर्की तथा अन्य भाषाएँ
495	पूर्वी एशिया की भाषाएँ
496	अफ्रीकन भाषाएँ
497	उत्तरी अमेरिकन भाषाएँ
498	दक्षिणी अमेरिकन भाषाएँ
499	आस्ट्रोनेशियन तथा अन्य भाषाएँ

इन भाषाओं के वर्गों का पुनः विभक्तिकरण उनकी शाखाओं के अन्य नामों आदि से किया गया है, जो इस प्रकार हैं–

491	**अन्य भारोपीय भाषाएँ Other Indo-European Languages**
.1	भारतीय
.2	संस्कृत
.3	मध्य भारतीय
.4	आधुनिक भारतीय भाषाएँ
.41	सिंधी
.42	पंजाबी
.43	हिन्दुस्तानी (हिन्दी, उर्दू)
.44	बंगाली
.45	उड़िया
.46	मराठी
.47	गुजराती
.48	सिंघली
.49	अन्य वर्तमान भारतीय भाषाएँ

भाषा का रूप

प्रत्येक भाषा के कई रूप होते है जो निम्नवत हैं–

1. व्युत्पत्ति,
2. कोश तथा कोशकला,
3. पर्यायवाची, विलोमवाची, नानार्थक कोश,
4. व्याकरण,
5. छन्द,
6. पूर्व तथा असाहित्यिक रूप,
7. भाषा सीखने हेतु पाठ्य-पुस्तकें, एवं
8. लिखित तथा उच्चरित तत्त्व।

इन रूपों का प्रयोग विभिन्न नियमों से किया जाता है, जो अग्रलिखित हैं–

420	अंग्रेजी भाषा
421	लिखने और बोलने के उपकरण
422	व्युत्पत्ति
423	कोश और कोशकला
424	पर्यायवाची, अनेकार्थवाची, विपरीतार्थवाची कोश
425	व्याकरण
426	छन्द
427	पूर्व और असाहित्यिक रूप
428	अंग्रेजी सीखने के लिए पुस्तकें
429	प्राचीन अंग्रेजी (ऐंग्लो-सेक्सन)

500-1100 ई. पू.

यथा–425 अंग्रेजी व्याकरण

491 अन्य भारोपीय भाषाओं का विभाजन करने के बाद 491.2 के साथ यह निम्नलिखित रूप में लगाया जाएगा–

491.20	संस्कृत भाषा
.21	संस्कृत लिपि
.22	संस्कृत व्युत्पत्ति
.23	संस्कृत कोश
.24	संस्कृत पर्यायवाची, अनेकार्थवाची, नानार्थक कोश
.25	संस्कृत व्याकरण
.26	संस्कृत छन्द आदि

.27	संस्कृत पूर्वरूप
.28	संस्कृत भाषा सीखने की पुस्तकें

साहित्य वर्ग

साहित्य वर्ग के अन्तर्गत इसके लिये सामान्य व्यवस्थापन की व्यवस्था की गई है। यह इन दोनों वर्गों को देखने से पता लगता है। भाषा वर्ग के विस्तार से साहित्य वर्ग के विभाजन क्रम का मिलान करने से यह साबित होता है। उदाहरण–

400 भाषा	800 साहित्य
420 अंग्रेजी भाषा	820 अंग्रेजी साहित्य
430 जर्मन भाषा	830 जर्मन साहित्य
440 फ्रेंच भाषा	840 फ्रेंच साहित्य
450 इटैलियन भाषा	850 इटैलियन साहित्य आदि

डॉ. मिल्विन डी.वी. ने साहित्य वर्ग को पूर्व भाषा के द्वारा वर्गीकृत किया है और उसके बाद उसमें काव्य, नाटक आदि रूपों के माध्यम उसका विभाजन किया है तथा अन्त में काल-क्रम से उपविभाजन। इस तरह अन्तिम विभाजन में सुप्रसिद्ध लेखकों को निश्चित स्थान दिए गए हैं और अन्य लेखकों को अन्य वर्ग के तहत रखा गया है।

उदाहरणार्थ–

800	साहित्य
810	अमेरिकन साहित्य अंग्रेजी में
820	अंग्रेजी साहित्य
830	जर्मनिक साहित्य
840	फ्रेंच, प्रोवेंकल, कैटेलन साहित्य
850	इटैलियन, रूमानियन
860	स्पेनिश और पुर्तगाली
870	लैटिन और अन्य इटैलिक
880	क्लैसिकल तथा आधुनिक ग्रीक
890	अन्य साहित्य

890 अन्य साहित्य का विभाजन भाषा परिवारों के दृष्टिकोण से किया गया है। उदाहरणार्थ–

890	अन्य साहित्य
891	भारोपीय साहित्य
892	सेमेटिक साहित्य
893	हेमेटिक साहित्य
894	फिनोउग्रिक, टर्किक और अन्य साहित्य
895	पूर्व तथा दक्षिण पूर्व एशियन साहित्य
896	अफ्रीकी साहित्य
897	उत्तरी अमेरिकन साहित्य
898	दक्षिणी अमेरिकन
899	आस्ट्रोनेशियन

रूप वर्ग का प्रयोग

इसका वर्णन पूर्व में किया जा चुका है। इस पद्धति में इस वर्ग को हर भाषा साहित्य में अधोलिखित रूप से प्रयोग में लाया जाता है–

800	साहित्य
820	अंग्रेजी साहित्य
821	अंग्रेजी काव्य
822	अंग्रेजी नाटक
823	अंग्रेजी कथा साहित्य
824	अंग्रेजी निबन्ध
825	वक्तृता
826	अंग्रेजी पत्र साहित्य
827	अंग्रेजी हास्य और व्यंग
828	अंग्रेजी विविध
829	प्राचन अंग्रेजी (ऐंग्लो-सेक्सन) साहित्य

भाषा के अनुरूप अन्तिम विभाजन कर लेने के बाद रूप वर्ग का प्रयोग किया जाता है। जैसे–

891.43	हिन्दी साहित्य
891.431	हिन्दी काव्य
891.432	हिन्दी नाटक इत्यादि।

समय का विभाजन

साहित्य वर्ग के अनुसार विभक्तिकरण कर लेने के पश्चात् ही उसे समय के अनुसार ही बाँटा जा सकता है। जैसे–

अंग्रेजी काव्य

1.	पूर्व कालीन अंग्रेजी काव्य	(1066-1400)
2.	पूर्व एलिजाबेथ	(1401-1558)
3.	एलिजाबेथ काल	(1559-1625)
4.	एलिजाबेथोत्तर काल	(1626-1702)
5.	क्वीन एने 18वीं शती पूर्वार्द्ध	(1703-1747)
6.	18वीं शताब्दी उत्तरार्द्ध	(1748-1800)
7.	उन्नीसवीं शताब्दी का प्रारम्भिक काल	(1801-1837)
8.	विक्टोरिया-काल	(1838-1900)
9.	बीसवीं शताब्दी	(1901-)

इतिहास वर्ग

डॉ. मेल्विन डी.वी. ने इस प्रणाली में इतिहास वर्ग के अन्तर्गत 940 से लेकर 999 तक भौगोलिक आधार पर देशों का बँटवारा किया गया है। यहाँ पर हर महाद्वीप और उनके अन्तर्गत राष्ट्रों का विभाजन करके उनकी प्रतीक संख्या दी गई है। इतिहास वर्ग में राष्ट्रों के इतिहास को समय-क्रम से भी विभाजित किया गया है। इस कार्य हेतु विभाजन के जिन अंकों का उपयोग किया गया उन्हें निम्नलिखित सारणी में स्पष्ट किया गया है–

उदाहरणार्थ–

940	यूरोप का इतिहास	942 इंग्लैण्ड
941	स्कॉटलैण्ड	.01 एंग्लो-सेक्शन इंग्लैण्ड 1056 तक
942	इंग्लैण्ड	.02 नार्मन के अन्तर्गत 1057-1154
943	जर्मनी	.03 प्लैन्टेजनेट इंग्लैण्ड 1155-1399
944	फ्रांस	.04 लौटैस्टर्स और यार्क के अधीन इंग्लैण्ड 1400-1485

945	इटली	.05 ट्यूडर इंग्लैण्ड 1486-1603
946	स्पेन	.06 स्टुअर्ट के अधीन 1604-1714
947	रूस (यूरोपीय भाग)	.07 हैनोपेरियन इंग्लैण्ड 1715-1836
948	स्कैंडेनेविया	.08 विक्टोरियन इंग्लैण्ड 1838-1900
949	अन्य यूरोपीय देश	.09 बीसवीं शती 1901-

जीवनी वर्ग

जीवनी वर्ग के अन्तर्गत इतिहास विषय के विभक्तिकरण के तीन विषय निम्नवत हैं–

1. जीवनी-संग्रह को 920 में रखा जाए और व्यक्तिगत जीवनी की पुस्तकों को 92 या B. चिह्न द्वारा पृथक वर्गीकृत करके रखा जाए।
2. जीवनी-संग्रह विषयक पुस्तकों को 'वर्गीकरण प्रणाली' की पूरी सारणी के अनुसार यदि जरूरत हो तो विषयानुसार विभाजित करके रखा जाए। जैसे—साहित्य की जीवनी 928, कवियों की जीवनी 928।
3. विशेष विषय के पुस्तकालयों में तत्सम्बन्धी जीवनी 092 जोड़कर विषय के साथ ही रखी जाए। जैसे—510.92 गणितज्ञों की जीवनी।

सामान्य वर्ग

सामान्य वर्ग की उपयोगिता एवं आवश्यकता के बारे में पूर्व में ही वर्णन किया जा चुका है। इस प्रणाली में इस वर्ग को सर्वप्रथम वर्ग के रूप में प्रारम्भ में रखा गया है–

000	सामान्य कृतियाँ
010	वाङ्मय सूची
020	पुस्तकालय विज्ञान
030	सामान्य विश्वकोश
040	सामान्य संग्रहीत निबंध
050	सामान्य पत्रिकाएँ
060	सामान्य सभा, समितियाँ
070	समाचार-पत्र, पत्रकारिता
080	संग्रहीत कृतियाँ
090	पुस्तकीय दुष्प्राप्यताएँ

रूप वर्ग

'रूप वर्ग' की आवश्यकता तथा और उपयोगिता के बारे में पहले ही विस्तारपूर्वक बताया गया है। इस पद्धति में 'साहित्य वर्ग' में 'रूप वर्ग' निम्नलिखित रूप में होते हैं—

1. काव्य
2. नाटक
3. कथा साहित्य
4. निबन्ध
5. वक्तृता
6. पत्र
7. हास्य, व्यंग्य
8. विविध

लेखन

इस प्रणाली का लेखन या अंकन प्रारम्भ से लेकर अन्त तक विश्वसनीय है। इसमें मात्र अंकों का प्रयोग लेखन के लिए किया गया है। दशमलव चिह्न का उपयोग संयोजक चिह्न के रूप में किया गया है।

विशिष्ट संग्रह हेतु स्थान

इस पद्धति के 080 वर्ग में ड्यूवी महोदय ने विशिष्ट संग्रह हेतु निम्नवत स्थानों का निर्धारण किया—

विषय सारणी

इस प्रणाली के अन्त में शीर्षकों की एक विषय सूची भी लगाई गई है, ताकि किसी प्रकार की विषयगत समस्या न हो। यह वर्ग संख्या के माध्यम से सारणी में प्रत्येक के सही स्थान का हवाला देती है। इस अनुक्रमणिका में सारणी के पदों के पर्यायवाची तथा अन्य बहुसंख्यक प्रविष्टियाँ दी गई हैं जिससे वर्गकार को अपना विषय ढूँढ़ने में सुविधा तथा सरलता होती है। यदि वर्गकार यह जानना चाहे कि अमुक विषय हेतु सारणी में कहाँ देखें तो इस अनुक्रमणिका को देखने से उसको निर्देश मिल जाता है। इस प्रकार कार्यों में सरलता आ जाती है।

सहायक सारणियाँ

इस पद्धति में विस्तारशीलता लाने हेतु तथा पुस्तकों के विशिष्ट विषय तक आते हैं। वर्गीकरण विभाजन सारणियाँ निम्नवत हैं–

1. एकरूप विभाजन
2. भौगोलिक विभाजन
3. सामान्य उपविभाजन
4. भाषाशास्त्रीय विभाजन
5. भाषा और साहित्य

ड्यूवी की पद्धति के 14वें संस्करण में संख्या 2 से 5 तक के चक्र (Tables) दिए गए हैं। परिशिष्ट में यू.डी.सी. के 582 की विशेष सारणी भी दी गई है।

विस्तार की प्रणालियाँ

विस्तार के उद्देश्य से जॉन ड्यूबी के वर्गीकरण को निम्नलिखित रूपों में स्पष्ट किया जा सकता है–

1. भाषा के अनुसार वर्गीकरण

ड्यूवी दशमलव वर्गीकरण प्रणाली में भाषा नाम का एक वर्ग है। उस वर्ग में भाषाओं को एक वैज्ञानिक पदावली में निहित किया गया है। इस पदावली या क्रम का प्रयोग भी इस पद्धति में विस्तारशीलता लाने हेतु किया गया है। इसका निर्देश पद्धति में भी सही स्थान पर किया गया है।

जैसे–

039	अन्य विश्वकोश
039.956	जापानी विश्वकोश

यहाँ पर 956 जापानी भाषा का सूचक है और 039 विश्वकोश के साथ जुड़ने से इसका आशय हुआ। अन्य भाषाओं के विश्वकोश के अन्तर्गत जापानी भाषा का विश्वकोश।

नोट–'भाषाशास्त्र' के वर्ग में 'जापानी भाषा' का प्रतीक अंक 495.6 है। इस अंक को 039 के साथ जोड़ने पर 039.495.6 होता है। दशमलव 9 के पश्चात् लगा है, अतः 6 के पूर्व का दशमलव हटा दिया गया है। साथ ही चूँकि भाषानुसार विभाजन का निर्देश पद्धतिकार ने कर दिया है, अतः भाषाशास्त्र वर्ग का सूचक 4 का अंक

भी नहीं रखना पड़ता। इस प्रकार मात्र 956 लिख देने से जापानी भाषा का बोध हो जाता है।

ऐसे ही 245.2 अंग्रेजी में बाइबिल के पदों का संग्रह यहाँ पर 245 धर्मगीत 0.2 अंग्रेजी भाषा का बोधक है। भाषानुसार अंग्रेजी की प्रतीक संख्या 420 है, परन्तु पद्धतिकार ने 245 का उपविभाजन भाषानुसार करने का निर्देश दिया है, इस तरह चार अंक जरूरी नहीं हैं तथा दशमलव के पश्चात् के लगे अंकों के अंक में शून्य का कोई महत्त्व नहीं होता। इस तरह मात्र 2 का अंक दशमलव के पश्चात् लगाया जाएगा।

कुछ अन्य उदाहरण—

014.2	इंग्लिश एनानिमस वर्क्स
049.89	जनरल कलेफ्टेड एसेज-माडर्न ग्रीक
220.56	बाइबिल इन जर्मन लैंग्वेज
016.89146	मराठी पुस्तक सूची
059.9143	हिन्दी की पत्रिकाएँ
423.912	इंग्लिश संस्कृत डिक्शनरी
423.9143	इंग्लिश हिन्दी डिक्शनरी
491.239146	संस्कृत मराठी डिक्शनरी
225.59143	हिन्दी बाइबिल
049.9143	अणु से पूर्व (सामान्य हिन्दी निबन्ध)
039.9143	हिन्दी विश्वकोश
220.59144	बाइबिल सार संग्रह (बंगला में)
491.43394811	हिन्दी तमिल कोश
928.9143	राष्ट्र भाषा के पुजारी

इस तरह भाषा के अनुसार किये गये वर्गीकरणों से विषयों के विभाजन में व्यापकता आ जाती है।

डी.डी.सी. प्रणाली के भाषा वर्ग में भाषाओं का जो अंकन दिया गया है, उसे निम्नलिखित सारणी में स्पष्ट किया गया है—

भाषा का निर्मित लेखन

अंग्रेजी	2	पहलवी	9153

अरबी	927	पारसी	91532
आइरिश	9162	पाली	913701
इंग्लिश	2	पुर्तगाली	69
इटैलियन	5	प्राकृत	913
ईरानी	915	प्राचीन फारसी	9151
उड़िया	9145	प्रोवेंकल	49
उर्दू	9143	उ. फारसी (आधुनिक)	9155
एंग्लो-से सेक्शन	29	फ्रेंच	4
कन्नड़	94814	बंगला	9144
केल्टिक	916	बर्मी	958
कैटेलन	499	मराठी	9146
कोरियाई	957	मलयालम	94892
गुजराती	9147	मुंडारी	9589
ग्रीक	8	रशियन	917
चीनी	951	रुमानियन	59
जर्मन	3	लैटिन	7
जापानी	956	वेल्स	9166
जेंदावस्ता	9152	संस्कृत	912
डच	3931	सिंघली	9148
डेनिश	3981	सिंधी	9141
तमिल	94811	स्केंडेनेबियन	395
तेलुगू	94813	स्पेनिश	6
नार्वेजियन	3982	स्वीडिश	397
पंजाबी	9142	हिन्दी	9143
पस्तो	9158	हिब्रू	924

जहाँ भाषा के अनुरूप विभाजन करना हो वहाँ इसे पहले से बनाया गया। नोटेशन लेकर जोड़ने में सुविधा होगी।

जैसे—हिन्दी की पत्रिकाएँ 059.9143

2. सामान्य उप-वर्गीकरण

सामान्य उप-वर्गीकरण की आवश्यकता तथा उपयोगिता के बारे में पहले ही उल्लेख किया जा चुका है। ड्यूवी की इस प्रणाली के अनुसार समस्त उपवर्गीकरण सिद्धान्त निम्नवत हैं–

01	दर्शन, सिद्धान्त	06	सभा, समितियाँ
02	हस्तपुस्तक, रूपरेखा	07	शिक्षा, अध्ययन
03	कोश, विश्वकोश	08	संग्रह, पुस्तकावली
04	निबन्ध, व्याख्यान आदि	09	इतिहास और स्थानीय
05	पत्रिकाएँ		

इस 'सामान्य उप-वर्गीकरण' को संक्षिप्त में नवें संस्करण तथा दशमलव वर्गीकरण प्रणाली को 16वें संस्करण में वर्णित किया गया है।

जैसे–

061	सरकारी संगठन
0611	अन्तर्राष्ट्रीय सरकारी संगठन
081	एक लेखक की संग्रहीत कृतियाँ
082	अनेक लेखकों की संग्रहीत कृतियाँ आदि

प्रयोग–सम्पूर्ण प्रमुख शीर्षकों के साथ ये आवश्यकता के अनुसार लगाये जा सकते हैं। यथा–

330 अर्थशास्त्र + .1 सिद्धान्त = 330.1 अर्थशास्त्र के सिद्धान्त

320 राजनीति विज्ञान + .09 इतिहास = 320.9 = राजनीति विज्ञान का इतिहास

181 प्राच्य दर्शन + .04 भाषण = 181.04 = प्राच्य दर्शन पर भाषण

इस प्रकार इन सामान्य वर्गीकरणों से प्रत्येक विषय, उपविषय और विषयांशों से सम्बन्धित हर अध्ययन-सामग्री यथास्थान पहुँच जाती है। इन प्रतीकों को जोड़ते समय यह ध्यान रखना चाहिए कि यदि दशमलव के दोनों ओर शून्य हो तो दाहिनी तरफ का शून्य हटा दिया जाता है जैसे कि ऊपर 330.1 और 320.9 में किया गया है। यदि बाईं तरफ दो शून्य (00) हों और दाहिनी तरफ भी एक शून्य हो तो बाईं तरफ का एक शून्य और दाहिनी तरफ का शून्य दशमलव सहित हटा दें। जैसे–

100 दर्शनशास्त्र + .01 सिद्धान्त = 101 दर्शन-शास्त्र सिद्धान्त

अन्य उपयोग–

कहीं-कहीं पर इन्हीं .01 से .09 की संख्याओं को 'सामान्य-विभाजन' के प्रतीक के रूप में भी उपयोग किया गया है। ऐसे स्थलों पर सामान्य विभाजन के लिए अन्य तरह की व्यवस्था का निर्देश दिया गया है। जिसे नीचे की सारणी में देखा जा सकता है–

(क)	620.02	परिणाम और व्यय
	.03	संविदा और स्पष्टीकरण
	.04	रूपरेखा और खाका
	0.7	नियम और उपनियम
	0.9	रिपोर्ट
(ख)	821	अंग्रेजी काव्य
	.02	नाटकीय कविता
	.03	रोमांटिक और महाकाव्य
	.04	गीत, वैलेड्स
	.05	उपदेशात्मक
	.06	वर्णनात्मक
	.07	हास्यात्मक एवं व्यंग्यात्मक

'ख' में ये अंक काव्य के प्रकार के सूचक हैं और इसमें इनका प्रयोग किया गया है।

इतिहास वर्ग में राष्ट्रों के इतिहास को काल-क्रम से सूचित करने हेतु भी 0.01—.09 का प्रयोग सामान्य तौर पर किया गया है।

जैसे–

942	इंग्लैण्ड
0.1	ऐंग्लो-सेक्शन इंग्लैण्ड, 1066 तक
954	भारत
.08	ब्रिटिश-भारत 1765-1947
.09	भारत गणतन्त्र 1947-

एक शून्य (0) और जोड़कर ऐसे स्थलों पर रूप का विभक्तिकरण किया जा सकता है यथा—इंग्लैण्ड सम्बन्धी इतिहास की पत्रिका 942.005

चाहे जिस रूप में हेर-फेर करके इनका उपयोग किया गया हो पद्धति की विस्तारशीलता में बढ़ोत्तरी ही हुई है।

3. स्थल के अनुसार विभक्तिकरण

दशमलव वर्गीकरण पद्धति में 940 से लेकर 999 तक भौगोलिक क्रम से वर्तमान ऐतिहासिक सामग्री रखने की व्यवस्था की गई है। 930 से 939 तक को 'विश्व के प्राचीन इतिहास' हेतु रखा गया है। इसी क्रम पर उपविभाजन का निर्देश सन पद्धति में विविध स्थानों पर जहाँ ऐसा उपविभाजन जरूरी एवं अभीष्ट है, वहाँ '930-999 की तरह देशानुसार विभाजन कीजिये', '940-999 की तरह देशानुसार विभाजन कीजिये', ऐसे संकेत कर दिए गए हैं।

यथा—

'इसका वर्गीकरण 940-999 की तरह देशानुसार कीजिये'

जैसे—

(1)	स्कॉटलैण्ड में चर्च का इतिहास	274.41
(2)	भारत में निर्वाचन मताधिकार	324.54
(3)	फ्रांस में राजनीतिक दल	329.944
(4)	चीनी समाचार-पत्र	079.51
(5)	डच दर्शन	199.492
(6)	बेल्जियम में प्रकाशित पुस्तकें	015.493

फ्रांस का देशानुसार प्रतीक 944 है, चूँकि देशानुसार विभाजन का निर्देश किया गया है। इस तरह वर्ग सूचक 9 का अंक छोड़ दिया गया, मात्र 44 जोड़ दिया गया। दशमलव पूर्व से उपस्थित है, इस तरह दशमलव लगाकर जोड़ने की आवश्यकता नहीं है।

नोट—जिन देशों का चिह्न अंक दशमलव के पश्चात् आता है उनका दशमलव हटाकर मात्र अंक जोड़ दिए जाते हैं, जैसा कि भाषानुसार वर्गीकरण में 039.956 में बताया गया है, ऐसा ही सभी जगहों पर ध्यान रखना चाहिए।

जैसे—

आस्ट्रिया में राजनीतिक दल	320.9436
पोलैण्ड में राजनीतिक दल	320.9438

यहाँ पर आस्ट्रिया और पोलैण्ड के प्रतीक अंक क्रमशः 943.6, 943.8 क्रमशः जोड़ दिए गए हैं।

भौगोलिक विस्तार हेतु ऐसे निर्देश दशमलव पद्धति में विविध जगहों पर दिए गए हैं। इस सम्बन्ध में प्रयोगात्मक वर्गीकरण में 'शून्य का प्रयोग' पढ़कर निम्नांकित उदाहरणों को भी दर्शाना चाहिए—

079.7291	क्यूबा के समाचार-पत्र
015.54	इण्डियन नेशनल बिब्लियोग्राफी
079.54	भारत के समाचार-पत्र
199.54	दि फिलॉसिफी ऑफ अरविन्द
370.954	भारतीय शिक्षा का इतिहास
016.39820954	लोक साहित्य
371.810954	भारतीय छात्र जीवन
398.20946	स्पेन की लोक कथाएँ
199.438	पोलिश फिलॉसफी

भौगोलिक सूची

अफ्रीका	96	पुर्तगाल	9469
अरब	953	पोलैण्ड	9438
अल्जीरिया	965	फ्रांस	944
आयरलैण्ड	9415	फ्रांसीसी इंडोचीन	956
आस्ट्रिया	9436	बर्मा	9591
आस्ट्रेलिया	994	भारत	954
इंग्लैण्ड	942	भूटान	9541
इंडोनेशिया	991	मलाया संघ	9595
इटली	945	मैक्सिको	972
इथियोपिया	963	मोरक्को	964
उत्तरी अफ्रीका	961	यूरोप	94
उत्तरी अमेरिका	97	रूस (यूरोपीय)	947
ईरान	955	रूस (एशियाई)	957

एशिया	95	वेल्स	9429
कनाडा	971	श्रीलंका	9598
चीन	951	संयुक्त राष्ट्र	973
जर्मनी	943	सिंगापुर	59952
जापान	952	सुदूरपूर्व एशिया	956
चेकोस्लोविया	9437	स्कॉटलैण्ड	947
दक्षिण अफ्रीका	968	स्कैंडेनेविया	941
दक्षिण केन्द्रीय अफ्रीका	967	स्पेन	946
द. अमेरिका	98	स्याम	9593
नेपाल	9542	हंगरी	9439
पाकिस्तान	9547	हिन्द महासागरीय द्वीप समूह	969

प्राच्य राष्ट्र

ग्रीस	93	रोम	937
मिस्र	932	विश्व	93

अन्य विधियों का विभाजन

(i) दशमलव वर्गीकरण पद्धति में दो विषयों के आपस के सम्बन्ध को प्रस्तुत करने के लिए 0001 को उपयोग में लाया जाता है। जैसे–

291.1600015233

291.13 एक विषय (मैथोलॉजी)

0001 सम्बन्ध सूचक

523.3 दूसरा विषय (चन्द्रमा)

दि मून इन रिलेशन टू मैथोलॉजी

(ii) इस पद्धति में विषय का विभाजन करने हेतु कहीं-कहीं पूरी सारणी के अनुसार विभाजन कीजिए, 'अमुक वर्ग की तरह विभाजन कीजिये' ऐसे निर्देश भी दिए गए हैं।

यथा–16 (Divide like 000–999)

016.51 बिब्लियोग्राफीज ऑन मैथमेटिक्स

376.944 हिस्ट्री ऑफ एजुकेशन ऑफ वुमेन इन फ्रांस

इसी तरह Divide like 930–499 का उदाहरण है।

सिद्धान्त का संगठन एवं लेखन

यह पद्धति विषयों का एक छोटा वर्गीकरण करने के लिए निर्मित की गई है। इसके अन्तर्गत विषयों का वर्गीकरण सामान्य से विशिष्ट की तरफ किया जाता है, जिससे छोटे या सूक्ष्म अध्याय पर भी लेखन सामग्री प्रतिकूल न होकर अनुकूल श्रेणी में विभाजित की जा सके। इसका मुख्य वर्ग और उनका 100 तक विभाजन दशमलव वर्गीकरण की भाँति ज्यों का त्यों रखा गया है, उनके दशमलव को भिन्न रूप में प्रदर्शित किया जाता है।

जैसे–3 समाज विज्ञान

इस पद्धति में भी अंकन (नोटेशन) हेतु अरैबिक अंक ही शुद्ध रूप में अपनाये गए हैं। आगे विज्ञान में शून्य का प्रयोग हटा दिया गया है। इस तरह समाज विज्ञान और उनका विभाजन 'कानून' को सिर्फ 3 और 34 से ही सूचित किया जाता है न कि 300 और 340 से। इनका जब आगे सूक्ष्म वर्गीकरण किया जाता है तो दशमलव भिन्नों में जैसे .347 सिविल कानून, वर्ग संख्या का अधिक विस्तार होने पर प्रति तीन अंक के पश्चात् दशमलव लगा दिया जाता है।

मिसाल के रूप में– .347.87 कापी राइट कानून।

फिर भी इस दशमलव की फाइलिंग करते समय उपेक्षा की जाती है। इस प्रणाली में विस्तारशीलता लाने हेतु कुछ विशिष्ट चिह्नों के नोटेशन अपनाए गए हैं। इसमें कोलन, भाषा, रूप, स्थान, समय आदि को सामान्य विभेदक नोटेशन और खास विषयों के तत्त्वों के सूचक विशेष सहायक संकेत बनाए गए हैं।

यथा–534.781 फिजिकल बेसिक ऑफ म्युजिक। इसमें दो मुख्य वर्ग संख्याओं को कोलन से जोड़कर बनाया गया है।

16 (03) तर्कशास्त्र का कोश, विश्वकोश

इसमें 03 पुस्तक के रूप का सूचक है।

34=30 कानून, जर्मन भाषा में।

अन्तर्राष्ट्रीय अवधारणा

अंतर्राष्ट्रीय स्तर पर दशमलव वर्गीकरण प्रणाली को यू.डी.सी. के नाम से भी जाना जाता है। ड्यूवी महोदय की दशमलव वर्गीकरण पद्धति को आधार बनाकर

इसका विकास इस विधि से किया गया है कि इसके माध्यम से ज्ञान-क्षेत्र के सभी विषयों का वर्गीकरण किया जा सके। उन विषयों पर लिखित सामग्री चाहे पुस्तक, पत्र, चित्र, मानचित्र आदि किसी भी रूप में लिखित हों।

फेडरेशन ऑफ इन्टरनेशन डाकुमेन्टेशन के माध्यम से यह प्रचारित और कई भाषाओं में प्रकाशित हुई है। इसका संशोधन और परिवर्द्धन लगातार होता रहता है। यह जगत के सम्पूर्ण ज्ञान का वर्गीकरण करने हेतु समर्थ है, इसी को बताने के लिए इसके नाम में 'यूनिवर्सल' शब्द शामिल किया गया है न कि सम्पूर्ण विश्व में इसका प्रचलन दिखाने के लिए।

यू.डी.सी. पद्धति के पूर्ण तथा संक्षिप्त संस्करण विभिन्न भाषाओं में प्रकाशित हो चुके हैं। इनके विषय में खास जानकारी F.I.D. 6 willem witsenpleim, the Hague से प्राप्त की जा सकती है।

मीमांसा—विगत कई वर्षों से पुस्तकालयों में दशमलव वर्गीकरण प्रणाली का उपयोग किया जाता है। इस कारण इसकी कई त्रुटियाँ भी प्रकाश में आईं और उनको लेकर आलोचनाएँ और प्रत्यालोचनाएँ भी हुई हैं। ड्यूवी दशमलव पद्धति के समर्थकों के अनुसार इस के कुछ गुण निम्नवत हैं—

(1) इस पद्धति ने सबसे पहले पुस्तकों के क्रमबद्ध वर्गीकरण के लाभ एवं उपयोगिता को बताया।

(2) यह ऐसे समय प्रकाशित हुई जब पुस्तकों के सूक्ष्म वर्गीकरण के लिए चर्चा चल पड़ी थी। पुस्तकालयों में आसंग-प्रणाली की कल्पना भी होने लगी थी, जिसमें क्रमबद्ध वर्गीकरण का होना जरूरी था। इन कारणों से इसको सफलता मिली।

(3) इस पद्धति को सफल बनाने में इसके प्रतीक ने बहुत योगदान दिया है और अंकों का प्रतीक सरल और व्यावहारिक होने के कारण सर्वप्रिय और ग्राह्य हुआ है।

(4) इस पद्धति की सफलता का सबसे बड़ा कारण यह है कि एक बुद्धिमान लाइब्रेरियन बहुत सरलतापूर्वक इस पद्धति में अपने पुस्तकालय की या समुदाय की आवश्यकता के अनुरूप सुधार एवं संशोधन कर सकता है।

(5) यह सरल रूप में उपयोगी एवं सुसंगठित रूप में प्रकाशित प्रथम प्रणाली थी।

(6) प्रत्येक मुख्य वर्ग को 9 भागों में तथा प्रत्येक विभागों को 9 उपविभागों में विभाजन का क्रम उपहासास्पद होते हुए भी पद्धति में एकरूपता पैदा करती है।

(7) इस पद्धति का आधार 'एमहर्स्ट' कॉलेज, लाइब्रेरी का संग्रह था, अतः यह पद्धति विषयों के अनुभव पर अधिक आधारित है।

(8) इसका समय-समय पर विशेषज्ञ विद्वानों द्वारा संशोधन करके विस्तार किया जाता रहा, जिससे ज्ञान-विज्ञान की नई शाखाओं और प्रशाखाओं से सम्बन्धित पुस्तकों के स्थान निर्धारण के लिए सुविधा होती रही। इस तरह यह पद्धति वर्तमान में बनी रही।

(9) इस पद्धति में सबसे पहले दशमलव का उपयोग प्रतीक के रूप में किया गया। स्मरणशीलता के सिद्धान्तों का पूर्ण प्रयोग किया गया है और पुस्तक वर्गीकरण की पद्धति में एक सापेक्ष-सूची को परिशिष्ट के रूप में लगाया गया।

यू.डी.सी. प्रणाली के दोष

डी.डी.सी. पद्धति के आलोचकों का मानना है कि यू.डी.सी. की पद्धति निम्नलिखित दोषों से युक्त है–

(1) इसमें अमेरिकन पक्षपात अत्यधिक है।

(2) यह सैद्धान्तिक दृष्टि से अपूर्ण है।

(3) श्री ई. बी. शोफोल्ड एवं डॉ. रंगनाथन महोदय ने भी इस पद्धति में दोष बताया है।

(4) इसमें ज्ञान की नवीन खोजों पर लिखित सामग्री को समाविष्ट करने का सामर्थ्य नहीं है।

(5) इसमें भाषाओं के आधार पर वर्ग विभाजन एकांगी हो गया है। फलतः कुछ इण्डोयूरोपीय भाषाओं को छोड़कर शेष भाषाओं के साथ घोर अन्याय हो गया है।

7

दशमलव वर्गीकरण (डी.सी.) का प्रयोग

वास्तविक, यथार्थ वर्गाकारों का विकास शिक्षा दशमलव वर्गीकरण प्रणाली का प्रमुख ध्येय होता है। एक सफल वर्गकार बनने के लिये वास्तविक तथ्यों की जानकारी व्यक्ति के लिये बहुत अनिवार्य है। एक वर्गकार में कार्य करने की अपार शक्ति निहित होनी चाहिए। यहाँ पर कुछ ऐसी मुख्य विधियों की जानकारी होना जरूरी है जो प्रयोगात्मक वर्गीकरण में, विशेष तौर से प्रारम्भिक वर्गकारों के लिए, अत्यन्त सहायक सिद्ध हो सकें। इसलिए यहाँ कुछ आवश्यक प्रारम्भिक नियमों को सरल ढंग से स्पष्ट किया जा रहा है—

वर्गीकरण के क्रमागत सोपान

इस वर्गीकरण के प्रमुख चार निम्नलिखित क्रमागत सोपान होते हैं—

(1) यदि आवश्यक हो तो वर्ग संख्या में 'मानक उपविभाग' की संख्या लगाना।

(2) पुस्तक संख्या या ग्रंथांक नियत करना।

(3) अपने नियत वर्गीकरण सिद्धांत के शब्दों में दी हुई पुस्तक का विषय एवं वर्ग निर्धारित करना तथा उस पर उचित वर्ग संख्या लगाना।

(4) आलमारियों में यथास्थान रखने के लिए आवश्यक हो तो संग्रहांक लगाना।

उपरोक्त में पहला चरण ज्ञान वर्गीकरण के क्षेत्र से संबंधित है तथा अन्य तीनों प्रकार की अवस्थाएं व चरण पुस्तक वर्गीकरण के क्षेत्र में आ जाती हैं।

वर्गकार को प्रारम्भ में साधारणतः पहली दो ही अवस्थाओं को सीख कर उनका अभ्यास करना पड़ता है। इस प्रकार इन अवस्थाओं से सम्बन्धित कतिपय सिद्धान्त निम्नलिखित हैं—

विषय तथा उपयुक्त वर्ग विभाग व मानक उपविभाजन आदि की संख्याएँ निर्धारित करना

वर्गकार के अल्पतम कार्य की सीमा

एक वर्गकार को इस विषय में न्यूनतम इतना कार्य कर सकने योग्य तो होना ही चाहिए कि वह—

1. प्रतीक चिह्नों का तथा मानक उपविभाग आदि वर्गीकरण पद्धति के सहायक तत्त्वों का यथाविधि ठीक-ठीक प्रयोग कर सके।
2. दी हुई पुस्तक का पहले प्रधान विषय जान कर मुख्य वर्ग निर्धारित कर सके।
3. तदुपरांत उसमें वर्णित अन्य विषयों को पूरी निर्धारितता के साथ निर्धारित करके नियत वर्गीकरण पद्धति में उनके पूर्णतः उपयुक्त व उपयोगी स्थान का निर्णय कर सके।

सामान्य कुशलता—इस कार्य में कुशलता निम्नलिखित तथ्यों पर आधारित रहती है—

1. वर्गीकरण नियमों की सम्पूर्ण जानकारी होनी चाहिए।
2. तद्विषयक समस्त सिद्धान्तों तथा कार्य-पद्धतियों की पूरी जानकारी।
3. एक विस्तृत साधारण ज्ञान। वर्गीकरण सारणियों के पारिभाषिक ज्ञान के न होने से उतनी गलतियाँ नहीं होती हैं, जितनी कि विषय निर्धारण में साधारण अज्ञानता से हो जाती हैं। व्यक्ति जितना अच्छा चलता-फिरता विश्वकोश बन सकेगा, वह उतना ही ज्यादा सफल वर्गकार हो सकेगा।

प्रश्नों पर विचार—

वर्गीकरण प्रक्रिया को निम्नलिखित प्रकार के प्रश्नों द्वारा प्रारम्भ करना—

1. पुस्तक का विषय क्या है?
2. वह रूप कौन-सा है, जिसमें वह उपस्थित की गई है?

तालिकाओं का विचार—

1. तालिकाओं में उस विषय हेतु मुख्य शीर्षक (मुख्य वर्ग) कौन-सा हो सकता है?
2. अन्त में स्पष्ट विषय क्या निर्धारित होगा?

पहली अवस्था में वर्गांक निर्धारित करते समय तीन तथ्यों पर गहन रूप से चिन्तन करना चाहिए—

1. पुस्तक वर्गांक के लिए मुख्य वर्ग के पहले अंक को चुनना।
2. तदुपरांत पहले अंकों को क्रमशः चुनते जाना, जब तक अन्त में मानक उपविभाग की संख्या लगाने के समय आ जाता है।
3. तत्पश्चात् द्वितीय स्थिति में मानक उपविभाग आदि के अंक लगाकर वर्गांक को आवश्यकतानुसार ज्यादा सूक्ष्म और निर्धारित कर दिया जाता है।

पुस्तक वर्गीकरण के प्रमुख सोपान

सिद्धान्त का अनुपालन

1. सामान्य कृति और साहित्य वर्ग के अलावा दूसरे वर्गों में किसी पुस्तक का पहले उसके विषय के शब्दों में वर्गीकरण कीजिए और बाद में उस रूप के शब्दों में, जिसमें वह विषय उपस्थित किया गया है (रूप की अपेक्षा विषय प्रधान होता है)। 'सामान्य कृति' और 'साहित्य वर्ग' में रूप की प्रधानता रहती है। 'रूप' के लिए रूप वर्ग या मानक उपविभाग के अंकों की आवश्यकता होती है।
2. ऐसे वर्गीकरण से हमेशा ही बचना चाहिए जो विवाद या आलोचना का विषय बन सकता हो। किसी विषय के पक्ष और विपक्ष की पुस्तकें साथ ही रखी जानी चाहिए।
3. पुस्तक को लिखने में लेखक का आशय क्या था? इसे समझ कर पुस्तक का वर्गीकरण करना चाहिए।
4. पुस्तक विशिष्ट प्रकृति की हो जो पुस्तक का चरित्र प्रकट कर सके, इसके आधार पर पुस्तक का वर्गीकरण करना चाहिए।
5. स्थान को विषयांश के अधीनस्थ कीजिए। अगर किसी विषय के तहत स्थाई उपविभाग नहीं दिए गए हैं तो स्थानीय दशाओं को बताने वाली पुस्तकों को सीधे विषयांश के तहत रखिए। किसी बड़े विभाग के अन्तर्गत न रखिए जिसके लिए स्थानीय विभाग दिए हैं।
6. वर्गीकरण का सम्पूर्ण कार्य पुस्तकालय के उपयोगकर्ताओं की 'सुविधा' हेतु ही होना चाहिए। इस तरह किसी एक पुस्तक को ऐसे स्थान पर रखिए जहाँ वह अधिक उपयोगी हो सके। इस प्रकार वर्गीकरण होने पर पढ़ने वाले उसे अत्यधिक सरलता से हासिल कर सकेंगे। साथ ही ऐसा करते हुए उसका कारण भी बताना चाहिए।

7. पुस्तकों का वर्गीकरण करते हुए सुविधानुसार नियम के शब्दों में ही पुस्तकालय के स्वरूप, आवश्यकता तथा प्रकाशन के प्रकार का भी ध्यान रखना चाहिए। विशेषकर तब जब पुस्तकें संग्रहीत कृतियों के रूप में हों या किसी विद्वत् परिषद् का कोई प्रकाशन हो।
किसी प्राच्य 'इंग्लिश टैक्स्ट सोसाइटी' की प्रकाशित पुस्तकों को एक ही स्थान पर वर्गीकृत करना उपहासपरक ही होगा।

विषय निर्धारण करना

किसी पुस्तक की विषय-वस्तु निश्चित करने हेतु उस पुस्तक की प्रमुख प्रकृति तथा लेखक की भावना को जानना चाहिए। इसकी जानकारी के लिये अपनाए जाने वाले प्रमुख साधन निम्नवत हैं—

(क) पुस्तक का नाम,

(ख) पुस्तक की विषय सूची,

(ग) अध्यायों के शीर्षक,

(घ) अनुक्रमणिका,

(ङ) पुस्तक का वास्तविक पाठ्य भाग,

(च) विशेषज्ञ,

(छ) सन्दर्भ पुस्तक,

(ज) भूमिका, प्राक्कथन आदि।

वर्ग संख्या का निर्धारण करना

1. न केवल पुस्तक के विषय क्षेत्र को ही देखना चाहिए, साथ ही सम्बन्धित पुस्तकालय की प्रकृति और विशेषताओं का भी ज्ञान होना चाहिए जिससे कि पुस्तक अधिक से अधिक सुविधापूर्वक उपयोग में आ सके।
2. पुस्तक की वर्ग संख्या उसके सम्पूर्ण विषय की सूक्ष्मतम निर्देशिका होनी चाहिए।

समरूपता तथा समन्वय

इनकी जटिलताओं का और किसी समय लिए गये फैसले का सुरक्षित स्थान, सुविधा योग्य उचित लेखा-जोखा रखना चाहिए जिससे भविष्य में भी सम्बद्ध विषयों की पुस्तकें एक साथ ही रखी जा सकें।

वर्गीकरण सिद्धांत का अभ्यास एवं परिचय

1. जहाँ तक सम्भव हो पुस्तकों, आलोचनाओं और विभिन्न लेखों के वर्गीकरण में अपना अधिक से अधिक समय लगाना चाहिए और अपने किए गए निर्णय की परीक्षा ऊपर की ओर के मुख्य वर्गों तथा अनुक्रमणिका से कर लेनी चाहिए।
2. हमेशा यह ध्यान रखिए कि अनुक्रमणिका से कभी भी वर्गीकरण नहीं करना चाहिए, उससे अपने निर्णयों की केवल जाँच करनी चाहिए।
3. पद्धति में दी गई भूमिका तथा प्रारम्भिक निर्णयों एवं निर्देशों को बार-बार पढ़ते रहना चाहिए।
4. ज्यादा श्रेष्ठ अध्ययन वर्गीकृत सामयिक सूचियों को देखने से तथा उनके परीक्षण करने से हो सकता है।
5. अपनाई गई पुस्तक वर्गीकरण पद्धति की तालिकाओं को बार-बार पढ़ना चाहिए। विशेष तौर से वर्ग संख्या बनाने की पद्धति को समझना चाहिए।
6. अपने पुस्तकालय के संग्रह की (विशेष तौर से) नई पुस्तकों के वर्गीकरण को ध्यान से देखते रहना चाहिए।

दशमलव वर्गीकरण सिद्धांत का प्रयोग

पुस्तक वर्गीकरण के कार्य का अभ्यास एक पुस्तक, एक विषय से शुरू किया जाना चाहिए। यथा–

एक पुस्तक, एक विषय

1. इस्लाम क्या कहता है?
2. बीजगणित सरलीकृत
3. पुस्तकालय विज्ञान परिचय
4. सामान्य मनोविज्ञान
5. शरीर रचना विज्ञान
6. अंग्रेजी भाषा का व्याकरण
7. अर्थशास्त्र परिचय
8. एशिया का भूगोल
9. भारतवर्ष का इतिहास
10. चित्रकला
11. साकेत (हिन्दी काव्य)

इन पुस्तकों में क्रमांक लगाने पर इनके आकार निम्नवत होंगे–

1.	अर्थशास्त्र परिचय	330
2.	अंग्रेजी भाषा व्याकरण	425
3.	बीजगणित सरलीकृत	512
4.	पुस्तकालय विज्ञान परिचय	020
5.	सामान्य मनोविज्ञान	150
6.	इस्लाम क्या कहता है?	297
7.	एशिया का भूगोल	915
8.	भारत का इतिहास	954
9.	शरीर रचना विज्ञान	612
10.	चित्रकला	750
11.	साकेत	891.431

उपर्युक्त वर्णित सम्पूर्ण पुस्तकें इस तरह संक्षेप के वर्गांकों के अन्तर्गत सम्मिलित हो गई हैं, जिन्हें नीचे स्पष्ट वर्णित किया गया है–

तीन अंकों के पश्चात् दशमलव लगा कर जो विषय आते हैं उनका भी विश्लेषण करके वर्गांक लगाने का अभ्यास करना चाहिए। जैसे–

सांख्य दर्शन = 181.41

दर्शन	प्राचीन	मध्यकालीन	तथा	प्राचीन	भारतीय-सांख्य
1	8	1		4	1

वर्ग संख्या

पेन्सिल से स्पष्ट तथा कुछ बड़े अक्षरों में पुस्तक की वर्ग संख्या अन्दर के कवर पर परिग्रहण संख्या की मुहर से ऊपर उसी पेज के बीचों-बीच के स्थान पर डालनी चाहिए। पेन्सिल से डालने का अर्थ है कि गलत होने पर उसे बदला भी जा सके और रबर से मिटा कर उसके स्थान पर दूसरा सही नम्बर डाला जा सके।

विषय के शब्दों में वर्गांक

संख्याएँ मुख्य पृष्ठ के भीतर इसलिए लिखी जाती हैं कि अगर जिल्द या कवर के नष्ट हो जाने के बाद ऊपर का पृष्ठ न भी रहे तो उस पर कोई प्रभाव न पड़े एवं उसके सहारे फिर बाहरी लेबल आदि ठीक किया जा सके।

सारणी—मानक उपविभाग

दशमलव वर्गीकरण पद्धति में विभिन्न मानक उप-विभाग निर्मित किये गये हैं। इन मानकों को स्वतन्त्र रूप से प्रयोग नहीं किया जाता। जहाँ पर इनकी आवश्यकता एवं उपयोगिता हो, वहाँ पर इन्हें निम्नलिखित वर्ग सूचियों के अनुसार इन्हें व्यवस्थित करते हैं—

-01	दर्शन और सिद्धान्त
-02	प्रकीर्णक
-03	कोश, विश्वकोश, शब्दानुक्रमणिकाएँ
-04	सामान्य अनुप्रयोग के विशिष्ट टॉपिक
-05	क्रमिक प्रकाशन
-06	संगठन और प्रबन्ध
-07	अध्ययन और अध्यापन
-08	व्यक्तियों के समूह में विषय का ऐतिहासिक विवरण
-09	ऐतिहासिक और भौगोलिक विवरण

पुनः इस सारणी के लेखन का विस्तार किया गया है, उदाहरण हेतु—

012 सारणियाँ, सूत्र, विशिष्ट विवरण, आँकड़े

028 प्रविधियाँ, प्रक्रियाएँ (उपकरण)

0285 डाटा-प्रस्तुतीकरण

074 संग्रहालय प्रदर्शन

अन्य उदाहरण—

(1) आधार अंक के साथ, यथा—

37 शिक्षा + 01 = सिद्धान्त

= 370.1 = शिक्षा का सिद्धान्त

नियमानुसार यहाँ पर तीसरे अंकों के बाद दशमलव का प्रयोग किया गया है।

(2) 181.4 भारतीय दर्शन + 09 इतिहास

181.409 = भारतीय दर्शन का इतिहास

यहाँ पर तीसरे अंकों के पश्चात् दशमलव पूर्व से लगाया गया है।

(3) आधार अंक 1 = दर्शन शास्त्र

\+ 03 कोश

= 103 दर्शन का कोश

यहाँ पर तीसरे अंकों के पश्चात् कोई अंक न होने से दशमलव नहीं लगाया गया है।

1. सामान्य भौगोलिक क्षेत्र स्थान
2. क्षेत्र, प्रदेश, स्थान विशेष निरपेक्ष व्यक्ति
3. प्राचीन विश्व
4. यूरोप, पश्चिमी यूरोप
5. एशिया, प्राच्य, सुदूर पूर्व
6. अफ्रीका
7. उत्तरी अमेरिका
8. दक्षिणी अमेरिका
9. विश्व के अन्य भाग और भू-मण्डलेत्तर लोक, पैसिफिक सागर द्वीप समूह

इस सारणी का विस्तार बड़े पैमाने पर किया गया है–

-50	एशिया, प्राच्य दूर पूर्व
-51	चीन और निकटवर्ती क्षेत्र
-52	अरब प्रायद्वीप और निकटवर्ती क्षेत्र
-53	दक्षिण एशिया भारत
-54	ईरान (फारस)
-55	मध्य पूर्व (निकट पूर्व)
-56	साइबेरिया (एशियाई रूस)
-57	मध्य एशिया
-58	दक्षिण-पूर्व एशिया

फिर इनका भी आगे विस्तार किया गया है। जैसे :–

-541	उत्तर-पूर्व भारत
-542	उत्तर प्रदेश
-543	मध्य प्रदेश
-544	राजस्थान
-545	पंजाब प्रदेश (भारतीय)
-546	जम्मू और कश्मीर (पश्चिम भारत)

-547	दक्षिण भारत
-548	पाकिस्तान और अन्य प्रदेश

इस प्रकार भौगोलिक क्षेत्र की प्रत्येक सातों तालिकाओं में यह तालिका सबसे बड़ी है। इसमें प्रदेश, प्रमुख स्थान, नगर आदि के अंकन किए गए हैं। वर्तमान संसार के अन्य कुछ प्रमुख राष्ट्रों के अंकन नीचे की तालिका में स्पष्ट दिए गए है–

-41	स्कॉटलैण्ड	-64	मोरक्को	-83	चिली
-42	इंग्लैण्ड	-65	अल्जीरिया	-84	बोलविया
-43	जर्मनी	-66	पश्चिम अफ्रीका	-85	पेरू
-44	फ्रांस	-67	मध्य अफ्रीका	-86	उ. प. दक्षिण
-45	इटली	-68	दक्षिण अफ्रीका		अमेरिका
-46	पुर्तगाल	-69	दक्षिण हिन्द महासागर	-87	वेनेजुएला
-47	सोवियत संघ		द्वीप पुंज	-88	गुयाना
-48	स्कैंडेनेविया	-71	उत्तरी अमेरिका	-89	दक्षिण अमेरिका
-49	यूरोप के अन्य	-72	कनाडा	-93	न्यूजीलैण्ड
	भाग		के अन्य भाग	-94	आस्ट्रेलिया
-51	चीन	-73	यूनाइटेड स्टेट्स		
-52	जापान	-74	उत्तर-पूर्वी यू. स्टेट्स		
-53	अरब प्रायद्वीप	-74	दक्षिण-मध्यवर्ती यू. स्ट्टेस		
-54	भारत	-76	दक्षिण-मध्यवर्ती यू.		
-55	ईरान		स्ट्टेस	-95	न्यूगिनी
-56	मध्यपूर्व	-77	उत्तर मध्यवर्ती यू.	-96	प्रशान्त महासागर
-57	साइबेरिया		स्टेट्स		के अन्य भाग
-58	मध्य एशिया	-78	पश्चिमी यूनाइटेड	-99	अटलांटिक
					महासागर
-59	दक्षिण पूर्व	-79	पैसिफिक		सागर द्वीप पुंज
	एशिया		तट राज्य		
-61	उत्तरी अमेरिका		समूह	-98	उत्तरी और दक्षिणी
-62	मिस्र	-81	ब्राजील		ध्रुवीय प्रदेश पुंज
-63	अबीसीनिया	-82	अर्जेंटाइना	-99	भूमण्डलेतर लोक

कतिपय प्रमुख उदाहरण

(1) 079 अन्य भौगोलिक क्षेत्र के समाचार-पत्र, पत्रिकाएँ
+ 54 भारत
079.54 भारत के समाचार-पत्र और पत्रिकाएँ

(2) 199 आधुनिक दर्शन
+ 52 जापान

(3) 580.744 वनस्पति उद्यान
+ 52 भारत
= 580.74454 भारतीय वनस्पति उद्यान

(4) 325.3 उपनिवेशवाद
+ 42 ब्रिटेन
= 325.342 ब्रिटेन का उपनिवेशवाद

सारणी की प्रमुख भाषाएँ

संसार की सभी भाषाओं की दशमलव वर्गीकरण पद्धति में एक बड़ी सूची बनाई गई है। यह सूची या सारणी 2-भौगोलिक क्षेत्र से छोटी है, किन्तु अन्य सभी सारणियों से बड़ी है। इस सारणी के कुछ मूल सारांश होते हैं जो निम्नवत हैं–

1. अंग्रेजी और ऐंग्लो-सेक्शन भाषाएँ
2. जर्मन (ट्यूटानिक) भाषाएँ
3. रोमांस भाषाएँ
4. इटैलियन, रोमानियन रैटो-रोमानियन
5. स्पेनी और पुर्तगाली
6. इटैलियन भाषाएँ
7. हेलेनिक भाषाएँ
8. भारतीय-यूरोपीय भाषा (यूरोपीय)
9. अन्य भाषाएँ

कालान्तर में इन मूल भाषाओं का विस्तार किया गया है। उदाहरण के लिये–

21	अंग्रेजी	9144	बंगला
31	जर्मन	9145	असमी, उड़िया
41	फ्रेंच	9146	मराठी

51	इटैलियन	91471	गुजराती
61	स्पेनिश	9148	सिंहली
69	पुर्तगाली	9149	अन्य भाषाएँ
71	लैटिन	9155	आधुनिक फारसी
81	प्राचीन ग्रीक	927	अरबी
89	आधुनिक ग्रीक		
912	संस्कृत	94812	मलयालम
913	प्राकृत	94814	कन्नड़
9137	पाली	94827	तेलुगू
91411	सिन्धी	951	चीनी
9142	पंजाबी	956	जापानी
91431	मानक हिन्दी		
91439	उर्दू		
9	अन्य	94811	तमिल

कतिपय उदाहरणार्थ—

(अ) 059.9144 बंगला भाषा की पत्रिका

यहाँ 059 अन्य भाषाओं के क्रमिक प्रकाशन के लिए और 9144 बंगला के लिए है।

(ब) 039.91431 हिन्दी भाषा का विश्वकोश

यहाँ 039 अन्य भाषाओं के विश्वकोश हेतु और 91431 हिन्दी भाषा हेतु है।

याद रखने योग्य है कि भाषा की इस सारणी से और भाषा वर्ग 400 में दिए गए अंकन में थोड़ा अन्तर है। भाषा के अंकन को जोड़ने के लिये इस सारणी का प्रयोग किया जाता है।

सारणी—भाषात्मक उपविभाग

दशमलव वर्गीकरण पद्धति में 400 भाषा वर्ग बनाये गये हैं। उसमें सम्पूर्ण भाषा का उप-वर्गीकरण करने के लिए बनाये गये मानक रूप इस प्रकार हैं—

1. भाषा के मानक रूप की संरचनात्मक प्रणाली (व्याकरण)
2. मानक भाषा कोश
3. भाषा का मानक प्रयोग (अनुपयुक्त भाषा विज्ञान)

4. भाषा के मानक रूप का शब्द-व्युत्पत्ति विज्ञान
5. भाषा के मानक रूप की लेखन और वाचन संहिताएँ।
6. भाषा का अमानक रूप

यथा— 1 भाषा के मानक रूप की लेखन और वाचन संहिताएँ

11 स्वर लिपि

13 ध्वनि शास्त्र इत्यादि

यथा—

अंग्रेजी भाषा आधार अंक 42

421	मानक अंग्रेजी की लेखन और वाचन संहिताएँ
422	मानक अंग्रेजी का शब्द-व्युत्पत्ति विज्ञान
423	मानक अंग्रेजी भाषा के कोश
425	मानक अंग्रेजी का व्याकरण
427	अंग्रेजी भाषा का अमानक रूप
428	अंग्रेजी भाषा का मानक प्रयोग
428.6	अंग्रेजी भाषा की पाठ्य-पुस्तकें (Readers)

इसी तरह अन्य भाषाओं के साथ भी प्रयोग होगा। जैसे—

491.435	हिन्दी व्याकरण
433	जर्मन भाषा का कोश

नोट—19वें संस्करण में दिये गये छन्द को (जिसका 6 था) यहाँ से हटा दिया गया है। उसको साहित्य वर्ग में रखा गई हैं।

सारणी—मानववंशीय, प्रजातीय, राष्ट्रीय जन-समुदाय

यह सारणी मानववंशीय, प्रजातीय तथा जन-समुदाय के वर्गीकरण के लिए निर्मित की गयी है, जो अग्रलिखित हैं—

—01	देशज जन समुदाय
—03	मूल प्रजातियाँ
—04	मूल प्रजातियों से वर्ण-संकर जातियाँ

1.9

1. स्पेनी और पुर्तगाली
2. अन्य इटैलिक समुदाय

3. ग्रीक और सम्बन्धित समुदाय
4. अन्य मानववंशीय प्रजातीय और राष्ट्रीय जन-समुदाय
5. उत्तरी अमेरिकन
6. ऐंग्लो-सेक्शन, ब्रिटिश, अंग्रेज
7. उदीच्य प्रजाति
8. आधुनिक लैटिन प्रजाति
9. इटैलियन, रोमानियन तथा सम्बन्धित समूह

इनका विस्तृत रूप से दुबारा विस्तार किया गया है।

उदाहरणार्थ–

951	चीनी
956	जापानी
91411	भारतीय
924	यहूदी

उदाहरणार्थ–

301.9551 चीनियों की सामाजिक संरचना

इसमें 301.4 सामाजिक संरचना है और 951 चीनी लोगों के लिए है।

155.84956 जापानियों का राष्ट्रीय मनोविज्ञान

यहाँ पर 155.84 राष्ट्रीय मनोविज्ञान के लिए और 956 जापानियों के लिए है।

सारणी–साहित्यिक उपविभाग

किसी भी भाषा का साहित्य हो वह अपने रूप में ही पढ़ा जाता है। वह विषय के शब्दों में नहीं पढ़ा जाता, इसलिए साहित्य वर्ग में उनका उपविभाग करने हेतु निम्नांकित रूप बनाए गए हैं–

1. पत्र,
2. भाषण,
3. प्रकीर्ण रचनाएँ,
4. व्यंग्य, विनोद,
5. नाटक,
6. कविता

7. निबन्ध, एवं
8. कथा-साहित्य।

इनको सर्वप्रथम रूपवर्ग की संज्ञा दी गई थी। आधुनिक समय में लिखे जाने वाले साहित्य इन्हीं विधाओं में लिखे जाते हैं।

उदाहण के लिए—

अंग्रेजी साहित्य आधार अंक 82

821	अंग्रेजी काव्य
822	अंग्रेजी नाटक
823	अंग्रेजी कथा साहित्य
824	अंग्रेजी निबन्ध
825	अंग्रेजी भाषण
826	अंग्रेजी पत्र
827	अंग्रेजी हास्य-व्यंग्य
828	अंग्रेजी प्रकीर्ण रचनाएँ

इसी प्रकार अन्य साहित्य के साथ प्रयोग होगा। जैसे—

891.431 हिन्दी वाक्य

891.432 हिन्दी नाटक इत्यादि।

दशमलव वर्गीकरण पद्धति में इन रूपों के विभाजन हेतु उपविभाग भी दिए गए हैं—

उदाहरण हेतु—1	काव्य
102	नाट्य काव्य
103	महाकाव्य इत्यादि

इसके अतिरिक्त विशिष्ट सूक्ष्म वर्गीकरण हेतु दशमलव वर्गीकरण पद्धति में तीन A नाम की एक अन्य सारणी निर्मित की गई है।

सारणी—व्यक्ति

दशमलव वर्गीकरण प्रणाली की सारणी को तालिकाओं के आधार पर तैयार किया गया है इसका सम्पूर्ण सारांश इस तरह है—

-01 Individual persons

-02 Groups of persons

-03 Persons of racial, ethinic, national background

-04 Persons by sex and kinship characteristics

-05 Persons by age

इत्यादि 01 से 09 तक किया गया है।

उसके बाद 1 स 9 तक निम्नलिखित रूप से विस्तार किया गया है–

-01 Persons occupied with philosophy and related disciplines.

-02 Persons occupied with or adherent to religion.

-03 Persons occupied with the social sciences and socio economic activities.

इसके बाद पुनः इस सारणी का विस्तार किया गया। जैसे–

-31 Persons occupied with statistics.

-32 Persons occupied with political science.

-33 Persons occupied with economics.

-34 Persons occupied with law.

इत्यादि

इनका भी आगे विस्तार किया गया है –

यथा–

-344 Lawyers आदि।

उदाहरणार्थ–

704.344 वकील कलाकार के रूप में

यहाँ पर 704 कला हेतु और 344 वकील हेतु आया है।

013.1 दार्शनिक द्वारा रचित कृतियों की वाङ्मयसूची और पुस्तकसूची।

यहाँ 013 वाङ्मयसूची सूची के लिए तथा 1 दार्शनिक के लिए किया गया है।

विषय युक्ति

विषयगत विस्तार दार्शनिक वर्गीकरण का एक प्रमुख रूप आधार है। इस युक्ति से तालिकाओं में दिए गए अंकनों में से एक को दूसरे से जोड़ कर नया वर्गांक बनाया जाता है।

यथा–

(क) 016 वाङ्मयसूच दर्शन
= 016.1 दर्शन विषय की वाङ्मयसूची

(ख) 636.9 रुधिरोष्ण स्तनी वर्ग पुशं हाथी
= 636.961 हाथियों का पालन

यहाँ पर 61 को 599.61 से लिया गया है।

Add to base number 636.9 the following 599 in 599.3-599.8 यह निर्देश दिया गया है।

(ग) 373.19 माध्यमिक शिक्षा पाठ्यक्रम 6 व्यावसायिक शिक्षा
= 373.196 माध्यमिक शिक्षा में व्यावसायिक शिक्षा का पाठ्यक्रम

यहाँ पर 6 अंक 295.0086 व्यावसायिक शिक्षा से लिया गया है।

(घ) 294.45 जैन धर्म का नैतिक तत्त्व

यहाँ पर 5 का अंक निर्देशानुसार 291.5 Moral theology में से लेकर जोड़ा गया है।

ऐतिहासिक कालों का वर्गीकरण

दशमलव वर्गीकरण पद्धति में 090.1 से लेकर 090.5 तक के ऐतिहासिक काल का वर्गीकरण किया गया है–

090 1 to 499 A. D.

090 2 500-1499

090 3 आधुनिक काल 1500

090 4 20th बीसवीं शती 1900-1999

090 5 21st 21वीं शती 2000-2100

इसका पुनः विस्तार किया गया है यथा–

09021 = 1960.1969

047 = 1970-79

उदारणार्थ–

(*i*) 361.9 समाज कल्याण कार्य का ऐतिहासिक निरूपण
+ 031 (1960-1969)
= 361-9031 समाज कल्याण कार्य 1960-1969 तक

(*ii*) 320.9 राजनैतिक स्थिति

+ 04 बीसवीं शती

+ 320.904 बीसवीं शती में राजनैतिक स्थिति

(*iii*) 324.9 निर्वाचन Election का ऐतिहासिक विकास

+ 034 उन्नीसवीं शती

+ 324.9034 उन्नीसवीं शती में निर्वाचन

यह काल विभाग इतिहास वर्ग में नहीं लगाया जाता है। वहाँ इतिहास का विभाजन अन्य रूप से होता है।

यथा—940. 1. प्राचीन इतिहास

2. आधुनिक काल

3. प्रथम विश्वयुद्ध

आदि।

8

रंगनाथन का द्विबिन्दु वर्गीकरण (सी.सी.) पद्धति

सार्वभौमिक दशमलव वर्गीकरण पद्धति

दशमलव वर्गीकरण प्रणाली की अनिवार्यता को समझते हुये हेनरी ला फॉउन्टेन तथा पॉल ऑटलेट ने साहित्य की वर्गीकृत विषय सूची की रचना करना अनिवार्य समझा। उन्होंने इस कार्य में डी.डी.सी. को एक माध्यम बनाया जो उस समय यूरोपीय राष्ट्रों के अधिकतर पुस्तकालयों में वर्गीकरण के लिये उपयोग में लाई जा रही थी। इसके लिये उन्होंने डिवी महोदय से अनुमति माँगी तथा अनुमति प्राप्त होने पर उन्होंने डी.डी.सी. का अनुवाद फ्रेन्च भाषा में करवाया। इसके साथ ही एक सार्वभौम वांङ्मय सूची बनाने हेतु डी.डी.सी. में कुछ आवश्यक संशोधन भी किया। उनकी वर्गीकृत अनुक्रमणिका योजना पर सितम्बर, 1895 में एक अन्तर्राष्ट्रीय सम्मेलन ब्रुसेल्स में आयोजित किया गया। उसी सम्मेलन में इस योजना का अनुमोदन किया गया तथा उसका एक स्थायी कार्यालय इन्स्टीट्यूट इण्टरनेशनल दी विडियोग्राफिक में स्थापित किया गया। उस समय में उपलब्ध डी.डी.सी. के संस्करण में अनेक संशोधन किये गये। जैसे—अंकन प्रणाली में कई नये अंकों तथा कई योजना चिह्नों को स्थान दिया गया तथा डी.डी.सी. के परिगणनात्मक स्वरूप को परिवर्तित कर पक्षात्मक वर्गीकरण पद्धति का रूप प्रदान

किया गया। डी.डी.सी के परिवर्तित स्वरूप को प्रथम संस्करण के रूप में यू.डी.सी. के नाम से 1905 में प्रकाशित किया गया। इस पद्धति को कई यूरोपीय राष्ट्रों के पुस्तकालयों में अपनाया गया। उसके पश्चात् यू.डी.सी. के दूसरे संस्करण पर कार्य शुरू किया गया।

उसी समय इण्टरनेशनल इन्स्टीट्यूट ऑफ बिब्लियोग्राफी का दुबारा संगठन किया गया। 1931 में इसका नाम बदल कर इण्टरनेशनल इन्स्टीट्यूट ऑफ डाकुमेन्टेशन रखा गया। उसके मुख्यालय को ब्रुसेल्स से हटाकर हेग में लाया गया। सन् 1927-33 के मध्य यू.डी.सी. का द्वितीय संस्करण प्रकाशित हुआ। इसमें ऑटलेट तथा फाउन्टेन के अलावा अन्य विद्वानों ने भी अपना सहयोग प्रदान किया था। इसके द्वितीय संस्करण को अधिक विस्तृत एवं प्रामाणिक माना गया। यू.डी.सी. का तीसरा संस्करण सन् 1952 में जर्मन भाषा में Decimal Classification नाम से प्रकाशित किया गया। उसके साथ ही उसकी एक अनुक्रमणिका अकारादि क्रम में तीन खण्डों में प्रकाशित की गई।

यू.डी.सी. को इसका प्रचलित रूप देने में, सन् 1959 में डोनकर ने IID के सचिव पद पर आसीन रहते हुए एक महत्त्वपूर्ण भूमिका अदा की। सन् 1931 में प्रलेखन पर आयोजित अन्तर्राष्ट्रीय सम्मेलन में यू.डी.सी. को एक मानक वर्गीकरण पद्धति के रूप में मान्यता प्रदान की गई थी, वहीं पर IID को भी मान्यता प्रदान की गई। इसके पश्चात् IID का नाम बदल कर "International Federation for Documentation" (IFD) कर दिया गया जो अन्तर्राष्ट्रीय स्तर पर प्रलेखन हेतु सर्वमान्य संस्था है। ग्रेट ब्रिटेन में यू.डी.सी. का प्रयोग करने के लिए प्रोत्साहित करने हेतु एस.सी. ब्रेडफोर्ड ने बहुत ही सराहनीय कार्य किया। उन्होंने इसका प्रयोग अपने पुस्तकालय में ही नहीं किया, बल्कि इसका एक अंग्रेजी संस्करण भी प्रकाशित किया। उसका नाम था "Classification for Work on Pure and Applied Sciences of Science Museum Library"। यह सन् 1936 में प्रकाशित हुआ। बाद में उसी को आधार बना कर ब्रिटिश स्टैन्डर्ड इन्स्टीट्यूशन (BIS) द्वारा अधिकृत करने पर इसका अंग्रेजी संस्करण प्रकाशित किया।

सार्वभौमिक दशमलव वर्गीकरण पद्धति में विश्व ज्ञान को दो हजार उप-भागों में विभक्त किया गया था। यू.डी.सी. का अन्तिम तथा तीसरा संस्करण अंग्रेजी में सन् 1961 में प्रकाशित हुआ। सन् 1958 में उसका एक त्रिभाषीय संस्करण (जर्मन, फ्रेन्च और अंग्रेजी) में भी प्रकाशित हुआ। यू.डी.सी. का नवीनतम संस्करण 'International Medium Edition' के रूप में सन् 1993 में प्रकाशित हुआ। जो

दो खण्डों में है। उसके पहले भाग में 'Systematic Table' दिया गया है तथा द्वितीय भाग में विषय अनुसूची (Alphabetical Subject Index) है।

यू.डी.सी. की संरचना

द्विबिन्दु वर्गीकरण पद्धति में यू.डी.सी. की रचना में दो निम्नलिखित सूचियों को प्रयुक्त किया गया है–

(1) मुख्य सूची–इस सूची में विषयों का वर्गीकरण निम्नलिखित रूप से किया गया है–

1. Generalities, Science and Knowledge Organisation.
2. Philosophy & Psychology.
3. Social Sciences, Law-Government.
4. Vacant.
5. Mathematics, Natural Science.
6. Applied Sciences, Medicine Technology.
7. Arts, Recreation, Leisure Sports.
8. Language, Literature.
9. Geography, Biography, History.

इनके विषयों के वर्गांक को तैयार करने में एक अंक से बनाने का नियम है, जबकि डी.डी.सी. में कोई वर्गांक कम से कम तीन अंकों से बनाया जाता है।

उदाहरण हेतु–

मुख्य वर्ग	DDC	UDC
Generalities	000	0
Religion200	2	
Social Science	300	3

इसलिये यू.डी.सी. में वर्गांक के हर अंक का कोई न कोई अर्थ होता है। इसमें अनावश्यक अंक नहीं दिये जाते हैं। यथा–

5 Pure Sciences

0 Generalia के लिये हैं।

(2) सहायक सूची–यू.डी.सी. की सहायक सूचियाँ निम्नवत दो प्रकार की हैं–

(क) सामान्य सहायक सूची–इन सहायक सारणियों का उपयोग किसी भी मुख्य वर्ग के साथ उनमें पैदा हुए नवीन विचारों एवं अभिधारणाओं को वर्गांक प्रदान करने हेतु किया गया है। इस तरह के एकल विचार और अभिधारणायें भाषा स्थान तथा काल से सम्बन्धित होती हैं। इन सारणियों का उपयोग जरूरत पड़ने पर किसी भी मुख्य वर्ग के साथ किया जा सकता है। उनके प्रयोग से सभी स्थानों पर एक ही तरह के अर्थ का बोध होगा, उसके लिये एक तरह के प्रतीक चिह्न का प्रयोग होगा। यू.डी.सी. में प्रयोग किये गए अंकनों के आधार पर उन्हें दो हिस्सों में विभाजित किया गया है।

पहले में प्रतीकों को रखा गया है। ये प्रतीक कई प्रकार के हैं–

1. समन्वयन एवं विस्तार के लिए–इन प्रतीकों का उपयोग विषयों में आपसी तालमेल एवं विषयों में विस्तार हेतु किया जाता है। समन्वयन हेतु (+) चिह्न का प्रयोग की जाती है तथा विषयों के विस्तार के लिये स्ट्रोक (/) प्रतीक चिह्न का उपयोग किया गया है।

इसमें प्रयोग किये गये प्रतीकों के माध्यम से दो विषयों के मध्य उपविभाजन क्रम व्यवस्था किया जाता है। दो विषयों के आपसी सम्बन्ध को दिखाने हेतु (:) कोलन अंकन का प्रयोग किया गया है।

उपसमूह/विभाग हेतु [] स्काकर ब्रैकेट को अंकन हेतु प्रयोग किया गया है तथा उपविभाजन हेतु किसी विषय को मुख्य विषय के वर्गांक के साथ जोड़ने हेतु किया जाता है। उपवर्ग को [] में रख कर जोड़ा जाता है। यथा–

620.173 [669.14]

क्रमनिर्धारण हेतु (::) दो कोलनों का प्रयोग होता है। यथा–

77.044 :: 355 War Photography

2. उपविभाजन–सामान्य उपविभाजन की प्रमुख सारणी निम्नवत है–

(i) स्थान की सामान्य सहायक सारणी

विषय में स्थान के आने पर उन्हें वर्गांक में दिखाने हेतु कोष्ठ में (1-9) तक का प्रयोग किया जाता है।

622.33 (541.4) Coal in Bihar.

(ii) जाति और राष्ट्रीयता की सामान्य सहायक सारणी

इसके लिये अंकन के रूप में (=) bracket Equal का प्रयोग होता है। जैसे 301.16 (=1.34) Customs of Ancient Romans.

(iii) काल की सामान्य सहायक सारणी

इसके लिये अंकन के रूप में (“ ”) का प्रयोग होता है।

(iv) स्वतंत्र सामान्य सहायक उपविभाजन

यू.डी.सी. की मीडियम संस्करण की इन सारणियों में दिये गये उपविभाजनों का प्रयोग मुख्य सारणी के वर्गांकों के साथ जोड़कर अथवा उन्हें स्वतंत्र रूप से वर्गांक बनाने हेतु प्रयोग किया जा सकता है।

(v) भाषा की सामान्य सहायक सारणी हेतु (=) (Equal) का प्रयोग होता है। यथा–5 (038) = 30 Dictionary of natural sciences terms in German.

(vi) रूप की सामान्य सारणियाँ, किसी प्रलेख के विवरण हेतु स्वरूप स्थान के लिये इनका उपयोग होता है। इनका अंकन है (0) (Bracket and naught) जैसे–61 (038) Glossaries of Medical Sciences terms.

3. सामान्य सहायक उपविभाजन–इनका प्रयोग मात्र यू.डी.सी. की मुख्य सारणियों में दिये गये वर्गांकों के साथ ही किया जाता है। ये तीन तरह के होते हैं–

1. पदार्थ की सामान्य सहायक सारणी (Common Auxiliaries of Materials) इसका अंकन-03 (Hyphon zero three) है।
2. व्यक्ति तथा व्यक्तिगत विशेषताओं की सामान्य सहायक सारणी (Common Auxiliaries of Persons and Personal Characterastics) इसके लिये -05 Hyphen zero five का प्रयोग अंकन के लिये किया गया है।
3. दृष्टिकोण सामान्य सहायक सारणी (Common Auxiliaries of point of view) इसका अंकन (.00) (Paint double zero) है।

(ख) विशिष्ट सहायक सूची–यू.डी.सी. में एक विषय के सभी प्रमुख विभाजनों तथा कुछ मुख्य विभाजनों के अनेक सामान्य उपविभाजनों का निरन्तर उपयोग किया जा सकता है। यू.डी.सी. के अन्तर्गत प्रयुक्त विशिष्ट सारणी उपविभाजनों के प्रयोग हेतु बनाई गई है। इसके लिये तीन प्रकार के प्रतीक चिह्नों का प्रयोग किया गया है। यथा–

(-) Hyphon (.0) Point Zero (') Apostrophe

यू.डी.सी. में अंकन

यू.डी.सी. अंकन की सबसे बड़ी विशेषता यह है कि इसमें इण्डो एरबिक न्युमरल्स के साथ अन्य प्रकार के प्रतीक चिह्नों को भी प्रयुक्त किया गया है। इण्डो-एरबिक न्यूमरल्स इस पद्धति का मुख्य अंकन है। सामान्य सहायक की सारणियों के उपविभाजन के परिगणन में भी इन्हीं अंकों का प्रयोग किया गया है।

विषयों के विभाजन के पश्चात् उन्हें जोड़ने हेतु विविध यौगिक चिह्नों का प्रयोग किया है। उनके अलावा रोमनलिपि के बड़े अक्षरों A-Z का भी प्रयोग इसमें किया गया है। इस पद्धति में किसी एक विषय हेतु मात्र एक ही अंकन का उपयोग किया जाता है। यथा–0-Generalia, 2 Religion.

वर्गांकों को दशमलव के रूप में रखने हेतु इन अंकनों को किसी भी सीमा तक बढ़ाया जा सकता है।

यू.डी.सी. के अंकन इस तरह हैं–

0, 1-9	Indo-Arabic Numerals
A-Z	Roman capital letters
=	Equal
+	Plus
-	Hyphen
/	Stroke
*	Asterisk
'	Apostrophe
()	Circular Bracket
:	Colon
::	Double Colon
" "	Double quotation marks

यू.डी.सी. के अंकन की विशेषता

यू.डी.सी. के लेखन या अंकन की प्रमुख विशेषताएँ निम्नलिखित हैं–

1. पदानुक्रम–इसके अंकन में वर्गों की व्यवस्था हेतु सामान्य से विशिष्ट के क्रम को अपनाया गया है। साथ ही इसमें समकक्ष वर्गों से अधीनस्थ वर्गों को पदानुक्रम में रखा गया है। दशमलव पद्धति अपनाने के कारण किसी विषय की वर्ग संख्या को किसी भी सीमा तक बढ़ाया जा सकता है।

2. ग्राह्यता–यू.डी.सी. के अंकन में ग्राह्यता की विशेषता है। हर नवीन आने वाले विषयों को पंक्ति एवं श्रृंखला में समुचित स्थान प्रदान किये जाने की क्षमता है। इसमें पंक्ति की ग्राह्यता के लिये निम्न विधियों का प्रयोग किया गया है–

रिक्त स्थान का नियम–विषयों की पंक्तियों तथा उनकी श्रृंखलाओं की सारणी में कुछ अंकों को भविष्य हेतु छोड़ दिया गया है। इन स्थानों पर भविष्य में

आने वाले नये विषयों को रखा जाता है। जैसे—मुख्य विषयों में 4 अंक को छोड़ दिया जाता है।

वर्णानुक्रमिक का नियम—व्यावहारिक वर्गीकरण के किसी अन्य विधि के काम में न आने पर विचार एकलों की पंक्तियों में ग्राह्यता प्रदान करने हेतु उसके नाम के प्रथम अक्षर का प्रयोग वर्ण संख्या में किया जाता है। उदाहरण हेतु—

54! NAG	नागालैण्ड
54! MAG	मेघालय
0.25.47 CC	कोलन क्लासिफिकेशन

1. संश्लेषण

यू.डी.सी. में विषयों के संश्लेषण का गुण सहायक सारणियों के उपविभाजन के कारण मिलता है। इससे वर्गकार सामान्य सहायक सारणियाँ तथा विशिष्ट सहायक सारणियों को मिलाकर विषयों का वर्गांक बनाने में सफल होता है।

2. अंकन में लोचकता

इस पद्धति में यू.डी.सी. के लेखन या अंकन में लोच लाने के लिए कुछ विधियों को प्रयोग में लाया जाता है, जिन्हें नीचे वर्णित किया जा रहा है—

(i) आवश्यकता के अनुसार विषयों की व्यवस्था विशिष्ट अंकन के कारण करना सम्भव है।

(ii) यू.डी.सी. का महत्त्वपूर्ण तथा सफल अंकन कोलन (:) प्रतीक चिह्न इस पद्धति को लोच प्रदान करता है।

(iii) अन्तर्विष्टि विधि।

इसमें उपलब्ध होने वाले कतिपय लेखनों के द्वारा विचार घटक के पहलुओं या पक्षों की अपेक्षा पक्ष अनुक्रम निर्मित किया जा सकता है।

3. स्मृति सहायक

यू.डी.सी. के अंकन में स्मृति सहायक के गुण ज्यादा मात्रा में मिलते हैं। उसमें प्रयुक्त सम्पूर्ण सामान्य सहायक सारणियाँ अपनी प्रमुख भूमिका का निर्वाह करती हैं। इसमें उपयोग किये जाने से हर तरह के अर्थों का बोध होता है।

यू.डी.सी. के अंकन की त्रुटियाँ

(1) विषयों का संश्लेषण करते समय वर्गांक अत्यधिक बड़े हो जाते हैं।

(2) यू.डी.सी. के अंकन का आधार छोटा है। यह कथन हमेशा सत्य नहीं है। समय के अनुसार उसमें सुधार करना सम्भव है।

यू.डी.सी. की अनुवर्णिक अनुक्रमणिका

यू.डी.सी. को दो खण्डो में वगीकृत करके 1985 में सामान्य संस्करण के रूप में प्रकाशित किया गया। उसके पहले खण्ड में मुख्य सारणी दी गई है तथा द्वितीय खण्ड में अनुवर्णिक अनुक्रमणिका दी गई है। उसकी अनुक्रमणिकों के प्रथम एवं मुख्य भाग में प्रयुक्त किये गये शब्दों को अकारादि क्रम में क्रमबद्ध किया गया है। यदि किसी एक शब्द का प्रयोग विविध विषयों में भिन्न-भिन्न हुआ है, तो उस शब्द के मध्य हर वर्गों से सम्बन्धित वर्गांक दिये गये हैं। उससे वर्गकार को यह पता चल जाता है कि उस शब्द को किस-किस विषयों के साथ प्रयुक्त किया गया है। उससे उसे एक ही जगह पर सभी वर्गांक मिल जाते हैं।

भिन्नार्थक शब्दों को भिन्न-भिन्न न दिखाकर सभी शब्दों के लिये एक ही शब्द अनुक्रमणिका में दिया गया है।

यू.डी.सी. का सुधार

इस पद्धति में यू.डी.सी. के लेखन या अंकन में लोचकता लाने के लिए कई विधियों को सम्मिलित किया गया है। यू.डी.सी. की अनेक प्रकार की गलतियों को भविष्य में जरूरी कार्यवाही के लिए संस्था एकत्र करती है तथा संशोधन की आवश्यकता पड़ने पर इसकी जिम्मेदारी संस्था की होगी, क्योंकि यू.डी.सी. के सम्पूर्ण उत्तरदायित्व यू.डी.सी. संस्था को सौंप दिए गए हैं। इस संघ अथवा संस्था को सौंपा जाने वाले उत्तरदायित्व निम्नवत हैं—

1. डी.डी.सी. में प्रयुक्त फोनेक शेड्यूल विधि को आधार मान कर पूरी सारणी का दुबारा संशोधन करना तथा उसे नवीन स्वरूप प्रदान करना।

2. यू.डी.सी. को पूर्ण पक्षात्मक वर्गीकरण पद्धति का रूप प्रदान करने हेतु उसमें व्याप्त हर तरह की कमियों को दूर करना जो उसको संश्लेषित स्वरूप प्रदान करने में बाधक होती हैं। इसका मतलब है कि उन सभी संयोजित विचारों एवं अभिधारणाओं हेतु सामान्य शब्दों का परिगणन किया जाए जिससे संश्लेषण प्रक्रिया सरल बन सके।

3. विशिष्ट सहायक उपविभाजन को और व्यापक बनाने हेतु ऐसे अंकन समूह को संकलित करना जिसमें एक समान विशेषतायें मिलती हों, उनके अन्तर्गत ही सारणियों को रखा जाए जिससे एक ही जगह से उनका हर विषयों में समान रूप से प्रयोग किया जा सके।

सन् 1993 में यू.डी.सी. का यंत्रों के द्वारा पढ़ा जाने वाला एक मूल सन्दर्भ संस्करण छपा। उसमें वर्गों के लगभग 60,000 विभाजनों को स्थान दिया गया है। इसके माध्यम से कोई भी व्यक्ति या संस्था **अनुसरण** पत्र के आधार पर उसे हासिल कर सकते हैं और अपने पाठकों की जरूरतों को ध्यान में रखकर अपना संस्करण बना सकते हैं।

आविष्कारक का परिचय

अन्तर्राष्ट्रीय विद्वान डॉ. शियाली रामामृत रंगनाथन इस पद्धति के जन्मदाता हैं। इनका जन्म चेन्नई प्रदेश के तंजौर जनपद के शियाली नाम स्थान पर 12 अगस्त, 1892 में हुआ था। उनकी प्राथमिक शिक्षा उसी जनपद में हुई, उन्होंने 1913 ई. में मद्रास विश्वविद्यालय से स्नातक की डिग्री प्राप्त की। सन् 1916 में उसी विश्वविद्यालय से गणित में प्रथम श्रेणी में स्नातकोत्तर डिग्री हासिल की। 1917 ई. में वहीं पर गणित विभाग में शिक्षक के रूप में अध्यापन शुरू कर दिया और सन् 1923 तक अध्यापन कार्य करते रहें।

उसके पश्चात् उनके जीवन क्षेत्र में एक नवीन मोड़ आया, 4 जनवरी, सन् 1924 को मद्रास यूनिवर्सिटी में लाइब्रेरियन नियुक्त हो गए। इसके बाद वे लाइब्रेरियनशिप की आधुनिक पद्धतियों का परिचय प्राप्त करने के लिए लंदन गए। वहाँ स्कूल ऑफ लाइब्रेरियनशिप, यूनिवर्सिटी कॉलेज, लंदन में पुस्तकालय-विज्ञान का अध्ययन किया और वहाँ के विविध पुस्तकालयों में जाकर वहाँ की कार्य प्रणालियों को भली-भाँति समझा। वहाँ से वापस आने के बाद उन्होंने मद्रास यूनिवर्सिटी लाइब्रेरी को एक आदर्श लाइब्रेरी बनाने में अपना योगदान दिया। वहाँ से अवकाश ग्रहण करने के पश्चात् वे बनारस हिन्दू यूनिवर्सिटी में (1945 और 1946 ई. में) 20 महीने तक लाइब्रेरियन के पद पर रहे। उसके पश्चात् 1947 में दिल्ली विश्वविद्यालय में वाइस-चांसलर के आमंत्रण पर वहाँ पुस्तकालय विज्ञान विभाग के मानद प्रोफेसर के रूप में सेवा करने लगे। वहाँ पर उन्होंने लाइब्रेरी साइंस में मास्टर डिग्री कोर्स और रिसर्च वर्क की भी व्यवस्था कराई तथा अनेक सेमिनार और गोष्ठियों का आयोजन

किया। उनकी बहुमूल्य सेवाओं के उपलक्ष में 1948 ई. में दिल्ली विश्वविद्यालय ने उन्हें डी. लिट् की सम्मानित उपाधि से विभूषित किया।

मद्रास विश्वविद्यालय को पुस्तकालय विज्ञान में "शारदा रंगनाथन चेयर" की स्थापना करने के लिए डॉ. शियाली रामामृत रंगनाथन ने अपनी निजी कमाई का एक लाख रुपथा दान स्वरूप प्रदान किया। उनकी निःस्वार्थ सेवाओं और त्याग को देखते हुए भारत सरकार ने 1957 ई. में उन्हें 'पद्मश्री' की उपाधि से सम्मानित किया। वे यूनिवर्सिटी ग्रांट कमीशन के तहत लाइब्रेरी कमेटी के चेयरमैन 1957 से 1960 तक रहे। 1960 ई. से वे अपने निवास स्थान बंगलौर में 'डाक्यूमेन्टेशन रिसर्च एण्ड ट्रेनिंग सेन्टर' का संगठन करने में लगे हुए थे। वे पुस्तकालय विज्ञान पर लिखित अपनी पुस्तकों को संशोधित करने और नई पुस्तकें लिखने के साथ ही साथ, 1961 से पुस्तकालय विज्ञान के अध्यापकों के लिए 6 सप्ताह का एक ग्रीष्मकालीन कोर्स चलाते थे। इस प्रकार वे अपनी वृद्धावस्था में भी पुस्तकालय जगत् की उन्नति में लगे हुए थे। उनका देहान्त 1972 ई. में हुआ, जिससे पुस्तकालय जगत् को अपूर्णनीय हानि हुई।

रूपरेखा

भारतीय पद्धति के रूप में जानी जाने वाली वैज्ञानिक तर्क व सैद्धान्तिक आधार पर बनाई गई कोलन पद्धति बहुत ही प्रचलित पद्धति है। इस पद्धति में विषयों की बनी बनाई (रेडीमेड) वर्ग संख्या नहीं दी गई है, किन्तु पुस्तक के विषय का विश्लेषण करके उसके बाद उनके नोटेशन को जोड़ कर वर्ग संख्या बनाई जाती है। इसमें पुस्तक संख्या या ग्रंथांक और संग्रहांक बनाने की पद्धति भी दी गई है। क्रमांक संख्या या बोधांक वर्ग संख्या, पुस्तक संख्या और संग्रहांक इन तीनों को मिला कर बनाई जाती है। यह पद्धति ड्यूवी की दशमलव पद्धति की भाँति परिगणित नहीं है, अपितु विश्लेषण-संश्लेषणात्मक है।

सन् 1933 में द्विबिन्दु वर्गीकरण पद्धति का पहला संस्करण तीन भागों में प्रकाशित हुआ। पहला भाग 127, दूसरा भाग 15 और तीसरा भाग 45 पृष्ठों का रहा। इसके पश्चात् इन संस्करणों का संशोधन किया जाता रहा। सन् 1960 ई. में इसका छठा संस्करण प्रकाशित हुआ था। छठा संस्करण एक ही पुस्तक में तीन खण्डों में विभक्त है। प्रथम खंड नियम का है। द्वितीय खंड तालिकाओं का है। इसमें मुख्य वर्ग सामान्य एकल, काल एकल, स्थान एकल, भाषा एकल, संश्लेषण सम्बन्ध की मूल तालिकाएँ और सारणियाँ दी गई हैं। उसके पश्चात् मुख्य वर्गों के विस्तार

(विभाजन) हेतु तालिकाएँ हरेक वर्ग के शब्दों में दी गई हैं और उनके अन्त में तालिकाओं के सभी पदों की अनुक्रमणिका दी हुई है। तृतीय खण्ड में श्रेष्ठ पुस्तकों और पवित्र पुस्तकों की सारणियाँ उनके विशेष नामों सहित वर्गीकृत रूप में दी गई हैं। उनके अन्त में उनकी वर्णक्रम में अनुक्रमणिका भी दी गई हैं। इस प्रकार की प्रणाली में निम्नलिखित काम होते हैं–

1. लेखन
2. विषय सूची
3. विशिष्ट संग्रह का एक स्थान
4. रूप वर्ग
5. तालिका
6. सामान्य वर्ग
7. सहायक सारणियाँ।

इन्हीं रूपरेखा पर दशमलव वर्गीकरण पद्धति का परिचय दिया गया है। अब इसी क्रम में इस पद्धति का परिचय दिया जाएगा–

1. लेखन

इस पद्धति का लेखन एक मिश्रित रूप है। लेखन या अंकन में अंग्रेजी वर्णमाला के छोटे 23 अक्षर (i, 1 और 0 को छोड़कर) तथा बड़े सभी 26 अक्षर और 1 से 9 तक की गिनती के अंक लिए गए हैं। इनके अलावा बिन्दु (डॉट) कोलन : सेमीकोलन ; कामा , हाइफेन-और जीरो 0 को भी नोटेशन में सम्मिलित कर लिया गया है। एक ग्रीक अक्षर डेल्टा Δ और कोष्ठक (ब्रेकेट) तथा बाण चिह्न (ऐरो माकी) भी नोटेशन के रूप में लिए गए हैं। इनका क्रम इस प्रकार निर्धारित किया गया है–

)O <—> ' . : ; , — a b c d .... x y z
1 2 3 .... 9 A B ...., M Δ .... X Y Z)

प्रारंभिक कोष्ठक को आरम्भक तथा अन्तिम को बन्धक की संज्ञा दी गई है। इसी प्रकार अग्रमुख बाण को कहते हैं और पराङ्मुख बाण को कहते हैं। इनका प्रयोग सूक्ष्म वर्गीकरण में किया जाता है।

2. विषय सूची

इस पद्धति के छठे संस्करण भाग में पृष्ठ 126 से 172 तक विषय सूची वर्णक्रम में दी हुई है। इसके अलावा क्लासिकल ग्रन्थों की विषय सूची तीसरे खंड

में पृष्ठ 54 से 126 तक दी गई है। द्वितीय खण्ड में भौगोलिक स्थानों की वनस्पति विज्ञान व जन्तुविज्ञान की भी विषय सूची दी गई है। इन विषय सूचियों से वर्गकार को ज्यादा मदद मिलती है। विषय सूची विशिष्ट है। दशमलव पद्धति की तरह सापेक्ष नहीं है।

3. विशिष्ट संग्रह का स्थान

इस पद्धति में प्रकीर्ण मुख्य वर्ग को ऐसा विस्तृत और समर्थ बनाया गया है कि इसके अन्तर्गत कई विशिष्ट संग्रह रखे जा सकते हैं। डॉ. रंगनाथन ने स्थानीय एकल का सिद्धान्त भी पुस्तकों के वर्गीकरण में अपनाया है। पुस्तकों के विशिष्ट संग्रह को रुचिकर शब्दों के जरिए स्थान देने की भी व्यवस्था की गई है।

4. रूप वर्ग

दशमलव पद्धति की ही भांति साहित्य वर्ग में भी रूप वर्ग बनाए गए हैं। इसमें निम्नांकित रूप वर्ग हैं–

1. संक्षिप्त कहानियों सहित कथा साहित्य
2. पत्र (पत्रों के रूप में लिखित साहित्य)
3. वक्तृता
4. गद्य के अन्य रूप
5. नाटक
6. काव्य
7. चम्पू।

5. तालिका

इस पद्धति में सम्पूर्ण ज्ञान क्षेत्र को चार भागों में वर्गीकृत करके प्रमुख वर्ग निर्मित किये गये हैं और उससे सम्बन्धित निम्नलिखित तालिकाएँ प्रस्तुत की गई हैं–

1. वास्तविक मुख्य वर्ग
2. नवनिर्मित पद्धति विद्याएँ
3. प्रकीर्ण उपगम मुख्य वर्ग
4. अर्वाचीन काल में मान्यताप्राप्त मुख्य वर्ग।

इनमें प्रथम और द्वितीय प्रमुख वर्ग पहले मण्डल का तृतीय प्रमुख वर्ग चतुर्थ मण्डल का है। इनके विस्तार के लिए भी वर्गानुसार तालिकाएँ दी गई हैं।

इनके अलावा Language तथा Classics and Sacred Books की सारणियाँ दी गई हैं।

उक्त मुख्य वर्गों की तालिकाएँ क्रमशः इस प्रकार हैं—

1.	**प्रकीर्ण उपगम मुख्य वर्ग**	
	प्रकीर्ण पुस्तक सूची	a
	प्रकीर्ण विश्वकोश	k
	प्रकीर्ण सामयिक	m
	प्रकीर्ण माला प्रकाशन	n
	प्रकीर्ण जीवनी	w
	प्रकीर्ण विविध संग्रह	x
2.	**अर्वाचीन काल में मान्यताप्राप्त मुख्य वर्ग**	
	ज्ञान जगत	1
	पुस्तकालय विज्ञान	2
	पुस्तक विज्ञान	3
	पत्रकारिता	4
	मानकीकरण	5
	विशेषीकरण	6
	आदर्शीकरण	7
3.	**वास्तविक मुख्य वर्ग**	
	प्राकृतिक विज्ञान	A
	गणितीय विज्ञान	AZ
	गणित	B
	भौतिक विज्ञान	BZ
	भौतिकी	C
	अभियांत्रिकी	D
	रसायन शास्त्र	E

शिल्प विज्ञान	F
जीव विज्ञान	G
भूगर्भ शास्त्र	H
खनिकर्म शास्त्र	HX
खनिकर्म तथा धातु विज्ञान	HZ
वनस्पति विज्ञान	I
कृषि विज्ञान	J
वन विज्ञान	JX
जन्तु विज्ञान	K
पशुपालन	KZ
चिकित्सा विज्ञान	L
भेषज विज्ञान	LZ
उपयोगी कलाएँ	M
{आध्यात्मिक अनुभूति तथा गूढ़ विद्या}	Δ
{मानविकी तथा सामाजिक विज्ञान}	MZ
मानविकी	MZA
ललित कलाएँ	N
साहित्य तथा भाषा	NZ
साहित्य	O
भाषा	P
हस्तलेखन कला	PUI
आशुलिपि	PU3
टंकण	PW6
धर्म और दर्शन	PZ
धर्म	Q
दर्शन	R

मनोविज्ञान	S
सामाजिक विज्ञान	SZ
शिक्षा	T
भूगोल	U
इतिहास	V
राजनीति विज्ञान	W
अर्थशास्त्र	X
प्रबन्ध	XX
सामाजिक शास्त्र	Y
सामाजिक कार्य	YX
विधि (कानून)	
4. नवनिर्मित पद्धति विधाएँ	
मूल्यांकन प्रविधि	(g)
पुस्तकसूची विद्या	(a)
सम्मेलन प्रविधि	(p)
{प्रशासन प्रतिवेदन प्रविधि}	(r)
जीवनी शिल्प विद्या	(w)
{जनसम्पर्क सामान्य}	

नोट—यथार्थ मुख्य वर्ग में A, AZ, BZ, G, HZ, M, MZ, MZA, NZ, SZ ये वर्ग अंशतः विस्तृत प्रकीर्ण मुख्य वर्ग कहलाते हैं। इनमें से हरेक वर्ग में केवल वही पुस्तकें रखी जाती हैं, जो उस वर्ग के तहत नीचे आए हुए वर्गों में न रखी जा सकती हों। जैसे—'भाषा और साहित्य'। यदि दोनों एक पुस्तक में हों तो उसे 0 व च वर्ग में न रख कर छः में रखा जाएगा।

6. सामान्य वर्ग

इस पद्धति में ज्ञान-क्षेत्र के प्रथम मण्डल में दो प्रकार के मुख्य वर्ग दिए गए हैं। ये दोनों ही इस पद्धति के सामान्य वर्ग या प्रकीर्ण वर्ग हैं। असल में सामान्य

मुख्य वर्ग है। प्रकीर्ण उपगम मुख्य वर्ग तो उसका विस्तार मात्र है। चूँकि इसका अंकन a z से पहले पड़ता है, इसलिए za zk ऐसा नहीं लिखा जाता।

7. सहायक सारणियाँ

इस प्रणाली के अनुसार एकल भाग से सम्बन्धित निम्नलिखित तालिका प्रस्तुत की गई।

सामान्य एकल

सामान्य एकल पद्धति को कुल आठ भागों में वर्गीकृत किया गया है, जो इरा प्रकार हैं–

1. परवर्ती व्यक्तित्व सामान्य एकल
2. परवर्ती व्यक्तित्व सामान्य एकल (मात्र स्थान पक्ष योज्य)
3. परवर्ती योजक सामान्य एकल
4. काल एकल
5. स्थान एकल
6. भाषा एकल
7. पूर्ववर्ती सामान्य एकल (मात्र स्थान पक्ष के पहले योज्य)
8. पूर्ववर्ती सामान्य एकल (मात्र काल पक्ष के बाद योज्य)।

इनके द्वारा जहाँ जिस प्रकार की आवश्यकता होती है वहाँ पर विषय को बाँट कर सूक्ष्म वर्गीकरण किया जाता है।

उक्त सामान्य एकल ये हैं–

पूर्ववर्ती सामान्य एकल (मात्र स्थान पक्ष के पहले योज्य)

Anteriorising Common Isolate—
(Applicable only before Space Facet)

पुस्तक सूची	a [T]
पदानुक्रमणी	c
तालिका	d
{सूत्र, माप भार	e

मानचित्र, मानचित्रावली	f [T]
विश्वकोष शब्दकोश,	k [S], [T]
सामयिक	m [S], [T]
शब्दकोश माला प्रकाशन	n [S], [T]
सम्मेलन	P [S], [T]
इतिहास	v [S], [T]
विषयानुसार संग्रहीत जीवनी	wOS [S], [T]
सामान्य जीवनी	w [S], [t]
व्यक्ति-जीवनी	w [P]
आत्मकथा	w [P], 1
व्यक्ति-सूक्ति-संग्रह	w [P], 2
पत्र	w [P], 4
विषयानुसार संग्रहीत कृतियाँ या लेख	xoS S[S], [T]
सामान्य संग्रह	x [S], (T)
व्यक्ति विषयक संग्रहीत फुटकर कृतियाँ या लेख	x [P]
निर्देशन का कार्यक्रम	y1
पाठ्यक्रम	y2
संक्षिप्त सार	y3
कार्यक्षेत्र	y4
विशिष्ट दृष्टिकोणात्मक अध्ययन	y7
सार पुस्तक	y8

पूर्ववर्ती सामान्य एकल (मात्र काल पक्ष के बाद योज्य)

Anteriorising Common Isolate
(Applicable only after time Facet)

सांख्यिकी (यदि फुटकर हो तो)	S
आयोग प्रतिवेदन	t
सर्वेक्षण	t4
योजना	t5
नमूना	t6
स्रोत-सामग्री	v
साहित्य	v5
परम्परा	v6
पुरातत्त्व आदि (इतिहासवत्)	v7
अभिलेखागार (V इतिहासवत्)	v8

परवर्ती व्यक्तित्व सामान्य एकल

परवर्ती व्यक्तित्व सामान्य एकल की सारिणी अभी तक नियमित नहीं हो सकी है।

परवर्ती व्यक्तित्व सामान्य एकल

(मात्र स्थान पक्ष पर योज्य)
Posteriorising Common Isolate
(Applicable only after Space Facet)

संस्था	d
अनुसंधानात्मक	F
परख	f2
परीक्षात्मक	f2
वाद-विवादात्मक	f4
विद्वत्समिति	g
औद्योगिक संस्थान	h

व्यावसायिक संस्थान	k
शिक्षण संस्थान	t
निम्नतर	t2
उच्चतर	t4
शासन का प्रशासकीय विभाग	w
व्यवसाय	y

परवर्ती योजक सामान्य एकल

गणन	b1
रेखांकन	b2
मापन	b6
तुलना	c1
अनुसंधान	f
परख, निरीक्षण	f2
परीक्षण, प्रयोग	f3
वाद-विवाद	f4
मूल्यांकन	g
प्रारूपन	p
प्रतिवेदन	r

काल एकल

(i) सामान्य एकल

(ii) विशिष्ट काल एकल

(i) सामान्य काल एकल

A	Before 9999 BC
A1	Eozoic
A2	Palaeozoic
A3	Mesozoic
A4	Cainozoic
A5	Quarternary
B	9999 to 1000 BC

C	999 to 1 BC
D	1 to 999 AD
E	1000 to 1099AD
F	1100 to 1199 AD
G	1200 to 1299 AD
H	1300 to 1399 AD
I	1400 to 1499 AD
J	1500 to 1599 AD
k	1600 to 1699 AD
L	1700 to 1799 AD
M	1800 to 1899 AD
N	1900 to 1999 AD
P	2000 to 2099 AD
Q	2100 to 2199 AD
R	2200 to 2299 AD
SA	2300 to 2399 AD

(ii) विशिष्ट काल एकल

दिन का समय	c
रात्रि	d
संध्या काल	e
ऋतु	n
बसन्त ऋतु	n1
गर्मी	n2
वर्षा और शरद	n5
हेमन्त और शिशिर	n7
जलवायु विज्ञान काल	p
शुष्क दिन	p1
आर्द्र दिन	p5
बर्फ काल	p8

स्थान एकल

स्तर क्रम के शब्दों में निम्नांकित 4 प्रकार के स्थान एकल होते हैं—

(1) राजकीय भूमि खण्ड

(2) नैसर्गिक भूमि खण्ड
(3) जनसंख्यानुसार भूमि खण्ड
(4) दिशानुसार भूमि खण्ड।

इनमें से राजकीय भूमि खंड की सारणी इस पद्धति में बहुत विस्तृत है। स्थानाभाव के कारण यहाँ उसे संक्षेप में दर्शाया जा रहा है–

राजकीय भूमि खण्ड

1	जगत	56	ग्रेट ब्रिटेन
1-0	साम्राज्य	561	इंग्लैण्ड
1-52	रोमन साम्राज्य	571	स्वीडन
1-56	ब्रिटिश साम्राज्य	572	डेनमार्क
2	मातृभूमि	58	रूस
21	दक्षिण भारत	6	अफ्रीका
23	पश्चिम भारत	677	मिस्र
24	उत्तर-पश्चिम भारत	7	अमेरिका
25	उत्तर भारत	72	कनाडा
27	पूर्व भारत	73	संयुक्त राज्य अमेरिका
281	दिल्ली राज्य	74	मैक्सिको
3	अंगीकृत देश	791	दक्षिण अमेरिका
4	एशिया	792	वेस्टइंडीज
41	चीन	8	आस्ट्रेलिया
42	जापान	9	सामुद्रिक देश
44	भारत	91	हिन्द महासागर के देश
45	ईरान	92	अटलांटिक के देश
47	एशिया माइनर	93	प्रशान्त के देश
48	साइबेरिया	943	दक्षिण ध्रुव के देश
5	यूरोप	947	उत्तरी ध्रुव के देश
51	ग्रीस, यूनान	95	हिन्दमहासागर
52	इटली	96	अटलांटिक महासागर
53	फ्रांस	97	प्रशान्त महासागर
54	स्पेन, पुर्तगाल	981	दक्षिण ध्रुव महासागर
55	जर्मनी	987	उत्तरी ध्रुव महासागर

नैसर्गिक भूमि खण्ड

भूमि	a
मरुभूमि	b
नदी मुख	'
द्वीप	e5
वन	e6
घाटी	t
पर्वत	g1
जल व्याप्त प्रदेश	g7
नदी	p1
झील	p6
समुद्र से व्याप्त प्रदेश	r

जनसंख्यानुसार भूमि खण्ड—आबादी के अनुसार निर्मित किये गये भूमि खण्ड महानगर, नगर, बस्ती या गाँव आदि के अन्तर्गत आते हैं।

जब वर्ग संख्या में इनका समावेश करना होता है तो राजकीय भूमि खंडों की संख्या के बाद बिन्दु लगा कर नगर के अक्षर लिखे जाते हैं। यथा—

2.252, A वाराणसी के पुस्तकालय

दिशानुसार भूमि खण्ड

9A	दिशानुरूप विभाग	9A	समीपवर्ती पश्चिम
9B	पूर्व	9A	मध्यवर्ती पश्चिम
9C	समीपवर्ती पूर्व	9Q	सुदूर पश्चिम
9D	मध्यवर्ती पूर्व	9R	वायव्य कोण
9E	सुदूर पूर्व	9S	उत्तर
9F	आग्नेय कोण	9T	समीपवर्ती उत्तर
9G	दक्षिण	9U	मध्यवर्ती उत्तर
9H	समीपवर्ती दक्षिण	9V	सुदूर उत्तर
9J	मध्यवर्ती दक्षिण	9W	ईशान्य कोण
9K	सुदूर दक्षिण	9X	अन्तर
9L	नैऋत्य कोण	9Y	बाह्य
9M	पश्चिम	9A	संसार की संघ रचनाएँ

भाषा एकल

इन सामान्य एकलों के अतिरिक्त मात्र एक ही विषय में विभिन्न भाषाओं की पुस्तकों का वर्गीकरण करने के लिए व भाषा एवं साहित्य इन दो प्रमुख समूहों या वर्गों में भाषाओं के वर्गीकरण के लिए भाषा एकल पद्धति में भाषा की एक अलग तालिका दी गई है, जो निम्नलिखित है—

1	इंडोयूरोपियन भाषाएँ		
11	ट्यूटानिक	114	स्वीडिश
111	अंग्रेजी	115	नार्वेजियन
112	डच	157	बंगाली
113	जर्मन	158	असमी
116	डेनिश	1591	उड़िया
12	लैटिन	1591	ईरानी
121	इटैलियन	1595	अवेस्ता
122	फ्रेंच	15	पहलवी
123	स्पेनिश	161	परशियन
124	पुर्तगीज	162	पस्तो
13	ग्रीक	164	उर्दू
14	स्लोवेनिक	165	सेमेटिक भाषाएँ
142	रूसी	168	हिब्रू
143	बुल्गेरियन	2	अरबी
15	संस्कृत	25	ड्रेवेडियन
151	प्राकृत	28	तमिल
1511	पाली	3	मलयालम
1512	मराठी	31	कन्नड़
1516	अर्ध मगधी	32	तेलुगू
1517	मगधी	33	अन्य एशियाई भाषाएं
1518	अपभ्रंश	35	अन्य यूरोपीय
152	हिन्दी	4	अन्य अफ्रीकी
153	पंजाबी	5	अन्य अमरीकी

154	कश्मीरी	6	अन्य आस्ट्रेलियन
155	मराठी	7	अन्य समुद्रीदेशीय
156	गुजराती	PA	कृत्रिम भाषाएँ
		PA का विभाजन कालक्रम पद्धति जैसे PNI इंडो से होता है।	

मुख्य वर्गों का विभक्तीकरण

कोलन पद्धति में मुख्य वर्ग के जो पांच प्रकार दिये गये हैं, इन वर्गों में पहला मुख्य वर्ग वाङ्मय सारणी की वर्गीकरण पद्धति कोलन पद्धति के छठे संस्करण के दूसरे खंड में पृष्ठ 29 पर दी गई है। शेष k, m, n, w, और x का विभाजन देश और काल के माध्यम से होता है। K, m और n में देश का नोटेशन लगाकर फिर काल का नोटेशन लगाते हैं। सामयिक और माला प्रकाशन के शुरू होने का वर्ष 'काल एकल' से ले लिया जाता है। w में यदि संग्रहीत जीवनी हो तो उसमें संग्रह में शामिल सबसे अल्प उम्र के व्यक्ति का जन्म वर्ष और × में भी लेखक का जन्म वर्ष लिया जाता है। रचना जीवनी तथा संग्रह में प्रान्त अथवा देश के आधार पर व्यक्ति का परिचय मिल जाता है या फिर प्रकाशन के द्वारा माना जाता है कि उसका सम्बन्ध किस देश से है। उसका नोटेशन स्थान एकल से प्राप्त कर लिया जाता है।

जैसे–

K56, L68 इन्साइक्लोपीडिया ब्रिटेनिका (1768 ई. में प्रकाशित)

m2, N50 धर्मयुग (1950 ई. से शुरू)

n2, n54 भारत (1954 ई. से शुरू)

w2, N35 भारती सपूत (उम्र में सबसे छोटा व्यक्ति 1935 ई. का)

z, M61 रवीन्द्र साहित्य (रवीन्द्रनाथ का जन्म वर्ष 1861 ई.)

द्वितीय मुख्य वर्ग z का विभाजन निम्नांकित तीन युक्तियों से किया जाता है–

1. विषय युक्ति से

यथा–z(Q3) जैनी विद्या

यहाँ पर (Q3) जैनी धर्म का सूचक है, जो कि धर्म वर्ग से लिया गया है।

2. भूमि खण्ड युक्ति से

यथा–z41 चीनी विद्या

यहाँ—41 चीन देश के भौगोलिक स्थान का सूचक है (जो कि सारणी से लिया गया है)।

3. वर्णक्रम युक्ति से

यथा—zG गाँधी का सम्पूर्ण वाङ्मय

यहाँ G गाँधी का सूचक है, जो वर्णक्रम है।

विषय युक्ति से बने हुए वर्गांकों में तत्सम्बन्धी सामान्य पुस्तकें ही रखी जाती हैं।

तृतीय एवं चतुर्थ मुख्य वर्गों में और कुछ वर्गों का विस्तार परम्परा के शब्दों के अनुसार किया जाता है। शेष अधिकांश वर्गों का विस्तार पक्ष परिसूत्र से किया जाता है। परम्परा के शब्दों में विभाजित वर्गों में भी जहाँ सम्भव हो पक्ष परिसूत्र लगाया जाता है। यह पक्ष परिसूत्र डॉ. रंगनाथन का नया सिद्धान्त है और इस पद्धति का बीज मन्त्र है।

यदि हम कोलन पद्धति की सारणियों में इन वर्गों तथा सामान्य एकलों को दृष्टिगत करें तो P. M. E. S. T. में कोई एक या एक से ज्यादा अक्षर नीचे या सामने लिखे हुए मिलेंगे। ये अक्षर पाँच मूलभूत कोटियों के आदि अक्षर हैं, जिनको जानना इस पद्धति को समझने हेतु जरूरी है—

पाँच मूलभूत कोटियाँ—

व्यक्तित्व	कामा	,
पदार्थ	सेमीकोलन	;
ऊर्जा	कोलन	:
स्थान	डॉट	.
काल	इन्वर्टेड कामा	‘

किसी भी विषय में अनेक प्रकार की विशेषताएं विद्यमान होती हैं, जिनके माध्यम से उसकी विवेचना होती है। इन गुणों को ही उस विषय का पक्ष या आयाम कहा जाता है। अलग-अलग पक्ष की विशेषताएँ अलग-अलग होती हैं।

विषयों के वर्गीकरण के लिए इस पद्धति में जो स्तर नियत किये गये हैं, उनके परीक्षण से यह देखा गया है कि उनका मूल सम्बन्ध किसी न किसी कोटि से जरूरी है। विषय कोई भी हो उसका विस्तृत रूप प्रदान करने हेतु उक्त पांच कोटियों को आधार माना गया है, जिसके द्वारा अभिव्यक्ति की प्रक्रिया को अपनाया जा सकता है। कोई विषय किसी एक के भीतर पूर्ण रूप से भी आ सकता है और कोई दो या

दो से अधिक के भीतर भी आ सकता है, लेकिन नोटेशन के दबाव में विषय विस्तार सुव्यवस्थित हो जाता है। जो Facet जिस Category से सम्बन्ध रखता है उसको उसी नाम से पुकारा जाता है।

जैसे—पर्सनाल्टी फैसेट, इनर्जी फैसेट इत्यादि।

इनके योजक चिह्न ऊपर दिए गए हैं।

इस पद्धति में विषय विस्तार हेतु आधार वर्ग में जो पक्ष निर्धारित किए गए हैं, वे विषय की मूर्त्तरूपता को अवरोह क्रम (descending order) में ले जाते हैं। इसलिए उस क्रम से उन पाँचों के पहले अक्षर हैं और अपनी कोटि को बताते हैं। इस प्रकार जब कहीं पाँचों कोटियाँ एक साथ आयेंगी तो इसी क्रम में रखी जाएँगी।

उदाहरण के लिए—234; 46:55. 2'N

[P] [M] [E] [S] [T]

उपरोक्त पांचों में व्यक्ति पक्ष प्रमुख है। चूंकि यह विषय के व्यक्तित्व को सूचित करता है, इसलिए इसे व्यक्तित्व पक्ष कहते हैं।

पदार्थ का सूचक होता है– उस वस्तु से जिससे कोई चीज बनती है। यथा—लकड़ी, कोयला आदि।

कुछ विशेष स्थिति में ये (Matter) भी Personality हो जाते हैं।

ऊर्जा किसी प्रकार के काम को बताती है। इससे बनावट, कार्य रोग, वातावरणात्मक कार्य तथा इसी प्रकार के अन्य विचार होते हैं।

स्थान भौगोलिक क्षेत्र को सूचित करता है।

काल सामान्य या विशेष काल को सूचित करता है।

पक्ष सूत्र

इस पद्धति की सबसे बड़ी विशेषता यह है कि किसी भी वर्ग के तहत किसी भी पुस्तक का विषय नियत करने के लिए उस वर्ग के साथ एक सूत्र निश्चित किया जाता है। इस तरह मुख्य वर्ग के साथ एक परिसूत्र का विभाजन तथा उपविभाजन होता है। इस विशेष पद्धति को पक्ष परिसूत्र कहते हैं। ये पक्ष असल में उस वर्ग में विद्यमान धर्म हैं। उनको विभाजन एवं उपविभाजन के लिए उपयुक्त समझ कर चुना गया है और उनका क्रम भी निर्धारित कर दिया गया है कि किसी भी विषय का विभाजन क्रमानुसार पहले, दूसरे या फिर तीसरे पक्ष से होगा।

उदाहरण के लिए—साहित्य एक वर्ग है। उसे चार प्रकार से विभाजन के लिए चुना गया है—भाषा, रूप, पुस्तककार और कृति (पुस्तक)। इस प्रकार ये श्रेणियाँ पक्ष

हुई। इस तरह जिस वर्ग में जितने प्रकार होंगे उतने ही पक्ष होंगे, इसलिए पक्ष को प्रकारों की श्रेणी कहते हैं।

वर्गों का पक्ष

पुस्तकालय प्रणाली के अन्तर्गत कुछ इस प्रकार के वर्ग भी होते हैं, जिनका वर्गीकरण उनके पक्षों के द्वारा कर पाना संभव नहीं होता। किस वर्ग के विभाजन हेतु कौन-कौन से पक्ष होते हैं, इसका परिचय इस पद्धति के पहले खण्ड में दिया गया है।

इन वर्गों के अलावा B. C. H. L. X. M. N. और R वर्गों के पहले विभाजन में कोई पक्ष नहीं होता। ये पारंपरिक वर्ग कहलाते हैं। इनका विभाजन इसके सम्प्रदाय-क्रम के शब्दों में होता है।

जैसे— B Mathematics

B1 Arithmetic	B4 Other methods
b2 Algebra	B5 Trigonometry
B3 Analysis	B6 Geometry

इनमें भी जिस स्थान पर आवश्यक या संभव होता है, इस सूत्र को प्रयोग में लाया जाता है।

वर्गों के पक्षों की अभिव्यक्ति

किस वर्ग में कितने और कौन-कौन से पक्ष होते हैं और वे किस क्रम से आते हैं, यह बात शाब्दिक रूप से जानने के पश्चात् उन पक्षों का नाम न लेकर हम चाहें तो उनकी अभिव्यक्ति मात्र इन पाँच मूलभूत कोटियों के माध्यम से ही कर सकते हैं—

जैसे--O Literature

[P], [P2], [P3], [P4]

इस प्रकार साहित्य वर्ग का बँटवारा चार पक्षों के माध्यम से होगा, वे चारों P अर्थात् पर्सनाल्टी या व्यक्तित्त्व पक्ष हैं—भाषा, रूप, पुस्तककार और चौथे में कृति। इन चार पक्षों से मिल कर वर्ग संख्या (वर्गांक) बनेगी।

उदाहरणार्थ—कालिदास के शकुन्तला नाटक में यह इस प्रकार होगा—

साहित्य

भाषा	रूप	ग्रंथकार	कृति
(संस्कृत)	(नाटक)	(कालिदास)	(शकुन्तला नाटक)
[P]	[P2]	[P3]	[P4]

आवर्त्तों की अभिव्यक्ति

इस पद्धति के अन्तर्गत वर्गीकरण के विस्तृत स्वरूप और सूक्ष्म वर्गीकरण की प्रक्रिया के लिए प्रमुख स्मरणशील विधियों का उपयोग किया गया है, जो निम्नलिखित हैं–[E] [M] [P] ऐसा लिख कर अभिव्यक्त करते हैं, किन्तु जब इनमें से कोई दूसरे आवर्त्त या दौर में या उससे अधिक बार आते हैं तो इसके पहले क्रमशः 2, 3, 4, आदि यथायोग्य पूर्व लगा दिया जाता है। जैसे–

[2E] द्वितीय आवर्त्त ऊर्जा

[2P] द्वितीय आवर्त्त व्यक्तित्व

[3M] द्वितीय आवर्त्त पदार्थ

इनमें [P] और [M] दोनों आवर्त्त में एक से अधिक बार भी आ सकते हैं। उस दशा में उसे स्तर कहा जाता है और उसके दाहिनी ओर 2, 3 आदि क्रमशः प्रत्येक स्तर हेतु लिख कर व्यक्त किया जाता है। यथा–

[P] पहला आवर्त्त व्यक्तित्व पक्ष

[P2] दूसरा स्तर व्यक्तित्व पक्ष

[P3] तीसरा स्तर व्यक्तित्व पक्ष

[2P2] दूसरे आवर्त्त द्वितीय स्तर व्यक्तित्व पक्ष

अर्थात्–अभिव्यक्ति में लघुता लाने के लिए (First Round) का सूचक और पहले स्तर का सूचक एक (1) नहीं लिखा जाता।

वर्ग संख्याओं का निर्माण

पक्ष सूत्र के माध्यम से वर्ग संख्या तैयार करने का कार्य कोलन वर्गीकरण पद्धति की सूचियों की मदद से किया जाता है। उदाहरणार्थ–

2 [P]; [M] : [E] [2P]

इस विधि की सहायता के लिए वहाँ संकेत और साधन दिए हुए हैं। उनकी मदद से भिन्न-भिन्न नोटेशन ले कर फिर उनको संयोजक चिह्नों के द्वारा मिला दिया जाता है। तब निम्नांकित रूप से वर्ग संख्याएँ बन जाती हैं–

2:1	Book Selection
2:51	Classification
2:8	Administration
22	Public Library
215	State Central Library
261	Children Library

विस्तारशील विधियाँ

इस पद्धति के अन्तर्गत वर्गों के विस्तृत वर्गीकरण और छोटे से छोटे या सूक्ष्म वर्गीकरण के लिए प्रमुख स्मरणशील विधियों का उपयोग किया गया है, जो निम्नलिखित हैं–

1. विकास क्रम	W7Utopia
2. अंगीकृत श्रेणी	J381 Rice
3. भूमि खण्ड	P5 यूरोप की भाषाएँ
4. काल-क्रम	PM17 रेसोल
5. विषय	X8 (M13) कागज का उद्योग
6. स्मृति सहायक	L:4 उद्भिज रोग
7. अध्यारोपण	1–56 ब्रिटिश साम्राज्य
8. वर्ण क्रम	J381B बासमती, J388IS शुक्ला फूल
9. खण्ड	1.8 का एक वर्ग, यथा–बोटेनी में।

श्रेष्ठ पुस्तक

किसी भी विषय की उच्चकोटि की श्रेष्ठ पुस्तक जिस पर टीकाएँ, उप टीकाएँ, स्वतन्त्र भाष्य, आलोचनाएँ, पदानुक्रमणिकाएँ एवं अन्य सामग्री प्रकाशित हुई हों, उन सभी की व्यवस्था एक साथ करना जरूरी है। संस्कृत, पाली एवं प्राकृत में लिखित कई विषयों की ऐसी अधिकतर भारतीय पुस्तकें परम्परा की प्रतीक हैं और उपलब्ध हैं।

द्विबिन्दु वर्गीकरण पद्धति में ऐसी पुस्तक के वर्गीकरण की वर्ग संख्या के बीच में x लगा कर बनाने का विधान भी किया गया है।

पुस्तकांक

पुस्तक के एक समान सर्वान्तिम वर्ग में अन्य पुस्तकों के साथ किसी पुस्तक का स्थान निर्धारित करने वाले प्रतीक को पुस्तकांक कहते हैं।

यह एक सामान्य वर्ग संख्या के तहत पुस्तकों का व्यष्टिकरण (अलगाव) करता है। पुस्तकांक के कुछ विशिष्ट बाह्य रूप को श्रमिक संख्या की कृत्रिम भाषा में अनुवाद करके लिया जाता है।

पुस्तक चिह्न का पक्ष परिसूत्र इस प्रकार है–

[L] [F] [Y] [A] [V]—[S] : [E] [EA]; [C]

अतः पुस्तक चिह्न बनाने हेतु उस पद्धति में क्रमशः निम्नांकित में से अथवा उससे अधिक पक्ष लिए जाते हैं–

1. खंड अंक
2. पूरक अंक
3. मूल्यांकन अंक
4. मूल्यांकन अंक का परिग्रहण भाग
5. प्रति अंक
6. भाषा अंक
7. रूप अंक
8. वर्ष अंक
9. पुस्तक संख्या का परिग्रहण भाग।

इनमें से प्रकाशन वर्ष नामक पक्ष का विशेष महत्त्व है। उसके बाद पुस्तक की भाषा और उसके रूप का, जिसमें वह प्रदर्शित या उपस्थित की गई है।

दशमलव और कोलन वर्गीकरण पद्धतियों का समीक्षात्मक अध्ययन

दशमलव पद्धति

1. यह गणनात्मक प्रणाली है। इसमें विषयों के विश्लेषण और संश्लेषण करने की कम गुंजाइश है।
2. इसके नोटेशन में लोच नहीं है। इसमें ग्राह्यता और विस्तारशीलता कोलन पद्धति से कम है।
3. यह सूक्ष्म अध्ययन-सामग्री के वर्गीकरण के लिए उपयुक्त नहीं है। इसीलिए यू. डी. सी. में अनेक नए प्रतीक जोड़ने पड़े हैं।
4. इस पद्धति का कोई वैज्ञानिक आधार नहीं है।
5. इसमें भाषा और साहित्य वर्ग को एक दूसरे से दूर कर दिया गया है। इसमें क्लासिकल साहित्य को रखने की खास व्यवस्था नहीं है।

कोलन पद्धति

1. ग्राह्यता इस पद्धति में एक उच्च कोटि की होती है। इसके शब्दों में वर्गीकरण से विशिष्ट विषय का सूक्ष्मतम वर्गीकरण किया जा सकता है। इस प्रकार सूक्ष्म वर्गीकरण के लिए यह एक अद्भुत सामर्थ्य रखने वाली पद्धति है।
2. यह न्यायसंगत सिद्धान्तों के आधार पर बनाई गई है। इसमें मूलभूत वर्गीकरण तार्किक दृष्टिकोण से किया गया है और वर्गों के विस्तार में वैज्ञानिकता है।
3. कोलन पद्धति पक्षपात रहित है। इसके अतिरिक्त भी विशद रूप से भारत की भाषा, दर्शन और धर्म का विभाजन करने का प्रबन्ध किया गया है।
4. भारत की उच्च कोटि की पुस्तकों के विभाजन हेतु कोलन पद्धति में विशेष प्रकार का प्रबन्ध किया गया है और भारतीय चिकित्सा शास्त्र, ललित कला, भाषाशास्त्र, धर्म और दर्शन की बनी बनाई वर्ग संख्या भी एक खण्ड में दे दी गई है।
5. यह एक संश्लेषणात्मक और स्मरणशील पद्धति है। इसका उद्देश्य है पुस्तकालय के हरेक पुस्तक का जहाँ तक सम्भव हो, सूक्ष्मातिसूक्ष्म वर्गीकरण करना।

9

दशमलव एवं कोलन पद्धतियों में स्मृति सहायक विधियाँ

स्मृति सहायक का आशय

सामान्यतया यह देखा जाता है कि मानव मस्तिष्क में विभिन्न प्रकार की सूचनाओं का संग्रह होता रहता है, जिसके कारण विभिन्न प्रकार की प्रक्रियाओं को सम्पन्न किया जाता है। स्मृति के रूप में सहायक शब्द निर्माण में प्रेरक निमोनिकोस जो ग्रीक भाषा का शब्द है को शामिल किया गया है। स्मृति सहायक प्रक्रिया एक ऐसी विधि है, जिसका प्रयोग अंकन के माध्यम से किया जाता है। जब किसी वर्गीकरण प्रणाली के अंकन, स्मरण शक्ति को तीव्र करने में सहायक होने की क्षमता रखते हों तो उस वर्गीकरण प्रणाली को स्मरणशीलता से युक्त माना जाता है। अर्थात् जब इसके कुछ अंश निरन्तर एक ही चिह्नों द्वारा अनुसूची के अन्तर्गत सर्वत्र प्रस्तुत किए जाते हैं और उनका ठीक वही भाव सर्वत्र रहता है तो इसे स्मरणशीलता कहते हैं।

स्मरणशीलता वर्गीकार हेतु बड़ा ही महत्त्वपूर्ण है। इस गुण में, स्मृति में सहायता करने तथा सन्दर्भ कार्य के लिए अनुक्रमणिका और सूचियों के प्रयोग को न्यूनतम करने की क्षमता होती है।

स्मृति सहायक की परिभाषाएँ

डॉ. रंगनाथन के शब्दों में—"एक वर्गांक में किसी विशिष्ठ विचारधारा की अभिव्यक्ति हेतु प्रयुक्त अंकन या अंकों का उसी विचारधारा की अभिव्यक्ति या प्रतिनिधित्व करने वाले सभी वर्गांकों में प्रयुक्त होना चाहिए, यदि ऐसी प्रक्रिया से किन्हीं महत्त्वपूर्ण जरूरतों को नुकसान न पहुँचाता हो।"

सेयर्स के मतानुसार—"स्मृति सहायक अंकन के द्वारा सम्पन्न होने वाली पद्धति है तथा स्मृति सहायक अंकन का अर्थ उस अंकन से है जो वर्गीकरण योजना में सदैव एक ही महत्त्व रखता है।"

ब्लिस का विचार—"स्मृति सहायक पद्धति का मौलिक एवम् बौद्धिक आधार सुचारू रूप से विधिवत् तथा सरलतापूर्वक स्मरण किया जाना है।"

उपरोक्त परिभाषाओं से यह स्पष्ट होता है कि वर्गीकरण के अंकन में स्मृति सहायक पद्धति का मौलिक एवं बौद्धिक आधार बहुत उपयोगी है और समृति सहायक प्रक्रिया अंकन के माध्यम से ही सम्भव होती है। **ब्लिस** ने वर्गीकरण पद्धति में स्मृति सहायकों की उपयोगिता एवम् महत्त्व पर प्रकाश डालते हुए कहा है कि—"एक सांकेतिक भाषा के रूप में अंकन स्मरण शक्ति पर ज्यादा से ज्यादा आधारित होता है।" अर्थात् **स्मृति सहायक** अंकन उसे कहते हैं जिसके द्वारा कोई एकल अंक सम्बद्ध वर्गांक में निहित विचारधारा की ही अभिव्यक्ति करे।

द्विबिन्दु और दशमलव वर्गीकरण प्रणालियों में स्मृति सहायक

किसी भी विषय विशेष को वर्गीकृत करते समय स्मृति सहायक विधियों के विशेष महत्त्व से काफी मदद मिलती है। ये वर्गीकरण प्रणाली को व्यवस्थित रखने में भी सहायक होती हैं, क्योंकि ऐसी विधियों में अंकन इस प्रकार से प्रयुक्त होते हैं कि उनका अर्थ निरन्तर होता रहता है और सरलतापूर्वक स्मृति में धारण किया जा सकता है। वर्गीकरण पद्धतियों के सामान्य उप-विभाजन अथवा रूप विभाजन स्मरणशीलता अथवा स्मृति सहायकों के ज्वलंत उदाहरण होते हैं। निम्न तीन प्रकार के स्मृति सहायकों का प्रावधान वर्गीकरण पद्धतियों में किया गया है—

(1) शाब्दिक स्मृति सहायक—विशेष उद्देश्य की अनिवार्यता को देखते हुए विषय में जो परिवर्तन समयानुसार किये जाते हैं, स्मृति सहायक कहलाते हैं। इसलिए इन्हें परिवर्तनशील स्मृति सहायक भी कहते हैं। जब विशेष के शब्दों में व्यवस्था करने की सुविधा का अनुभव न हो तो ऐसी स्थिति में शाब्दिक अथवा

अक्षर स्मृति सहायक का प्रयोग करना चाहिए, जिससे व्यवस्था बनी रहे। इस तरह के प्रावधान के लिए अनुवर्णिक पद्धति (Alphabetical Device) भी प्रयोग की जाती है। यदि अनुवर्णिक क्रम अन्य किसी क्रम की भाँति सुविधाजनक एवम् सहायक हो तो अनुवर्णिक पद्धति द्वारा स्मृति सहायक के प्रयोग में वरीयता प्रदान करनी चाहिए तथा जो शब्द स्मृति सहायक के आधार पर प्रयुक्त होते हैं, वे अन्तर्राष्ट्रीय पारिभाषिक पदावली के होने चाहिए। **ब्लिस** ने शाब्दिक स्मृति सहायक को न्यूनतम प्रयोग करने का सुझाव दिया है।

उदाहरणार्थ–सी.सी. में विविध निर्माताओं (Make) की साइकिलें उनके अपने नाम से लोकप्रिय होती हैं, इस प्रकार उन्हें अनुवर्णिक पद्धति द्वारा अलग किया जा सकता है–

Releigh Cycle	D5125 R
Rudge Cycles	D5125 RU

डी.डी.सी के अन्तर्गत शाब्दिक स्मृति सहायक सोलहवें संस्करण में प्रयोग किया गया है। डी.डी.सी. के सर्वसामान्य रूप विभाजन परिवर्तनीय हैं।

(2) मौलिक स्मृति सहायक–वर्गीकरण की किसी भी प्रणाली के अन्तर्गत एकल धारणा की अभिव्यक्ति के लिए जब समान अंकों का प्रयोग किया जाता है, तब उसे **मौलिक स्मृति सहायक** कहते हैं। मौलिक स्मृति सहायक में किसी भी धारणा की अभिव्यक्ति के लिए एक ही पद या एक ही अंक प्रयुक्त किया जाना चाहिए।

डॉ. रंगनाथन् के शब्दों में, "कोई भी वस्तु किसी भी वर्ग में जहाँ कहीं प्रयुक्त की जाए उसके अंक निरन्तर वही होने चाहिए।" पहले इसे डॉ. रंगनाथन ने अ-अनुसूचित स्मृति सहायक की संज्ञा दी थी। कालान्तर में पामर एवं बेल्स ने इसे मौलिक स्मृति सहायक की संज्ञा दी है।

उदाहरणार्थ–सी.सी. के अन्तर्गत अंक दो हैं। जो डवतचीवसवहल का बोध करता है और विविध वर्गांकों के साथ वह अंक उसी अर्थ को अभिव्यक्त करता है–

Morphology of Plants	I : 2
Morphology of Animals	KX : 2
Morphology of Human	L : 2

(3) अनुसूची स्मृति सहायक–किसी विभाजन की सूची, सारणी अथवा अनुसूची के किसी भाग पर आधारित रहने वाली विधि को अनुसूची स्मृति सहायक विधि कहते हैं। इससे निरन्तर एक ही भाव अथवा रूप की अभिव्यक्ति होती है। इसलिए इसे **स्थायी अथवा व्यवस्थित स्मृति सहायक** भी कहते हैं। किसी भी

वर्गीकरण योजना के अन्तर्गत समस्त अथवा अनेक पंक्ति क्रम में आने वाले सम्भावित एकलों की अनुसूची के प्राथमिक समूह को शामिल किया जाना चाहिए अथवा प्रत्येक वर्गीकरण योजना द्वारा कुछ अनुसूचियाँ पहले से ही निर्मित होनी चाहिए, जिनका प्रयोग किसी भी मुख्य वर्ग के साथ किया जा सके। इस प्रकार की अनुसूचियों को **अनुसूची स्मृति सहायक** कहा जाता है।

सी.सी. के अन्तर्गत किये गये अनुसूची स्मृति सहायकों की व्यवस्था का विवरण निम्न प्रकार है–

(1) भौगोलिक विभाजन
(2) काल क्रमिक विभाजन
(3) भाषा विभाजन
(4) सामान्य एकल।

डी.डी.सी. में वर्गांक की संरचना के साथ ही स्मृति सहायकों का प्रयोग स्वतः होता रहता है। डी.डी.सी. में निम्न प्रकार की स्मृति सहायक अनुसूची हैं–

(1) भौगोलिक विभाजन यथा–940-999
(2) रूप विभाजन
(3) विषय विभाजन और 000.999, 620-699 आदि।

इस प्रकार यह स्पष्ट होता है कि मौलिक स्मृति सहायक के प्रयोग के क्षेत्र में विविध विषयों के प्रसंगों में एक ही धारणा की अभिव्यक्ति एक ही अंक द्वारा हुई है, जो सी.सी. की अपनी विशेषता है। डी.डी.सी. के अन्तर्गत इसके लिए विश्व की अभिव्यक्ति हेतु किसी एक ही अंक का प्रयोग नहीं किया गया है। इस प्रकार वर्ग संख्याओं की स्पष्ट अभिव्यक्ति असंभव है। दोबारा धर्मशास्त्र में 1 का प्रयोग ईश्वर हेतु किया गया है जो सी.सी. में भी है।

सी.सी. डी.डी.सी.

Q : 31 211

स्पष्टतः मौलिक स्मृति सहायक के प्रयोग क्षेत्र में विभिन्न विषयों के प्रसंगों में एक ही धारणा की अभिव्यक्ति एक ही अंक द्वारा हुई है।

स्मृति सहायक विधियों का उपयोग

डॉ. रंगनाथन ने पुस्तकों के वर्गीकरण में स्मृति सहायक विधियों का प्रयोग किये जाने पर विशेष बल दिया है। इनसे पुस्तकों के वर्गीकरण में सूक्ष्मता आती है और वे अपने क्षेत्र में विस्तृत होती हैं। निम्नलिखित स्मृति सहायक विधियाँ मुख्य हैं–

1. अध्यारोपण नियम
2. सामान्य उपविभाजन नियम
3. विषयांक सम्बन्ध नियम
4. अंगीकृत नियम
5. भौगोलिक नियम
6. कालक्रम नियम
7. विषय नियम
8. अनुवर्ण नियम।

कोलन वर्गीकरण प्रणाली में स्मृति सहायक की सभी विधियों का तथा दशमलव वर्गीकरण प्रणाली में कुछ विधियों का प्रयोग किया गया है। इनके विषय में संक्षिप्त जानकारी निम्न प्रकार से है–

(1) अध्यारोपण सिद्धान्त–इस पद्धति से एक ही पक्ष के दो एकलों को डैश चिह्न–द्वारा आपस का सम्बन्ध प्रकट किया जाता है।

यथा–कोलन में Y15.31 ग्रामीण महिलाएँ।

दशमलव वर्गीकरण में अध्यारोपण विधि का उपयोग नहीं किया जाता है।

(2) सामान्य उपविभाजन सिद्धान्त–इस प्रणाली के अन्तर्गत किसी भी विषय के साथ सामान्य उपविभाजन के नोटेशन को लगा कर विषय का विस्तार किया जाता है–

उदाहरणार्थ–दशमलव वर्गीकरण पद्धति में

891.43 हिन्दी साहित्य 09 इतिहास = 891.4309 हिन्दी साहित्य का इतिहास।

इसी तरह 181.409 भारतीय दर्शन का इतिहास

कोलन में सामान्य एकल का प्रयोग किया जाता है। जैसे–Da इंजीनियरिंग की बिब्लियोग्राफी।

कोलन के अन्तर्गत इसका काफी विस्तृत स्वरूप है।

(3) विषयांक सम्बन्ध सिद्धांत–पुस्तकों का विषय कभी-कभी एक से ज्यादा विषयों से मिल कर बनता है। कोलन पद्धति में अलग-अलग चिह्नों द्वारा ऐसे विषयांकों के सम्बन्ध बताने के लिए वर्गांक बनाने की पद्धति दी गई है।

उदाहरणार्थ–भौतिक विज्ञान और रसायन विज्ञान COaE

इंजीनियर्स के लिए गणित BObD

दशमलव वर्गीकरण में इस प्रकार की विषयांक सम्बन्ध नियम तो नहीं है, किन्तु दृष्टिकोण पद्धति है।

यथा--इंजीनियर्स के लिए गणित 620.51

ड्यूवी ने कहीं-कहीं वर्णांक भी बना दिए हैं। जैसे--विज्ञान और धर्म 215

(4) कालक्रम सिद्धान्त—इस प्रणाली के द्वारा वर्गांक का निर्माण करने के लिए कालक्रम सारिणी से काल को जोड़ा जाता है। उदाहरणार्थ—कोलन में 2w पुस्तकालय विज्ञान जीवनी + मेल्विन ड्यूवी m51=2w m51 मेल्विन ड्यूवी की जीवनी। ड्यूवी का जन्म 1851 में हुआ था। m=1800

दशमलव में =390.9 राजनैतिक स्थिति +04 बीसवीं शती।

=320.904 बीसवीं शती में राजनैतिक स्थिति

(5) विषय सिद्धान्त—इस पद्धति में एक विषय के साथ दूसरे विषय को जोड़ कर वर्गांक बनाया जाता है। यथा—कोलन में 24 पुस्तकालय + (Q) धार्मिक = 24 (Q) धार्मिक पुस्तकालय दशमलव में--016 विषय वाङ्मयसूची + 016.1 दर्शन

= दर्शन विषय की वाङ्मयसूची

026 पुस्तकालय + 61 मेडिकल = 026.61 मेडिकल पुस्तकालय

(6) अंगीकृत नियम—यह पद्धति भी कोलन में है।

जैसे—J381 Rice. J381.B (Basmati)

दशमलव वर्गीकरण में ऐसी पद्धति नहीं है, किन्तु वर्गकार को कुछ महत्त्वपूर्ण सुझाव दिए गए हैं।

(7) भौगोलिक नियम—इस पद्धति में भौगोलिक सारणी द्वारा देश का सूचक अंक जोड़ कर वर्गांक बनाया जाता है—यथा—कोल में—V इतिहास + 44 भारत = V 44 भारत का इतिहास।

दशमलव में—आधुनिक दर्शन 199+52 जापान = 199.52 जापान का आधुनिक दर्शन।

(8) अनुवर्ण सिद्धान्त—इस प्रणाली में वर्णक्रम को अपनाने की वजह विषय को अलग-अलग करना है।

उदाहरणार्थ—कोलन में—D5125 साइकिल + H=5125 H हरकुलिस साइकिल

दशमलव में-8AO अरबी साहित्य (छोटे नोटेशन के लिए)

इसी प्रकार -O7A अफ्रीका के समाचार (")

सामान्य एकल

ड्यूवी महोदय ने दशमलव वर्गीकरण प्रणाली के अन्तर्गत उपविभाजन का उपयोग किया है। डॉ. रंगनाथन ने भी सामान्य एकल का प्रयोग 'सामान्य

उपविभाजन' के रूप में किया है, किन्तु सामान्य एकल मानक उपविभाजन से अधिक विस्तृत महत्त्वपूर्ण है। डॉ. रंगनाथन द्वारा सामान्य एकल को निम्न प्रकार से परिभाषित किया गया है–

'जिस एकल को सभी संयुक्त विषय अथवा मूल विषय में से किसी एक के साथ संलग्न किया जा सकता है, जिसके अलग एकल अंश से एक ही प्रकार का अर्थ व्यक्त होता है अथवा एक ही प्रकार की धारणा व्यक्त होती है तथा जिसका वर्गांक में एक ही प्रकार का कार्य है, उसको सामान्य एकल कहते हैं।'

2:55 a सूचीकरण की वाङ्मयसूची

उपरोक्त उदाहरण में दिया गया 2:55 सूचीकरण का वर्गांक है। इसके साथ a सामान्य एकल जोड़ देने से 2:55 a सूचीकरण की वाङ्मयसूची का वर्गांक बन गया है। a वाङ्मयसूची का सूचक सामान्य एकल है।

इसी प्रकार T:44r भारतीय शिक्षा का प्रतिवेदन

यहाँ पर T शिक्षा और 44 भारत के लिए है। r सामान्य एकल, प्रतिवेदन (रिपोर्ट) के लिए है।

अन्य उदाहरण–

Da 'N2	इंजीनियरिंग की वाङ्मयसूची 1920 ई. तक
T. 2r	भारत के शिक्षा विभाग का प्रतिवेदन
T. 2'N55s	भारत के शिक्षा के आँकड़े 1955 तक
Cf 3	भौतिक का परीक्षण
D. 2, Y	भारत का इंजीनियरिंग प्रोफेशन

सामान्य उपविभाजन

दशमलव वर्गीकरण के अन्तर्गत उपविभाजन का प्रावधान सभी विषयों या विषयांश सूचकों को वर्गांक के साथ जोड़ने के लिए किया जाता है, जिससे उसके दृष्टिकोण की पहुँच का बोध किया जा सके। समस्त वर्गांकों के साथ आवश्यकता अनुसार इसका उपयोग होने की वजह से इसे 'सामान्य उपविभाजन' कहते हैं। इसको 'मानक उपविभाजन' भी कहा जाता है। जैसे–

(*i*) 181.4 भारतीय दर्शन + 09 इतिहास (सामान्य उपविभाजन)
=181.409 भारतीय दर्शन का इतिहास

(*ii*) 181.4 भारतीय दर्शन +5 पत्रिका (सामान्य उपविभाजन)
181 405= भारतीय दर्शन की पत्रिका

(*iii*) 891.43 हिन्दी साहित्य + 03 कोश (सामान्य उपविभाजन)
=891.4303 हिन्दी साहित्य कोश

नोट—ड्यूवी महोदय द्वारा सर्वप्रथम सामान्य उपविभाजन को रूप उपविभाजन (Form Division) नाम दिया गया था, किन्तु अब उसको सामान्य उपविभाग और बाद में मानक उपविभाग कहा जाता है।

सामान्य उपविभाजन की उपयोगिता

सामान्य उपविभाजन, स्मृति सहायक का ही एक रूप है तथा वर्गीकरण प्रणाली का एक प्रमुख अंग है। इससे पुस्तकों का वर्गीकरण विस्तृत रूप में संभव होता है। ज्ञान के निरन्तर विस्तार के साथ-साथ इसका महत्त्व भी बढ़ गया है। इसके बिना वर्गीकरण करने में पूर्णता नहीं आ सकती। इससे पुस्तकों का पूरा वर्गीकरण करने में सुविधा होती है। अनेक दृष्टिकोणों से इसका अलग ही महत्त्व है।

भौगोलिक वर्गीकरण

दशमलव वर्गीकरण प्रणाली के अन्तर्गत भौगोलिक क्षेत्र की एक सारणी Table 2 Area नाम से दी गई है। इस सारणी की लम्बाई बहुत ज्यादा है। इसमें प्रत्येक महाद्वीप, देश आदि का नोटेशन साथ में दिया गया है।

उदाहरणार्थ–

4 यूरोप	54 भारत
42 इंग्लैण्ड	541 उत्तर पूर्व भारत
43 जर्मनी	542 उत्तर प्रदेश
51 चीन	549 पाकिस्तान आदि
52 जापान	

भौगोलिक वर्गीकरण इस क्षेत्रीय अंकन के साथ ही किया जाता है। उदाहरणार्थ–

(*i*) 199 आधुनिक दर्शन
+199.52 जापान का आधुनिक दर्शन

(*ii*) 325.3 उपनिवेशवाद
+42 ब्रिटेन
=325.342 ब्रिटेन का उपनिवेशवाद

(*iii*) 079 अन्य भौगोलिक क्षेत्रों के समाचार पत्र
+54 भारत
=079.54 भारत के समाचार पत्र

दशमलव वर्गीकरण प्रणाली की सारिणी में इसके लिए उचित स्थान पर निर्देश भी दिए गए हैं।

कोलन वर्गीकरण प्रणाली के अन्तर्गत निम्नवत राजकीय भूखण्ड की सारणी दी गई है–

उदाहरणार्थ–

1 विश्व	5 यूरोप
2 मातृभूमि	56 ग्रेट ब्रिटेन
4 एशिया	6 अफ्रीका
41 चीन	7 अमेरिका
42 जापान	8 आस्ट्रेलिया
44 भारत	9 सामुद्रिक देश आदि

इस सारणी के वर्गीकरण को किसी भी विषय के साथ लगा कर भौगोलिक विभाजन किया जा सकता है।

उदाहरणार्थ–V इतिहास

V 44 भारत का इतिहास

Z कानून

Z 44 भारत का कानून

R दर्शन

R 5 यूरोपीय दर्शन

स्थान एकल में विशेष ध्यान रखना चाहिए–

जहाँ स्थान एक [P] पक्ष के रूप में प्रयुक्त होता है वहाँ देश का सूचक डॉट का चिह्न नहीं लगता।

उदाहरणार्थ–Z 44 भारतीय कानून

नहीं तो देश सूचक डॉट का चिह्न लगता है।

उदाहरणार्थ–T 4 उच्च शिक्षा

T 4.56 ग्रेट ब्रिटेन में उच्च शिक्षा।

कोलन वर्गीकरण के अन्तर्गत आबादी के अनुसार विभाग एवं नैसर्गिक विभाग का भी उल्लेख है।

भाषा विभक्तिकरण

दशमलव वर्गीकरण प्रणाली के अन्तर्गत Table 6 Languages नाम से भाषाओं की एक लम्बी सारणी दी गई है। इसके साथ ही प्रत्येक भाषा का अंकन भी दिया गया है।

उदाहरणार्थ–

21 अंग्रेजी	912 संस्कृत
31 जर्मन	91431 हिन्दी
41 फ्रेंच	9144 बंगला
51 इटैलियन	9146 मराठी
61 स्पेनी	917 रूसी
71 लैटिन	
81 ग्रीक	

इनके अंकन को आवश्यकता के अनुसार जोड़ कर भाषा के शब्दों में किया जा सकता है।

उदाहरणार्थ–

(*i*) 039 अन्य भाषाओं के विश्वकोश
+91431 हिन्दी
=039.91431 हिन्दी विश्वकोश

(*ii*) 059 अन्य भाषाओं की पत्रिका
+9144 बंगला भाषा
059.9144= बंगला भाषा की पत्रिका

यह पहले भी बताया जा चुका है कि भाषा-सारणी और भाषा-वर्ग में विद्यमान अंकन में कुछ आपसी भिन्नता पायी जाती है। उदाहरण हेतु भाषा वर्ग में 2 अंग्रेजी है। भाषा की सारणी में 21 अंग्रेजी है। इस प्रकार भाषानुसार विभाजन में भाषा सारणी Table No. 6 से ही भाषा का नोटेशन लेना चाहिए।

कोलन वर्गीकरणं पद्धति में भी भाषा एकल के नाम से नोटेशन दी गई है।

उदाहरणार्थ–

111 अंग्रेजी	15 संस्कृत
113 जर्मनी	152 हिन्दी

114 स्वीडिश	155 मराठी
12 लैटिन आदि	

इस सारिणी द्वारा जरूरत के अनुसार अभीष्ट भाषा का नोटेशन जोड़ कर भाषानुसार विभाजन किया जा सकता है।

उदाहरणार्थ–

P भाषा (मुख्य वर्ग)	0 साहित्य (मुख्य वर्ग)
P 111 अंग्रेजी भाषा	0 111 अंग्रेजी साहित्य
P 15 संस्कृत भाषा	0 15 संस्कृत साहित्य
P 152 हिन्दी भाषा	0 152 हिन्दी साहित्य
आदि	आदि

रूप वर्ग

प्रत्येक भाषा के साहित्य की पुस्तक उसी रूप में पढ़ी जाती है जैसी वह लिखी गई है। यथा–श्याम नारायण पाण्डेय की 'हल्दी घाटी' पुस्तक को पाठक काव्य के रूप में पढ़ता है। हल्दी घाटी का इतिहास जानने हेतु इतिहास की नजर से नहीं पढ़ता। इस प्रकार प्रत्येक पुस्तक वर्गीकरण का निर्माता अपनी वर्गीकरण पद्धति में साहित्य वर्ग में रूप वर्ग का विभाजन करने हेतु प्रावधान करता है। ड्यूवी महोदय द्वारा दशमलव वर्गीकरण प्रणाली के अन्तर्गत दिये गये रूप वर्ग निम्न प्रकार हैं–

1. भाषण
2. पत्र
3. व्यंग्य, विनोद
4. प्रकीर्ण रचनाएँ
5. कविता
6. नाटक
7. कथा-साहित्य
8. निबन्ध।

निश्चित तौर पर किसी भी समाज का समकालीन साहित्य इन्हीं रूपों में लिखा जाता है। जिस प्राचीन साहित्य में ये रूप नहीं पाए जाते, वहाँ इनका विभाजन इन रूपों के शब्दों में नहीं होता।

उदाहरणार्थ–

820	अंग्रेजी साहित्य
821	अंग्रेजी काव्य
822	अंग्रेजी नाटक
823	अंग्रेजी कथा साहित्य
824	अंग्रेजी निबन्ध
825	अंग्रेजी भाषण आदि

कोलन वर्गीकरण प्रणाली के अन्तर्गत साहित्य का निर्धारण जिन रूपों में किया गया है, वे निम्न प्रकार हैं–

1. पत्र (पत्रों के रूप में लिखित साहित्य)
2. वक्तृता
3. गद्य के अन्य रूप
4. चम्पू
5. काव्य
6. नाटक
7. कथा-साहित्य (लघु कहानियों सहित)।

विषय वर्गीकरण

किसी विषय को अलग-अलग भागों में बाँटे जाने को विषय वर्गीकरण कहते हैं। दशमलव वर्गीकरण पद्धति में विषय को विषय द्वारा विभाजित करने का प्रावधान किया गया है।

उदाहरणार्थ–

(*i*) 294.4 जैन धर्म
+5 नैतिक तत्त्व
= 294.45 जैन धर्म का नैतिक तत्त्व

(*ii*) 016 वाङ्मयसूची
+1 दर्शन विषय का आधार अंक
=061.1 दर्शनशास्त्र की वाङ्मयसूची

(*iii*) 026 विशिष्ट ज्ञान शाखाओं के पुस्तकालय

+61 मेडिकल

026.61=मेडिकल पुस्तकालय

कोलन पद्धति के अन्तर्गत भी इसकी व्यवस्था की गई है।

उदाहरणार्थ–X8 उद्योग

F 551 कोयला

X 8 (F551) कोयला उद्योग

यहाँ X 8 उद्योग अर्थशास्त्र के साथ F551 कोयला के नोटेशन से विभाजित करके कोयला उद्योग बनाया गया है।

विभाजन विषय को विभाज्य विषय के साथ ब्रैकेट में रखा जाता है।

(*i*) X 8 (J) कृषि उद्योग

(*ii*) Z सामान्य मुख्य वर्ग

Q 3 जैनी विद्या

= 2 (Q 3) जैनी विद्या

विशिष्ट एकल

विभिन्न प्रकार के विचारों की अभिव्यक्ति के लिए प्रत्येक विषय में कई तरह के एकलों का प्रयोग किया जाता है। अर्थात् किसी भी प्रमुख वर्ग से सम्बन्धित पद एकल कहलाते हैं। एकल उन्हें कहा जाता है जो किसी भी विषय के अवयव बन सकते हैं, परन्तु स्वयं में विषय नहीं बन सकते हैं। सामान्य तथा विशिष्ट एकलों को ही डॉ. रंगनाथन ने मान्यता प्रदान की है। सामान्य एकल वे हैं जो विभिन्न मुख्य वर्गों में किसी के भी साथ प्रयोग किए जा सकते हैं। जो एकल विशेषतः किसी मुख्य वर्ग से ही सम्बन्धित होते हैं तथा उसी वर्ग में उनका प्रयोग किया जाता है, उसे विशिष्ट एकल कहते हैं। खगोल विज्ञान में खगोलीय पिण्ड, शिक्षा शास्त्र में शिक्षार्थी, तथा कृषि में कृषि एकल, रसायनशास्त्र में द्रव्य तथा साहित्य में रूप एकल, विशिष्ट एकल के उदाहरण हैं।

विशिष्ट एकलों के वर्गीकरण की अनिवार्यता–सामान्यतया पुस्तकालय में अनेक ऐसी पुस्तकें होती हैं, जिन्हें किसी भी मुख्य वर्ग का एक विशिष्ट विषय माना जाता है। इसमें वर्गांक विशेष रूप से देना अनिवार्य है। इस प्रकार अन्य पुस्तकों से ऐसी विशिष्ट पुस्तकों की भिन्नता दिखाने के लिए वर्गीकरण प्रणाली में विशिष्ट एकलों का प्रयोग करना अति आवश्यक है, क्योंकि विशिष्ट एकल के द्वारा विशिष्ट

ज्ञान सामग्री को सामान्य ज्ञान सामग्री से अलग करने में सहायता प्राप्त होती है। वस्तुतः विशिष्ट एक मुख्य वर्गांकों को अत्यधिक सूक्ष्म और तीक्ष्ण करने का काम करते हैं।

किन्हीं मूल विषयों से सम्बन्धित एकलों के अलावा कुछ ऐसे विशिष्ट एकल भी होते हैं जो एक से ज्यादा मूल विषयों के सहगामी, संयुक्त विषयों के सहगामी, संयुक्त विषयों के घटकों की संरचना नहीं कर सकते हैं। इस प्रकार के विशिष्ट एकलों के अन्तर्गत भाषा एकलों तथा पर्यावरण विभाजन के परिवार आते हैं। इन एकल परिवारों में आने वाले प्रत्येक एकल परिवार को **विशिष्ट एकल** की संज्ञा दी जाती है।

(अ) विशिष्ट एकलों का दशमलव वर्गीकरण में व्यवस्था—डी.डी.सी. के अठारहवें संस्करण में Tables-1 एवम् 2 उन अंकनों का निरूपण करती हैं जिनमें सी.सी. की पदावली के शब्दों में सामान्य एकलों का बोध होता है। इसी प्रकार Table-3 से लेकर Table-7 एक विशिष्ट एकल लेकिन उन्नीसवें एवं बीसवें संस्करणों में सामान्य एकल Tables-1, 2, 7 तथा विशिष्ट एकल की श्रेणी में Tables- 3, 4, 5, 6 मानी जाती हैं।

(ब) विशिष्ट एकलों का द्विबिन्दु वर्गीकरण में व्यवस्था—सी.सी. में संयुक्त एकलों की व्यवस्था नहीं की गई है, परन्तु इसके अन्तर्गत प्रत्येक मूल विषय के लिए विशिष्ट एकलों की अनुसूचियों का प्रावधान किया गया हैं। हरेक मूल विषय के लिए ऐसे विशिष्ट एकल अलग से दिए गए हैं जो किसी मूल विषय विशेष के सहगामी संयुक्त विषयों के लिए विशिष्ट घटक होते हैं। इन विशिष्ट एकल अंकों के संयोजन से वर्गांक की रचना करनी पड़ती है।

(i) खगोल विज्ञान में	Orbit of the earth	B91 : (Earth विशिष्ट एकल है)
(ii) शिक्षाशास्त्र में	Syllabus for P.G. Students	T 45 : 2 (P . G Students")
(iii) रसायन शास्त्र में	Mixture of Silver	E 115 : 23 (Silver" ")
(iv) साहित्य में	रामचरित मानस	0152, 2J34,1 (Poetry" ")

विशेष साहित्यों का उपविभाजन--अंकनों की यह Table-3 किसी साहित्य में, नियमित रूप से पाये जाने वाले प्रकरणों का बोध कराती है। इन अंकनों को वर्ग 810-890 के तहत आने वाले विशेष साहित्य के साथ जोड़ा जा सकता है तथा ये

अंकन साहित्य सन्दर्भों के लिए प्रयोज्य 08 उपविभाजनों एवं साहित्य के इतिहास तथा वर्णनात्मक एवम् समालोचनात्मक मूल्यांकन हेतु प्रयोज्य 09 मानक उप-विभाजन (Standard Sub-division) के विशिष्ट उप-विभाजन (Special Sub-divisions) हैं।

उदाहरणार्थ–

(i) Collection of literature on comedy 808.80 17

(ii) Marathi one act plays 891.46 2041

विशेष भाषा के उप विभाग–यह सारणी किसी भाषा में व्यवहार, नियमित रूप से पाए जाने वाले प्रकरणों का बोध कराती है। इन अंकनों को वर्ग 420-490 के अन्तर्गत आने वाली विशेष भाषाओं के साथ जोड़ा जा सकता है।

उदाहरणार्थ–

(i) Alphabets of Japanese language 495.6 11

(ii) English-Greek Dictionary 423. 21

प्रजातीय, नृजातीय तथा राष्ट्रीय–यह तालिका विशेष प्रकार की प्रजातीय तथा राष्ट्रीय समूह को निर्दिष्ट करने वाले अंकनों की तालिका है। इसमें निहित अंकनों को अनुसूचियों से लेकर अन्य अंकनों के साथ Add to के निर्देश के आधार पर जोड़ते हैं।

उदाहरणार्थ–

(i) Canadian (कनाडा देश का वासी) 301.451 111

(ii) World history of Israiles 909.049 24

भाषाएँ–इस तालिका का उपयोग विशिष्ट भाषाओं का निर्देशन करने के लिए किया जाता है। इसमें निहित अंकनों को तालिकाओं तथा सूचियों से Add to के निर्देश पर ही जोड़ा जाता है।

उदाहरणार्थ–

(i) Bible Translated in high language 220.53 931

(ii) General Collection essays in Rajasthan Languages 089.91479

(स) विशिष्ट एकलों का सार्वभौमिक वर्गीकरण पद्धति में प्रावधान–इस प्रणाली के अन्तर्गत विशिष्ट एकल में आने वाले Auxiliaries निम्न प्रकार हैं–

(1) दृष्टिकोण सम्बन्धी सामान्य सहायक–इसके कुछ वर्गीकरण सामान्य एकलों से संबद्ध होते हैं और कुछ अन्य विभाजन विशिष्ट एकल के तहत आते हैं

उदाहरणार्थ–

(1) Research .001.5 (सामान्य एकल)

(2) Low Material .002.3 (विशिष्ट एकल)

(2) पदार्थ सामान्य सहायक–ऐसी वस्तुओं या अवयवों को इस वर्गीकरण के अन्तर्गत सूचित किया जाता है, जिनसे वस्तुओं तथा उनके उत्पादों की रचना होती है। यदि पूरक दृष्टिकोण विषय सामग्री की अपेक्षा गौण हों तो UDC में मुख्य अनुसूचियों के साथ इनका व्यवहार किया जा सकता है।

(3) भाषा सामान्य सहायक–इसमें भाषाओं की व्यवस्था की गई है। मुख्य तालिका के रूप में इसकी सूची को Language Schedule के उपविभाजनों के सहयोग से जरूरत के अनुसार बढ़ाया जा सकता है। इनको बराबर के चिह्न (=) द्वारा प्रस्तुत किया जाता है। किसी प्रलेख की भाषा रूप का बोध कराने के लिए इनका प्रयोग किया जाता है।

उदाहरणार्थ–

(अंग्रेजी भाषा में विश्वविद्यालयी विश्वकोश) 61(03) = 20

(अंग्रेजी एवं फ्रेन्च भाषा में रसायन पुस्तिका) 54(021) = 00 = 20 = 40

(4) राष्ट्रीयता और जाति-प्रजाति सामान्य सहायक–प्रत्येक देश की जिन प्रजातियों को किसी राजनीतिक इकाई के अधीन परिसीमित नहीं किया जा सका है, उनको इन सहायक सूचियों के द्वारा निर्देशित किया जाता है। इनका प्रस्तुतीकरण बराबर के चिह्न (=) द्वारा किया जाता है। उदाहरणार्थ–

Arab Caste (=97)

Ancient Roman (= 1.37)

(5) विशिष्ट सहायक—UDC में विशिष्ट सहायकों की सूचियाँ निम्न हैं और उनके सूचक चिह्न एवम् अंकों के क्षेत्र को भी दर्शाया गया है–

(a) Use of Hyphen	कंठ के रोग	616.22.05—055.1
	ताँबें की चद्दर	669.3.-41
(b) Use of Dot-Zero	संगीत में सौन्दर्य बोध	78.01.01
	सूत कताई की मशीन	677.21.052
(c) Use of Apostrophy	लवण का रसायन	546.33'13
	चूना, सिल्क, काँच	666.113'41'28
(d) Use of Star	इस विशिष्ट सहायक का प्रयोग अन्तरिक्ष	

सम्बन्धी Organ के लिए
किया जाता है। उदाहरण हेतु—
चन्द्रमा पर खनिज 523.12।

---

(6) व्यक्तित्व सामान्य सहायक—पूर्व में 05 Auxiliary रोग विज्ञान के दृष्टिकोण से बनाया गया तथा विशिष्ट एकल की श्रेणी में माना जाता था, लेकिन अब इन्हें Common Auxiliary में सूचीबद्ध किया गया है उदाहरण हेतु—

Women librarian 02-056.2

उपरोक्त के अतिरिक्त यू.डी.सी. के अन्तर्गत विशिष्ट सहायक की छोटी अनुसूचियों की सामान्य सहायक भी, विशिष्ट सहायक के रूप में मानी जाती है।

काल एकल

एफ.आई.डी. और डॉ. रंगनाथन ने दो तरह के एकलों को स्वीकृति प्रदान की है, वे हैं सामान्य एकल तथा विशिष्ट एकल। जो एकल किसी विशिष्ट मुख्य वर्ग के साथ प्रयोग किए जाते हैं वे विशिष्ट एकल तथा जो सभी मुख्य वर्गों के साथ प्रयोग किए जाते हैं वे सामान्य एकल कहलाते हैं।

काल एकल को सामान्य एकल के रूप में मान्यता दी गई है इसके अंतर्गत काल अर्थात् समय को सूचित करने का प्रयास किया जाता है, जो सन्, शताब्दी, दशक, वर्ष, माह, दिन, सप्ताह के रूप में व्यक्त किए जाते हैं। वर्गीकरण में काल एकल का विशेष महत्त्व है, क्योंकि विषयों के विकास, प्रभाव एवं उपयोगिता में काल अर्थात् समय का खासतौर पर योगदान होता है और साथ ही विषय की वस्तु स्थिति को समय के सन्दर्भ में स्पष्ट करने में सुविधा भी मिलती है। समय के अनुसार ही विषयों में विकास होता है। वर्गीकरण के क्षेत्र में काल की अनुभूति एवं उपस्थिति प्रत्येक मुख्य वर्ग के लिए आवश्यक है।

(अ) सार्वभौमिक वर्गीकरण पद्धति में काल एकल—UDC में भी काल एकल की एक सम्पूर्ण सूची दी गई है, जिसे Common Auxiliary of Time कहते हैं। UDC में काल एकल को संयोजी चिह्न Double Inverted Commas के बीच ("–") प्रयोग किया जाता है। उदाहरणार्थ—

(1) History of U.P. During 1930's 915.4 (545.8) "93" (शताब्दी)

(2) Training of teachers in the month of January, 1997 371.126 "1997.01" (बिना of लगा होने पर)

(3) Reference Service on First Monday of April in Techincal Libraries 025.5 + 027.021 "33.04 : 342.1" (दिन का नाम होने पर)

(4) Annual Conference of Indian Mathematical Society 51:061.2 (540) "55" (061.3) (वार्षिक)

(5) Social relief in the villages of India during 20th Century 361.2 (540 "19" (शताब्दी का प्रयोग)

(6) Documentation Public libraries in 1978 027.3/5:002 "1978" (वर्ष का प्रयोग)

(7) Documentation Public libraries during 1976 to 1996 027.3/5 : 002 "1976/1996" (दो वर्षों का प्रयोग)

(8) Election of Prime Minister of India on 11th Dec. 1960 324 : 342.518 (540) "1960.12.11" (दिन, माह, सन्)

(ब) द्विबिन्दु वर्गीकरण में काल एकल–सी.सी. के अन्तर्गत काल एकल की एक पूरी इन्डेक्स पेश की गई है और काल एकल के प्रयोग सम्बन्धी नियम पृष्ठ 1.49 पर दिए गए हैं। सी.सी. में काल एकल को जोड़ने के लिए संयोजन के लिए उल्टा कौमा (') प्रयोग किया जाता है, जिसे अंग्रेजी में Single Inverted Comma (सिंगल इनवर्टेड कॉमा) कहते हैं। काल, गणना के शब्दों में वर्ष, शताब्दी तथा सन् आदि आते हैं। द्वितीय स्तर में समय, दिन, रात, गोधूलि, वसन्त, बरसात, गर्मी आदि आते हैं। दोनों को सारणी के माध्यम से निम्न प्रकार दर्शाया गया है–

T1 (प्रथम स्तर)	*T2 (द्वितीय स्तर)*	
A Before 9999 BC	C	Day time
B 9999 to 1000 BC	d	Night
C 999 to 1BC	n	Season
D 1 to 999 AD	n1	Spring
E 1000 to 1099 AD	n3	Summer
F 1100 to 1199 AD	n5	Autumn
J 1500 to 1599 AD	n7	Winter
M 1800 to 1899 AD	p1	Dry
N 1900 to 1999 Ad	p5	Wet
P 2000 to 2099 AD	p8	Snow

उदाहरणार्थ–

(1) History of India in 18th Century V44'L (शताब्दी)

(2) World History during 1939 V1'N39 (सन् 1939)
(3) University Education in 21th Century T4'P (21वीं शताब्दी)
(4) Night teaching in secondary Schools T2'd (रात में)
(5) Flowering Plants in Springs J34'n1 (वसन्त)

ऊपर दिये गये उदाहरण में काल एकल को [T] पक्ष के रूप में प्रयोग किया गया है। इस प्रकार काल एकल हेतु निर्धारित संयोजी चिह्न का प्रयोग हुआ, लेकिन कालक्रम पद्धति के रूप 1 प्रयोग करने पर संयोजी चिह्न की आवश्यकता नहीं होती। कालक्रम पद्धति (CD) के प्रयोग सम्बन्धी निर्देश CC की अनुसूचियों में यथा स्थान दिए हैं। इस पद्धति के प्रयोग नीचे दिए जा रहे हैं—

उदाहरणार्थ—

Theory of relativity	C<u>N</u>	(सिद्धान्त जिसका 20वीं शताब्दी में प्रादुर्भाव हुआ)
Experimental Psychology	<u>SM</u>	(मनोविज्ञान जिसका प्रादुर्भाव 19वीं शताब्दी में हुआ)
Colon Classification	2:51N33	(वर्गीकरण प्रणाली जिसका प्रादुर्भाव 1933 में हुआ)
UDC 2 : 5	<u>M95</u>	(वर्गीकरण प्रणाली जिसका जन्म 1895 में हुआ)

(स) दशमलव वर्गीकरण पद्धति में काल एकल—दशमलव वर्गीकरण पद्धति में काल एकल का प्रयोग केवल साहित्य और इतिहास के लिए एक विषय पक्ष के रूप में किया गया है। इस पक्ष की आवश्यकता समय के प्रभाव तथा उसके अन्तर की नजर से विषय की महत्ता को स्पष्ट करने के लिए है, उदाहरणार्थ—

सन् 1915 में सोने का मूल्य और सन् 1996 में सोने का मूल्य

इस प्रकार यह ज्ञात होता है कि दोनों सालों में सोना तो एक ही है, परन्तु कालान्तर के उसके मूल्य में महत्त्वपूर्ण अन्तर आ चुका है। इससे समय के अनुसार मूल्य अलग-अलग हो जाते हैं। इस प्रकार काल की अभिव्यक्ति महत्त्वपूर्ण है जिससे विषय स्पष्ट हो जाता है।

सारणी-1 मानक उपविभाजन—09 में समय व भौगोलिक उपविभाजन की खास व्यवस्था की गई है। सारणी-1 में मानक उपविभाजन—09 को शून्य (0) से पुनः उपविभाजित करके काल को निर्मित किया गया है। उदाहरण हेतु—

—090 1-499 AD

—090.22	(1200-1299)	(13th Century)
090.5	(2000-2099)	(21st Century)

भौगोलिक सीमा रेखा के द्वारा काल एकल का परिसीमन नहीं किया जा सकता अर्थात् इसका प्रयोग ऐसे विषय के साथ ही किया जा सकता है, जिसमें भौगोलिक सीमाओं की जरूरत न हो।

मुख्य वर्गीकरण प्रणालियों में स्थान एकल

भौगोलिक दृष्टिकोण से प्रत्येक राष्ट्र या राज्य की अभिव्यक्ति की जा सकती है, जो किसी भू-प्रदेश के विशेष महत्त्व के कारण प्रयुक्त होती है। इस प्रकार जब किसी विषय का अध्ययन किसी भौगोलिक क्षेत्र के सन्दर्भ में किया जाता है तब देश एकल की उपस्थिति एवं अभिव्यक्ति मानी जाती है।

वर्गीकरण के अन्तर्गत जो महत्त्व काल एकल को प्राप्त है, वही महत्त्व देश एकल को भी प्राप्त है। ये दोनों विषयों के एक पक्ष के रूप में प्रयुक्त होते हैं। प्रायः अधिकांश विषय किसी महाद्वीप, देश अथवा प्रदेश के साथ अभिव्यक्त होते हैं। किसी विषय की स्थिति की स्पष्टता भौगोलिक प्रभाव से भी मालूम होती है। उदाहरण हेतु, भारत के श्रमिकों के वेतन तथा अमेरिका के श्रमिकों के वेतन एवं महत्त्व में अन्तर होता है, इसी प्रकार भारत में वस्तुओं के मूल्य तथा ब्रिटेन में वस्तुओं के मूल्य में अन्तर होता है। इस प्रकार इन बातों से देश एकल का महत्त्व विषय के स्पष्टीकरण के लिए आवश्यक होता है।

(अ) दशमलव वर्गीकरण पद्धति में स्थान एकल—दशमलव वर्गीकरण के बीसवें संस्करण के खण्ड-1 में भौगोलिक उपविभाजनों की विस्तृत सारणी का उल्लेख किया गया है। जिसे भौगोलिक उपविभाजनों को दर्शाने हेतु किया जाता है, उदाहरण हेतु—महाद्वीप, देश, प्रान्त, शहर, गाँव आदि। DDC में वर्णित भौगोलिक सारणी अन्य प्रमुख वर्गीकरण पद्धतियों की अपेक्षा ज्यादा विस्तृत है। यह खण्ड-1 में दी गई सातों सारणियों में सबसे लम्बी सारणी है इसे 9 भागों में विभाजित किया गया है। भौगोलिक क्षेत्रों को आधार बनाकर भी किसी विषय-वस्तु का अध्ययन मुमकिन है। विशेषकर किसी देश के इतिहास हेतु भौगोलिक अंकन का महत्त्व और भी अधिक हो जाता है।

DDC (ED 20) में देश एकल की सारणी-2 में व्यवस्था की गई है, जो निम्नलिखित है—

3	Ancient World	-5 Asia
-31	China	6 Africa
-34	India	-8 South America
-4	Europe	-9 Other Parts of the World

उपर्युक्त सारिणी में -3 To -9 पूरे विश्व के देशों को विभाजित किया गया है -3 के प्राचीन विश्व को निम्न प्रकार अंक प्रदान किए गए हैं–

-31 China	-36 Europe North and West of Italian Peninsula
-32 Egypt	-37 Italian Peninsula and adjacent territories
-33 Palestine	-38 Greece
-34 India	-39 Other Parts of ancient world
-35 Messopotamia and Iranian Plateau	

भौगोलिक अंकन -4 से -9 द्वारा एक महाद्वीप को दर्शाया गया है, जिसका प्रयोग वर्तमान समय के संसार के भौगोलिक क्षेत्रों की अभिव्यक्ति के प्रयोजन से किया गया है। आस्ट्रेलिया महाद्वीप के लिए अलग अंग आबंटित न करके इसकी उपेक्षा की गई है, जबकि अमेरिका महाद्वीप को दो अंक प्रदान किए गए हैं:

1	Europe	-7	North America
-5	Asia	6	South America
-6	Africa	-8	Other Parts of the World

प्रयोग–जिस वर्गांक का वर्णन तालिका-2 में किया गया है, वह स्वयं में पूरा नहीं है। कहने का मतलब यह है कि ये अकेले प्रयुक्त नहीं होते हैं। इनको अनुसूची में दिए गए वर्गांक के साथ जोड़ा जाता है, अतः भौगोलिक अंकों से पहले डैश (–) का प्रयोग किया गया है। जब किसी विषय वर्गांक के साथ देश एकल को जोड़ते हैं तो इस डैश (–) को हटा दिया जाता है। DDC (20th ed.) में भौगोलिक एकल को जोड़ने के लिए Add to base number...form Table-2 का निर्देश दिया जाता है। इस प्रकार इन निर्देशों के शब्दों में अनुसूची में वर्णित किसी भी वर्गांक के तहत दिए गए निर्दिष्ट आधार अंक के साथ भौगोलिक उपविभाजन को जोड़ा जा सकता है।

उदाहरणार्थ–

(1) Education of women in India	376.9 + -54 = 376.954
(2) Foreign policy of Bhutan	327.9 + -594.8 = 327.959498

(3) Adult education in USA 374.9 + -73 = 374.973
(4) Foreign trade of Italy 382.09 + -45 = 382.0945

अपवाद–कहीं-कहीं पर अनुसूची में भौगोलिक अंकन को जोड़ने के निर्देश नहीं दिए होते हैं, फिर भी आवश्यकता पड़ने पर इन्हें जोड़ दिया जाता है।

उदाहरणार्थ–

(5) Folk literature in Rajasthan 398.2 + 09 + -54 = 398.209544

(ब) द्विबिन्दु वर्गीकरण में स्थान एकल–सी.सी. में भौगोलिक स्थान सारणी में दिया गया है तथा इससे सम्बन्धित नियम भाग-1 में दिए गए हैं। CC में इस पक्ष का संयोजी चिह्न Dot (.) है। स्थान एकल की एकल संख्याओं को अरैबिक संख्याओं में प्रस्तुत किया गया है। इन्हें दुबारा विभाजित कर विभिन्न प्रकार के मण्डलों तथा दिशानुसार विभागों आदि की एकल संख्याओं की संरचना की गई है। देश एकल की सारणी उदाहरण हेतु नीचे दी जा रही है–

1	World	History of the world	vi
1-52	Roman Empire	Education in Roman Empire	T.1-52
1-56	British Empire	Medical education in British Empire	L.1-56
1 (P111)	English of English speaking countries	Social group Speaking countries	y1 (P111)
2	Mother Country	Geography of India	U.44 orU.2
4	Asia	Plant life in Asia	1 : 12.4
44	India	Atheletics in India	My 2.44
44 (Q7)	Pakistan	Mohamdan Law	
U287.4437.C			
4437	Rajasthan	Climate of Chura (Raj)	
U287.4437.C			
g7	Mountains	Agriculture of Mountains	J.g7
g1	Valley	Plant life in Ganges Valley	1.12.44.gIG

pl	River Fish life in Ganges River	KZ 332.44.PIG

(स) सार्वभौमिक वर्गीकरण प्रणाली में देश एकल–यू.डी.सी. में स्थान एकल का प्रावधान Common Auxiliaries of Place (1/9) के नाम से दी गई है। भौगोलिक वर्गीकरण प्रणाली में स्थान एकल को लघु कोष्ठक (Circular brackets) के अन्दर रखा जाता है। उदाहरणार्थ–

German railway system	385 (430)
Germany, its railway system	(430) 385
Germany and France	(430 : 44) सम्बन्ध
Britain and America	(410 + 73) साथ-साथ

उदाहरणार्थ–

(1) Indian Patent Law	(540) 347.771
(2) Politics in the mountains of India	32 (23 : 540)
(3) Technical libraries in India	027.021 (540)
(4) Coal mines in south west region of India	622.33 (540-14)

10

वर्गीकरण की नवीन प्रवृत्तियाँ

पुस्तक वर्गीकरण के विशेष तथ्यों को सूक्ष्मता से तभी समझा जा सकता है जब वर्गीकरण करने वाला इससे सम्बन्धित पहलुओं का विश्लेषण करना जानता हो, क्योंकि ऐसा न होने से विभिन्न प्रकार की समस्याएँ उत्पन्न हो जाती हैं। इसके अलावा उसे वर्गीकरण की गई पुस्तकों के वर्गांकों का वर्णन करने में भी सक्षम होना आवश्यक है। इन दोनों ही कार्यों में सफलता प्राप्त करने के लिए वर्गकार को वर्गांकों के हरेक अंक का वर्णन करने का अभ्यास करना चाहिए। उदाहरण के तौर पर, जिस प्रकार व्याकरण के ज्ञान की परीक्षा किसी पद-व्याख्या से हो जाती है उसी प्रकार वर्गकार को वर्गांक बनाने की सही जानकारी प्रत्येक वर्णन करने से हो जाती है। इसलिए नए वर्गकारों को इस पद्धति का अभ्यास करना चाहिए। इस प्रणाली को अनुक्रम वर्ण के नाम से जाता है।

उदाहरणार्थ—

(क) 491.43 हिन्दी भाषा

4 भाषा

49 अन्य भाषाएँ

491 इंडोयूरोपियन भाषाएँ

योजक चिह्न

491.4 आधुनिक इंडिक (भारतीय भाषाएँ)

491.43 हिन्दी भाषा

(ख) 370.15 शिक्षा मनोविज्ञान

3 सामाजिक विज्ञान

37 शिक्षा

370 शिक्षा सामान्य

योजक चिह्न

1 दर्शन

15 मनोविज्ञान

नोट—दशमलव का प्रयोग पहले ही हो जाने के कारण

(ग) 331.8928137 अध्यापकों की हड़ताल

3 समाज विज्ञान

33 अर्थशास्त्र

331 श्रमिक अर्थशास्त्र

. योजक चिह्न

8 श्रमिक संघ (लेबर यूनियन)

9 सामूहिक माँग और विवाद

2 हड़ताल

8 विशिष्ट उद्योगों में हड़ताल

1 अन्य संस्थाओं में हड़ताल

3 सामाजिक संस्थाओं में हड़ताल

7 शिक्षा संस्था में हड़ताल

= 331.8928137 अध्यापकों की हड़ताल

(घ) 511 अंकगणित

5 शुद्ध विज्ञान

51 गणित

511 अंकगणित

(ङ) 150 सामान्य मनोविज्ञान

1 दर्शन वर्ग

15 मनोविज्ञान उप वर्ग

150 मनोविज्ञान सामान्य

अतः 150=सामान्य मनोविज्ञान

(च) 181.409 भारतीय दर्शन का इतिहास
1 दर्शन शास्त्र
18 प्राच्य और प्राचीन दर्शन
181 प्राच्य दर्शन
. योजक चिह्न
181.4 भारतीय दर्शन
09 इतिहास (सामान्य विभाजन)

वर्गीकरण के नवीन अनुसंधान व प्रवृत्तियाँ

वर्गीकरण के क्षेत्र में नूतन विकास की प्रवृतियों के सैद्धांतिक एवं व्यावहारिक पहलू का प्रतिपादन सन् 1980 के बाद से ही प्रारम्भ हो गया था। इसके बाद सन् 1982 में वर्गीकरण अनुसंधान के क्षेत्र में प्रथम सम्मेलन हुआ। दूसरा सम्मेलन एफआईडी/सी.आर. तथा आईएफएलए के सहयोग से जर्मनी में सम्पन्न हुआ। इस सम्मेलन में **सार्वभौमिक वर्गीकरण प्रणाली, विषय विश्लेषण, व्यवस्था पद्धतियाँ** तथा इनके प्रमुख पक्षों पर विशेष रूप से विचार-विमर्श किया गया तथा वर्गीकरण को एक वैज्ञानिक विषय के तहत **वर्गीकरण विज्ञान** के रूप में मान्य किया गया। इसके अलावा और जिन-जिन तथ्यों पर विचार किया गया उनको नीचे उल्लिखित किया जा रहा है—

(1) सूचना सम्प्रेषण में वर्गीकरण को एक प्रमुख विज्ञान के रूप में अध्ययन-अध्यापन का विषय माना गया।

(2) UDC का वृहत् संशोधित संस्करण 1985 में प्रकाशित किया गया।

(3) वर्गीकरण और अनुक्रमणिकाकरण को एक-दूसरे के पूरक के रूप में उपादेय माना गया।

(4) एकीकृत वर्गीकरण सिद्धान्त को सिद्धान्तबद्ध करने हेतु अनुभवजन्य अनुसन्धान निष्पादित किये जाने पर अधिक बल दिया गया।

(5) प्रयुक्त वर्गीकरण योजनाओं का मूल्यांकन किया गया।

वर्गीकरण विकास का आधुनिक स्वरूप

वर्गीकरण के क्षेत्र में विभिन्न प्रकार के नवीन विकास किये जा रहे हैं, जिनका विवरण निम्न प्रकार है—

(1) कम्प्यूटरीकृत मार्क प्रोजेक्ट—इस समय सूचना का संग्रह न्यूनतम स्वरूपों और पठनीय रूपों में किया जा रहा है। एक ऐसी वर्गीकरण प्रणाली का

विकास करने की जरूरत है जो इस समय की सूचना प्रौद्योगिकी में उपयोगी साबित हो सके। LC तथा DC का उपयोग MARC Project में किया जा रहा है।

(2) सार्वभौमिक सूचना प्रणाली और नेटवर्क—इस समय UNISIST एक सार्वभौमिक सूचना प्रणाली तथा नेटवर्क की योजना तैयार कर रहा है, जिसके फलस्वरूप वर्गीकरण पद्धतियों को नये रूप में पेश करने की जरूरत महसूस की जा रही है। ऐसा अनुभव किया जा रहा है कि उपलब्ध वर्गीकरण योजनाएँ यन्त्रों द्वारा संग्रहीत सूचना को संकलित करने की पूर्ण क्षमता नहीं रखती हैं।

(3) पक्षात्मक वर्गीकरण का उपयोग—विशिष्ट वर्गीकरण योजनाओं की संरचना में कम्प्यूटर द्वारा वर्गीकरण कार्य के निष्पादन करने तथा CC विदेशों में अध्ययन-अध्यापन का क्षेत्र बढ़ रहा है।

(4) शब्दसूचियों का संग्रहण व संरचना—वर्गीकरण योजनाओं की मदद से शब्दकोशों की तरह ही शब्दसूचियों का भी संकलन तथा संरचना की जाती है, क्योंकि प्रयुक्त पदों का चयन करने और प्राप्त करने के लिए वर्गीकरण योजनाएँ सर्वाधिक पदों के स्रोत का कार्य करती हैं। परिणामतः अनेक परियोजनाओं को इस क्षेत्र में अनुसन्धान हेतु स्थापित किया गया है।

(5) मानक परिवर्तन भाषा का निष्पादन—ज्ञान का तेजी से विकास होने की वजह से कई राष्ट्रों की अनुक्रमणिकाकरण पदावलियों और भाषाओं में समानुसार उपयोग हेतु एक मानक परिवर्तन भाषा का अनुभव किया जाने लगा है। इस कार्य को पूर्ण करने हेतु UDC को यन्त्रीकृत सूचना पुनर्प्राप्ति और प्रसार प्रणालियों के लिए उपयुक्त सिद्ध होने के कारण परिवर्तनीय भाषा के साधन के रूप में प्रयोग करने के लिए उपयुक्त पाया गया है। इसका उपयोग शब्दावलियों और शब्दसूचियों की संरचना हेतु होता है।

(6) स्वचालित वर्गीकरण प्रणाली एवं प्रक्रिया—आजकल इस क्षेत्र में अधिक प्रयत्न किए जा रहे हैं। इस दिशा में विभिन्न प्रयोगों द्वारा स्वचालित वर्गीकरण पद्धति को विकसित करने का प्रयत्न किया गया है। विशिष्ट डाटा बैंकों में इसका प्रचलन बहुत सहायक सिद्ध हो रहा है।

नवीन प्रवृत्तियाँ

वर्गीकरण के क्षेत्र में नई और मुख्य प्रवृत्तियों को निर्धारित करने के लिए कई सर्वेक्षणों को पूरा किया गया है, जिससे निम्नांकित प्रवृत्तियों द्वारा इसकी जानकारी का आभास होता है—

(1) वर्गीकरण और अनुक्रमणिका एक-दूसरे की पूरक प्रक्रियाएँ तथा कार्य हैं। वर्गीकरण से ज्ञान के तत्त्वों के सम्बन्ध का ज्ञान होता है और अनुक्रमणिका नवीन ज्ञान को पदों/नामों द्वारा स्पष्ट करती है। ऐसी अवधारणा वर्गीकरण और अनुक्रमणिकाकरण के क्षेत्र में जर्मनी की देन मानी गई है।

(2) सामान्यतया यह देखा जा रहा है कि ऐसी कोई प्रणाली नहीं है जिससे यंत्र आधारित सूचना का आंकलन सम्भव हो सके, लेकिन संशोधनों के कारण LC तथा DDC का भविष्य में वर्चस्व बना रहेगा। UDC का प्रयोग भी विशिष्ट पुस्तकालयों में बढ़ता जा रहा है। CC का नवीन सातवां संस्करण कठिनाइयों के कारण न तो पुस्तकालयों में इसका उपयोग किया जा रहा है और न ही अभी तक इसकी उपयोगिता दिखाई पड़ रही है।

(3) UDC का अधिकाधिक उपयोग--UDC के प्रयोग करने की प्रवृत्ति दिन-प्रतिदिन बढ़ रही है।

(4) वर्गीकरण तथा अनुक्रमणिकाकरण पद्धतियों का मानकीकरण।

(5) ब्रिटेन में SC का उपयोग कम होता जा रहा है और उसके स्थान पर DDC का निरन्तर उपयोग बढ़ रहा है।

(6) LC एवं DDC के अनुप्रयोग में बढ़ोत्तरी।

(7) वर्गीकरण तथा तत्सम्बन्धित विषयों में अनुसन्धान पर ज्यादा जोर।

(8) LC के उपयोग के सम्बन्ध में एक सर्वेक्षण अमेरिका में 1976 में किया गया था। इसमें कॉलेजों तथा विश्वविद्यालयों के पुस्तकालयों में LC के उपयोग की प्रवृत्ति बढ़ती हुई पाई गई। 1967-71 की अवधि में LC का उपयोग सभी प्रकार के पुस्तकालयों में किया जाता था, लेकिन तीन प्रकार के पुस्तकालयों में DDC का उपयोग LC की अपेक्षा बढ़ गया।

(9) विषय संरचना की प्रणालियों का उद्‌भव।

(10) आधुनिक सूचना प्रौद्योगिकी का वर्गीकरण पद्धतियों पर प्रभाव।

(11) UDC का उपयोग सभी देशों के विशिष्ट पुस्तकालयों में उत्तरोत्तर बढ़ता जा रहा है। प्रलेखन एवं सूचना केन्द्रों में इसका उपयोग अधिकाधिक किया जा रहा है।

(12) ग्रेट ब्रिटेन में सार्वजनिक पुस्तकालयों में SC का उपयोग किया जाता था, लेकिन अब वे DDC का उपयोग ज्यादा कर रहे हैं, जिसका मुख्य कारण DDC का अद्यतन होना है।

(13) केन्द्रीयकृत वर्गीकरण सेवा की दिशा में प्रवृत्तियों में बढ़ोत्तरी हो रही है। LC-MARC Project तथा BNB वर्गीकरण की दिशा में अत्यधिक सक्रिय होती जा रही हैं। फलस्वरूप वर्गीकरण और अनुक्रमणिकाकरण के क्षेत्र में मानकीकरण की प्रवृत्तियाँ ज्यादा बढ़ती जा रही हैं।

(14) वर्तमान ज्ञान राशि को सम्पूर्णता में सिंहावलोकन और परीक्षण करने की बढ़ती प्रवृत्ति के कारण वर्गीकरण और शब्दसूचियों को परस्पर पूरक बनाने के ख्याल से नये प्रयास किये जा रहे हैं।

(15) वर्तमान समय में पुस्तकालयविदों का मानना है कि वर्गीकरण तथा शब्द सूचियों में समन्वय स्थापित करना अनिवार्य हो गया है तथा यह भी अनुमान लगाया गया है कि सम्पूर्ण ज्ञानराशि का दुबारा सर्वेक्षण करना अनिवार्य है। ऐसा भी अनुभव किया जा रहा है कि वर्गीकरण प्रणालियों के तत्त्वों को ज्ञान की इकाइयों के रूप में मान्य किया जाना चाहिए। इनके विश्लेषण के द्वारा प्रथमतः उनके अवधारणात्मक सम्बन्धों को निर्धारित कर शब्दसूचियों और वर्गीकरण प्रणालियों को निर्मित करना चाहिए।

वर्गीकरण अनुसंधान समूह

1951 के बाद के समय को इस क्षेत्र का स्वर्णकाल कहा जाता है, जिसका कारण है वर्गीकरण के क्षेत्र में विशेष प्रगति। इस समय में वर्गीकरण के क्षेत्र में अनेक अनुसंधान एवं विकास कार्य किए गए हैं। वर्गीकरण अनुसन्धान को सम्पन्न करने और प्रोत्साहित करने के लिए अनेक वर्गीकरण शोध समूहों अथवा संस्थाओं की स्थापना की गई, जिनमें कुछ मुख्य संस्थाओं का नाम निम्न प्रकार हैं—

(i) Classification Research Group (CRG-London):

(ii) FID/CR;

(iii) Classification Research Study Group (UDA);

(iv) DRTC (India) आदि।

वर्गीकरण अनुसन्धान समूह, लन्दन

A.G. Wells तथा B.C. Vickery ने सन् 1952 में लन्दन में वर्गीकरण शोध समूह की स्थापना की। इस समूह का पहला सम्मेलन फरवरी, 1952 में आयोजित हुआ, जिसमें वर्गीकरण के क्षेत्र में रुचि रखने वाले अनेक विद्वानों ने भाग

लिया। इस प्रकार CRG-London ने विश्व में वर्गीकरण के अनुसन्धान के लिए एक मंच प्रदान किया, जिसके सदस्यों का वर्गीकरण अनुसन्धान की नजर से प्रभावशाली रहा और जिससे CRG-London को अन्तर्राष्ट्रीय स्तर पर ख्याति प्राप्त हुई थी। इस समूह की गतिविधियों को नीचे वर्णित किया जा रहा है—

(1) संगीत में E.J.Coates ने तथा भूमिविज्ञान में B.C.Vickery महोदय ने विशिष्ट वर्गीकरण योजनाएँ प्रस्तुत कीं।

(2) सन् 1953 में CRG द्वारा पक्षात्मक वर्गीकरण की रूपरेखा प्रकाशित की गई।

(3) CRG ने डॉ. रंगनाथन की पांच मूलभूत श्रेणियों की अभिधारणाओं को भी स्वीकार किया।

(4) सन् 1955 में सूचना पुनर्प्राप्ति में पक्षात्मक वर्गीकरण की उपयोगिता पर प्रकाशन हुआ।

(5) CRG द्वारा विशिष्ट वर्गीकरण योजनाओं को विकसित करने के प्रयास चल रहे हैं।

(6) CRG द्वारा दो Classified Thesaurus तैयार की गई।

(7) CRG आजकल Automated Retrieval System में UK-MARC Project के सहयोग से सैद्धान्तिक स्तर पर एक योजना की संरचना करने का प्रयास कर रहा है।

(8) अंकन पद्धति पर ज्यादा कार्य किया गया।

(9) Library Association (UK) ने CRG-London को अपने प्रतिनिधि के रूप में अनुसन्धान करने के लिए नियुक्त किया हुआ है।

(10) प्रारम्भिक दौर में इस दल के सदस्यों ने वर्गीकरण पद्धतियों के सिद्धान्तों पर विचार-विमर्श करके स्वीकार किया कि डॉ. रंगनाथन द्वारा प्रतिपादित वर्गीकरण के सिद्धान्तों एवं विचारों को वर्गीकरण योजना को अनुसरण में लाना श्रेयस्कर होगा।

(11) सन् 1960 में विशिष्ट वर्गीकरण के विकास एवं संरचना की ओर ध्यान दिया गया।

एफ.आई.डी./सी.आर.

वर्गीकरण अनुसंधान को ध्यान में रखते हुए 1946 में FID की स्थापना की गई। इस कार्य में डॉ. रगंनाथन ने महत्त्वपूर्ण योगदान दिया है। समिति के Reporter

General के रूप में शुरुआती काल में इनका योगदान स्मरणीय है, लेकिन अन्तर्राष्ट्रीय स्तर पर 1962 में इसका नाम बदल कर FID/CR कर दिया गया। इस समिति की ओर से Elsinose में 1964 Second International Conference on Classification Research तथा 1975 में बम्बई में Third International Conference आयोजित की गई। 1981 में इसमें एक नवीन विभाग FID/CR News की स्थापना की गई जो वर्गीकरण के अनुसन्धानों को प्रकाशित करता है। इस वर्गीकरण पदावली के सहयोग से अनुसंधान के क्षेत्र में विशेष सहयोग मिला।

वर्गीकरण अनुसंधान अध्ययन समूह (यूएसए)

सन् 1959 में FID ब्यूरो द्वारा राष्ट्रीय स्तर पर वर्गीकरण के अनुसन्धान एवं अध्ययन के लिए दल बनाये जाने पर बल दिया गया, जिससे वर्गीकरण को समुन्नत बनाया जा सके और वर्गीकरण की समस्याओं का निदान किया जा सके। इसके परिणामस्वरूप संसार के कई देशों ने वर्गीकरण शोध समूह का गठन किया जैसे—आस्ट्रेलिया, भारत, ऑस्ट्रिया, कनाडा, अमेरिका, फ्रांस, डेन्मार्क, जर्मनी, नार्वे, स्वीडन, ब्रिटेन, पोलैण्ड आदि में CRG दलों की स्थापना की गई।

पत्रांकन-अनुसंधान और प्रशिक्षण केन्द्र

1962 में डॉ. रंगनाथन के द्वारा किये गये प्रयत्नों के परिणामस्वरूप में पत्रांकन, अनुसंधान एवं प्रशिक्षण केन्द्र (Documentation, Research & Training Centre) स्थापना की गई। इसकी स्थापना का मुख्य उद्देश्य प्रलेखन के क्रियाकलापों का विकास करना था, लेकिन इसके अतिरिक्त वर्गीकरण के क्षेत्र में भी अनुसन्धान करने का प्रावधान एवं उद्देश्य रखा गया था। Working Group—इस केन्द्र में वर्गीकरण के क्षेत्र में अनुसन्धान करने वालों में डॉ. रंगनाथन के साथ-साथ डॉ. गोपीनाथ, डॉ. नीलमंघम, डॉ. सीताराम आदि प्रमुख थे।

विषय अनुसंधान वर्गीकरण—वर्गीकरण के क्षेत्र में अनुसन्धान हेतु मुख्य रूप से निम्न प्रकरणों पर विशेष ध्यान दिया गया—

(1) Structure of the Universe of Subjects,

(2) Theory of Classification,

(3) Construction and Design of Classification Schemes,

(4) Use and Applications of Computer in Classification.

अन्य अनुसंधान की गतिविधियाँ

(1) CC के संशोधन तैयार करने एवं सूक्ष्म अनुसूचियों (Depth Schedules) को प्रकाशित करने का श्रेय इसी केन्द्र को है।

(2) इस केन्द्र के सभी सदस्यों का योगदान Dynamic Theory of Library Classification को विकसित करने में सक्रिय रहा है।

(3) वर्गीकरण की Dynamic Theory से Freely Faceted Scheme विकसित एवं निर्मित करने में एक नवीन दिशा प्राप्त की है।

(4) इस केन्द्र को आदर्शमूलक सिद्धान्तों के आधार पर अंकन पद्धति को विकसित करने में भी एक दिशा प्राप्त हुई है।

(5) वर्गीकरण के क्षेत्र में अनुसन्धान विधियों को विकसित करने का श्रेय DRTC को ही है।

(6) अन्तर्राष्ट्रीय स्तर पर अनुसन्धानों को इस केन्द्र के क्रियाकलापों और वर्गीकरण में मान्यता प्राप्त हुई है।

(7) इस केन्द्र द्वारा प्रलेखन क्षेत्र में DOC Finder की संरचना करने के परीक्षण चल रहे हैं, जिससे प्रलेखों की खोज एवं प्राप्ति कम्प्यूटर द्वारा की जा सके।

(8) यह केन्द्र 1964 से Library Science with a Slant to Documentation का प्रकाशन कर रहा है। जो एक पत्रिका के रूप में है वर्गीकरण अनुसन्धान की यह एक विशिष्ट पत्रिका है।

उपरोक्त विवरण द्वारा यह स्पष्ट होता है कि वर्गीकरण के क्षेत्र में DRTC का महत्त्वपूर्ण योगदान रहा है। इस सभी का श्रेय प्रमुख रूप में डॉ. रंगनाथन एवं उनके सहयोगियों को जाता है।

डॉ. रंगनाथन द्वारा बनाई गई प्रमुख अभिधारणायें

डॉ. रंगनाथन ने अभिधारणा के बारे में कहा है कि **अभिधारणा वह वक्तव्य है जिसके सत्य अथवा असत्य होने का दावा नहीं किया जा सकता।** अभिधारणा किसी परिघटना के स्वीकृत तथा मान्य वक्तव्य को कहते हैं। यह एक स्वयं सिद्ध प्रमाण भी होता है। यह एक निरीक्षण योग्य स्थिति भी हो सकती है। अभिधारणा को पूर्णतः सत्य अथवा असत्य तथा प्रामाणिक/अप्रामाणिक भी नहीं कहा जा सकता है। इसके परीक्षण व वास्तविक सत्यापन से ही इसकी उपयोगिता स्पष्ट हो जाती है।

पुस्तकालय विज्ञान में पुस्तकों का वर्गीकरण करना सबसे जटिल विषय माना गया है। परन्तु इसे आसान तथा रुचिपूर्ण बनाने में अभिधारणाओं के उपागम की उपयोगिता स्वयं सिद्ध हो चुकी है। वर्गीकरण योजनाओं के अभिकल्पों की संरचना में इन अभिधारणात्मक उपयोग का अभाव रहा था। इस दिशा में पाश्चात्य वर्गीकरण सिद्धान्तों के प्रतिपादकों का ध्यान भी आकर्षित नहीं हुआ था। डॉ. रंगनाथन अभिधारणा के प्रतिपादन और प्रवर्त्तन में अग्रणी रहे हैं। सबसे पहले अभिधारणा का प्रारंभ 1957 प्रोलिगोमिना के दूसरे संस्करण में विचार के धरातल पर हुआ था। प्रोलिगोमिना के तृतीय संस्करण—1967 में अभिधारणाओं का प्रतिपादन एवं विशिष्ट विवेचन किया गया है। उनके द्वारा प्रतिपादित अवधारणाएँ निम्नवत हैं—

(1) पूर्णतः पक्षात्मक वर्गीकरण की अवधारणा—डॉ. रंगनाथन से पहले वर्गीकरण की अधिकांश योजनाएँ परिगणनात्मक प्रणाली पर आधारित थीं। डॉ. रंगनाथन ने इन प्रणालियों का अच्छी प्रकार से अध्ययन और निरीक्षण कर यह परिणाम प्राप्त किया कि सभी प्रचलित पद्धतियाँ प्रत्येक नवीन विचारों को वर्गीकरण में स्थान देने तथा प्रलेखों का सूक्ष्म वर्गीकरण करने में सक्षम नहीं हैं। इसके परिणामस्वरूप उन्होंने परिगणात्मक की अपेक्षा पूर्ण रूप से पक्षों पर आधारित वर्गीकरण योजना के संरचना की ओर अपना ध्यान केन्द्रित किया। डॉ. रंगनाथन की स्वयं की मौलिक एवं उपयोगी अभिधारणा पूर्ण रूप से पक्षों पर आधारित है और इसी आधार पर उन्होंने CC की संरचना की।

(2) मूलभूत श्रेणियों की अभिधारणा—डॉ. रंगनाथन ने मूल विषयों के कई पक्षों की अभिधारणाओं को क्रमबद्ध रूप से प्रतिपादित किया है। इन्होंने 1955 से पाँच मूलभूत विचारों की अभिधारणा का प्रयोग किया है। उन्होंने मूल विषय की 5 श्रेणियों को निश्चित किया है जिनके शब्दों में पक्षात्मक वर्गीकरण और विषयों की संरचना की जाती है। विषय संसार के हरेक विषय में मूलधाराएँ निहित होती हैं, जो उक्त विषय के अध्ययन/दृष्टिकोण के केन्द्रीय बिन्दु होते हैं। विचारधाराओं की इस एकता की धारणा से प्रभावित होकर रंगनाथन ने मूलभूत श्रेणियों की अभिधारणा का प्रतिपादन किया है, जिन्हें पाँच मूलभूत श्रेणियाँ कहते हैं।

(3) मूल विषय की अभिधारणा—वर्गीकरण की प्रत्येक योजना के अन्तर्गत ज्ञान के क्षेत्र को विषयों के आधार पर सुव्यवस्थित किया जाता है। श्री रंगनाथन ने अपने सिद्धान्त में भी इसका अनुपालन किया है। विषय का एक मूल पक्ष होता है। मिले जुले विषय में एक मूल वर्ग तथा एक अथवा अनेक एकल शामिल होते हैं, जो इसके अंग होते हैं। मूल अथवा मुख्य पक्षों का आभास एवं ज्ञान प्रलेखों की आख्याओं से होता है। जैसे—

Revenue System of India का मूल विषय Economics है,

Elctro Chemistry का मूल विषय Chemistry है।

(4) आवर्तन और स्तर की अभिधारणा—एकल पक्ष की पाँच प्रमुख श्रेणियां ऐसी हैं जिनकी अभिव्यक्ति कई बार हो सकती है। इसमें डॉ. रंगनाथन ने आवर्तन एवं स्तर की अभिधारणा को विकसित किया है। इस अभिधारणा के अनुसार एक मूल विषय में ऊर्जा, व्यक्तित्व तथा पदार्थ को बार-बार दोहराया जाता है। अर्थात् इनकी अभिव्यक्ति एक से ज्यादा बार होती है। स्थान एवं समय की अभिव्यक्ति सामान्यतः विषय के अन्त में होती है।

(5) पक्ष-अनुक्रम की अभिधारणा—किसी भी विषय के पक्ष का निर्धारण कर लेने के पश्चात् उन्हें आंकलित करने के लिए एक सहायक और सुगम अनुक्रम को जरिया बनाया जाता है ताकि क्रमबद्ध और उपयोगी पद्धति से व्यवस्थित हो सके। उसके लिए रंगनाथन ने निम्न अवधारणाओं का प्रतिपादन किया है—

1. प्रथम पक्ष की अभिधारणा
2. पक्षों का ठोसता के आधार पर अनुक्रम
3. आवर्तन की अभिधारणा।

(6) पक्ष-अनुक्रम के सिद्धान्तों की अभिधारणा—उक्त अभिधारणाओं से अनुक्रम स्थापित करने में तारतम्यता उस वक्त नहीं मिल पाती जब दो या दो अधिक एकल विचारधाराएँ एक ही मूलभूत श्रेणी को अभिव्यक्त करती हैं। जैसे—दो व्यक्तित्व एकल अथवा दो ऊर्जा एकल आदि। इस प्रकार ऐसी स्थिति में सहायक क्रम स्थापित करने के लिए डॉ. रंगनाथन ने Principle of Facet Sequence अभिधारणा का प्रतिपादन किया, जो निम्न प्रकार हैं—

1. भित्ति-चित्र सिद्धान्त,
2. सम्पूर्ण-अंग सिद्धान्त,
3. गाय-बछड़ा सिद्धान्त,
4. कार्य-कारण-कर्ता सिद्धान्त।

(7) एकल पक्ष की अभिधारणा—डॉ. रंगनाथन ने एकल पक्ष की अवधारणा में यह स्पष्ट किया गया है कि किसी भी मिश्रित विषय का हरेक एकल पक्ष पाँच मूलभूत श्रेणियों में से मात्र किसी एक की ही अभिव्यक्ति करता है। एकल विचारधाराएँ जैसे—काल, स्थान, ऊर्जा, द्रव्य तथा व्यक्तित्व (पीएमईएसटी) प्रलेखों की आख्याओं से मूल विषयों के एकल पक्षों का आभास होता है।

परिणामस्वरूप अभिधारणाओं के उपागमों के महत्त्व या उपयोगिता की दृष्टि से यह कहा जा सकता है कि किसी भी वैज्ञानिक पद्धति हेतु अभिधारणात्मक उपागम और दृष्टिकोण नितान्त आवश्यक होते हैं। किसी भी पक्षात्मक वर्गीकरण योजना के संरचना हेतु अभिधारणात्मक उपागमों एवं सिद्धान्तों का अनुसरण करना अति आवश्यक होता है। डार्किंग में सन् 1957 में हुए अन्तर्राष्ट्रीय सम्मेलन में इन सिद्धान्तों को अत्यधिक महत्त्वपूर्ण बताया था। इनका अनुसरण CC में पूर्णतः एवं अक्षरशः किया गया है।

वर्गीकरण प्रणालियों में वर्गों की रूपरेखा

पुस्तकालय वर्गीकरण के क्रमबद्ध विकास का अध्ययन करने से यह ज्ञात होता है कि पुस्तकालयों में पुस्तकों के स्थाई व्यवस्थापन से सापेक्षिक व्यवस्थापन की ओर अग्रसर होने के लिए निरन्तर प्रयासरत है। सन् 1876 से बनाई गई समस्त प्रणालियाँ सापेक्षिक वर्गीकरण पद्धतियाँ हैं। प्रारम्भ में परिगणनात्मक पद्धति के प्रारंभिक दौर से चलकर अब हम संश्लेषणात्मक पद्धति की ओर आ पहुँचे हैं, जिसे पक्षात्मक वर्गीकरण पद्धति कहते हैं। 1876 से अब तक आठ वाङ्मयात्मक पद्धतियों की संरचना हो चुकी है, जिनका मुख्य उद्देश्य पुस्तकों को उनके विषयानुसार उनकी सापेक्षिक स्थिति में तथा सुविधाजनक क्रम में आंकलन करना रहा है। प्रमुख वर्गीकरण पद्धतियों में ज्ञान-जगत के मुख्य वर्गों के स्वरूप के विषय निम्न हैं।

(1) सार्वभौमिक दशमलव वर्गीकरण प्रणाली में प्रमुख वर्गों की रूपरेखा— यू.डी.सी. के वर्गों की क्रम परम्परा और मौलिक रूपरेखा डी.सी. की वर्ग-व्यवस्था के शब्दों में है। इस प्रकार डी.सी. की जो कमियाँ विषयों के सन्निधान में हैं। वही यू.डी.सी. में दिखाई पड़ती हैं। उदाहरणार्थ—अर्थशास्त्र, कॉमर्स तथा व्यापारिक संगठन एक-दूसरे से अलग हैं। इसी प्रकार भाषा और साहित्य यू.डी.सी. में एक-दूसरे से अन्तर पर हैं, किन्तु अंकन युक्तियों के माध्यम से उन्हें एक साथ लाने की पद्धति उपलब्ध की गई है। यू.डी.सी. में डी.सी. के सभी वर्गों को उसी प्रकार रखा गया है और डी.सी. के मूल रूप में सदैव बदलाव होता रहा है। यू.डी.सी. में प्रमुख वर्गों का स्वरूप निम्नांकित है—

0 सामान्य कृतियाँ

1 दर्शन, मीमांसा आदि

2 धर्म

3 समाज विज्ञान

4 भाषाशास्त्र

5 गणित और विज्ञान

6 व्यावहारिक विज्ञान

7: ललित कलाएँ एवं मनोरंजन

8 साहित्य

9 भूगोल, जीवन चरित्र, इतिहास

मुख्य वर्गों की श्रेणी डी.सी. के समान ही है एवं उनके अंक भी वैसे ही क्रम में हैं; जिस प्रकार डी.सी. के क्रम हैं। प्रमुख वर्गों को पुनः विभागों तथा उपविभागों में विभाजित किया गया है। ऐसा करते समय UDC में DC की योजना में प्रयुक्त तीन अंकीय वर्गों के आधार का परित्याग कर दिया गया है तथा 0 को विशेष अनुसूची में रखा गया है।

(2) दशमलव वर्गीकरण प्रणाली में प्रमुख वर्गों का स्वरूप—दशमलव वर्गीकरण प्रणाली सबसे पहली ऐसी प्रकाशित पद्धति है। जो वाङ्मयात्मक प्रणालियों के तहत प्रतिपादित हैं। इसकी भूमिका में **मेल्विल ड्यूवी** ने वर्गों की क्रम व्यवस्था के विषय में किसी सैद्धान्तिक आधार का उल्लेख नहीं किया है। उन्होंने केवल हैरिस योजना से प्रभावित होना स्वीकार किया है, इसलिए DC में मुख्य वर्गों का क्रम W.T. Harris द्वारा निर्धारित क्रम के समरूप है। जबकि हैरिस ने अपने वर्ग विभाजन को बेकन द्वारा किए गए विभाजन के प्रतिकूल क्रम में रखा है। हैरिस की इसी क्रम व्यवस्था को **मेल्विन ड्यूवी** ने अपनी पद्धति में प्रयुक्त किया है।

दशमलव वर्गीकरण में जिस तथ्य का सर्वाधिक महत्त्व है, इसके तहत विशिष्ट ज्ञान के सभी क्षेत्र तथा आधुनिक समाज के सभी क्रियाकलाप एवं कार्यक्रम इसके वर्गों से दिखाई पड़ते हैं, यद्यपि उनका आँकलन मुख्य वर्गों में कुछ अव्यवस्थित होता है। DC की व्यावहारिक उपयोगिता का आधार दार्शनिक सिद्धान्त और सत्यता है।

मेल्विल ड्यूवी ने सम्पूर्ण ज्ञान को एक समष्टि माना है और सम्पूर्ण ज्ञान-जगत को उन्होंने नौ विस्तृत वर्गों में विभक्त किया तथा उन कृतियों के लिए, जिन्हें किसी भी मुख्य वर्ग में कहीं भी स्थान प्रदान नहीं किया जा सका उनके लिए, अलग से 10 दसवां वर्ग सामान्य कृतियाँ निरूपित किया। इस प्रकार ड्यूवी ने ज्ञान-जगत को दस श्रेणी विभाजन के आधार पर 10 विस्तृत निम्न वर्गों में विभक्त किया है—

1. सामान्य कृतियाँ,

2. 100 दर्शनशास्त्र,
3. 200 धर्मशास्त्र,
4. 300 समाज विज्ञान,
5. 400 भाषा विज्ञान,
6. 500 शुद्ध विज्ञान,
7. 600 व्यावहारिक विज्ञान,
8. 700 ललित कलाएँ,
9. 800 साहित्य, तथा
10. 900 इतिहास।

यद्यपि दशमलव वर्गीकरण के वर्गों की क्रम-व्यवस्था का आधार सैद्धान्तिक, वैज्ञानिक अथवा विकासात्मक है, जिसे समझने हेतु काफी प्रयास किए गए हैं, दशमलव वर्गीकरण में निम्न प्रकार अव्यवस्थापन दिखाई पड़ता है—

(1) समाजशास्त्र (300) को इतिहास (900) से इतना अलग क्यों रखा गया, इसे समझना मुश्किल है।

(2) दर्शनशास्त्र (100) को विज्ञान (500) से अलग रखने पर कतिपय विद्वानों ने आपत्ति उठाते हुए संकेत किया है कि यह व्यवस्था न तो दार्शनिक है न वैज्ञानिक और न ही यह सम्भव है, क्योंकि विज्ञान, दर्शनशास्त्र से अलग नहीं है।

(3) विज्ञान (500) और टेक्नालॉजी (600) में व्यवस्था का आधार पूर्णतः शुद्ध और व्यावहारिक विज्ञान का स्वरूप है। विज्ञान (500) की व्यवस्था और वर्गों का क्रम समुचित है, किन्तु 570 (जीवविज्ञान) का क्रम संकीर्ण है। टेक्नोलॉजी (600) भी विभाजन की नजर से अत्यधिक भागों में विभक्त है जो एक-दूसरे से निकटतम होते हुए भी पृथक रखे गए हैं।

(4) ललित कलाएँ (700) उपयोगी कलाओं से अलग माने गए हैं, जो वास्तव में अलग नहीं होने चाहिए।

(5) भाषा विज्ञान (400) को साहित्य (800) से दूर रखा गया है। यह न तो तार्किक है और न स्वाभाविक ही है। साहित्य में अधिकांश रूप से भाषा का ही अभिव्यक्ति होता है और साहित्य, भाषा के अध्ययन में साधन के रूप में प्रयोग होता है।

(3) द्विबिन्दु वर्गीकरण प्रणाली में प्रमुख वर्गों की रूपरेखा—डॉ. रंगनाथन ने सी.सी. का प्रतिपादन इस प्रकार की वर्गीकरण प्रणाली बनाने के प्रयोजन से किया था जो ज्ञान संसार में लगातार हो रहे बहुमुखी विकास एवं विविध स्वरूपों में

रहस्यात्मक ढंग से पैदा हो रहे ज्ञान को नियन्त्रित कर अतीत, आधुनिक **और भविष्य** में सम्भावित सभी विषयों को वर्गीकृत करने में सफल हो सके तथा अनुसूची में वर्गांकों में कोई भी व्यतिक्रम पैदा न हो। CC में मुख्य वर्गों की संख्या अन्य सभी योजनाओं की अपेक्षा ज्यादा है। CC के मुख्य वर्गों को चार क्षेत्रों में बाँटा गया है तथा इन क्षेत्रों में समाविष्ट मुख्य वर्गों को संकेत निशान भी प्रदान किए गए हैं। निम्न सारणी द्वारा मुख्य वर्गों को स्पष्ट किया जा सकता है–

क्षेत्र	*मुख्य वर्ग*	*अंकन*
पहला क्षेत्र	1. सामान्य उपागम मुख्य वर्ग	वर्णमाला के छोटे अक्षर
	2. सामान्य मुख्य वर्ग	
दूसरा क्षेत्र	आधुनिक मान्यताप्राप्त मुख्य वर्ग	अरेबिक संख्याएँ
तीसरा क्षेत्र	परम्परागत मुख्य वर्ग	वर्णमाला के दीर्घाक्षर
चौथा क्षेत्र	नवनिर्मित विधाएँ एवं तकनीकियाँ	वेष्ठित अंकन

विषय-निर्माण की विभिन्न प्रणालियाँ

यह सबको ज्ञात होगा कि ज्ञान बहुआयामी, गतिशील और निरन्तर विकासशील होता है। ज्ञान की सृष्टि अनेक विषयों का एक-दूसरे के साथ अनुप्रयोग तथा उनके प्रभाव के कारण होती है। जिन प्रक्रियाओं के कारण नवीन ज्ञान अथवा विषयों की सृष्टि होती है, उसे डॉ. रंगनाथन् ने **ज्ञान के सृजन की विधियाँ** कहा है, लेकिन उन्हें आज विषयों की संरचना की विधियाँ कहते हैं। डॉ. रंगनाथन ने विषयों के विकास एवं संरचना की निम्न प्रक्रियाओं का प्रतिपादन किया है–

(1) आसवन–यह विषय-निर्माण की ऐसी विधि है जिससे एक विशेष पद्धति के द्वारा Pure Substance के रूप में छनकर (आसवन होकर), जिस प्रकार Distilled Water प्राप्त होता है, इसी प्रकार आसवन के द्वारा विषयों की संरचना भी होती है। इसमें अनेक विषयों से निचोड़कर एक मुख्य एवं मूल विषय प्राप्त होता है जो एक नये विषय का स्वरूप प्राप्त करता है। उदाहरणार्थ–

Research Methods/Methodology/Management/Statistical Methods.

(2) समूहीकरण–डॉ. रंगनाथन के अनुसार समूहीकरण यदि Subject of Bundles कहा जाए तो सही होगा, क्योंकि इसमें विषयवस्तु को एक साथ सम्बद्ध किया जाता है। इसके तहत अनेक विशिष्ट विषयों को एक साथ लाकर एक नवीन विषय की संरचना कर दी जाती है। उदाहरणार्थ–

Indology में

Indian Philosophy
Indian Culture
Indian History
Indian Civilization
Indian Society आदि।

(3) विच्छेदन—यह विषयों की संरचना करने की सबसे आसान विधि है। इस पद्धति के तहत ज्ञान संसार को समान श्रेणी के वर्गों में विच्छेदित अथवा अलग कर दिया जाता है। इन अलग किए हुए वर्गों को समवर्ग तथा उनकी पंक्ति को वर्गों की पंक्ति कहा जाता है, लेकिन जब किसी मुख्य वर्ग को फिर से विच्छेदित किया जाता है तो फिर समवर्गीय विषय प्राप्त होते हैं। इसके बाद फिर क्रमशः यह क्रम चलता रहता है। इस प्रकार निर्मित हरेक विषय स्वयं एक विषय बन जाता है और उसका दुबारा विच्छेदन किया जा सकता है।

उदाहरणार्थ—

Universe of Knowledge

Agriculture Zoology Botany

Flowering Plants Non-flowering Plants

Seed Plants seedless

(4) स्तरण—स्तरण एक ऐसी प्रणाली है, जिसकी संरचना प्रणाली दो पक्षों के सापेक्ष होती है। इसके तहत किन्हीं दो एकलों या पक्षों या इकाइयों को एक साथ रखकर उनमें सम्बन्ध स्थापित करते हैं, जिससे मिश्रित विषय की संरचना होती है। इस विधि द्वारा बनाया गया विषय सूक्ष्म विषय हो जाता है।

उदाहरणार्थ—प्रमुख विषय को देखें। इसके तहत का सम्बन्ध व्यक्तित्व पक्ष से है और Physiology का सम्बन्ध ऊर्जा पक्ष से है। जब हम दोनों को एक साथ देखना चाहें तो—Physiology of Digestive Suggestive बनता है। इसे डॉ. रंगनाथन ने एक तह को दूसरी तह पर रखना (Putting layer upon layer) कहा है। इसमें किसी भी विषय का पक्ष-विश्लेषण किया जाता है।

(5) असम्बद्ध विषय संकलन—यह विभिन्न वर्गों की सम्बद्ध प्रणाली है। इसमें किन्हीं दो वर्गों के बीच एक-दूसरे के अनुसरण का प्रयोग होता है अथवा वे एक-दूसरे को प्रभावित करते हैं। इस प्रकार दोनों के सम्पर्क से एक नवीन विषय बन जाता है। दोनों विषयों का अस्तित्व मौजूद रहता है तथा दोनों में सम्बन्ध दिखाया जाता है। उदाहरणार्थ—

Mathematics for Engineers
Difference in Philosophy and Psychology.

(6) अनाच्छादन–जब किसी मूल विषय का अनाच्छादन करने के बाद नये विषय का सृजन किया जाता है तो उस विषय में दो विशेषताएँ उसके महत्त्व की होती हैं।

(1) इसमें संकीर्णता आ जाती है।

(2) इसमें सम्बद्धता वृद्धि होती है।

इस प्रकार विषय सामान्य स्थिति से विशिष्ट स्थिति की ओर अग्रसर होते हैं, इसलिए इसके आधार पर वर्गों की शृंखला की संरचना होती है। इस प्रकार जो वर्ग उत्पन्न होते हैं, वे उपवर्ग होते हैं।

(7) आरोपण–इस प्रक्रिया में किसी एक एकल के दो उपविभागों को एक साथ जोड़कर अध्यारोपण किया जाता है। यह प्रक्रिया स्तरण विधि से बिल्कुल अलग है। उदाहरणार्थ–

Nerves of the Eyes	L185-74
Rural Women	Y15-31

(8) सम्मिश्रण–इस विधि के अनुसार जब दो अथवा दो से ज्यादा प्रमुख विषयों का मिश्रण होकर पूर्ण विलय हो जाता है तो उस स्थिति में मूल विषय अपने रूप, आकार एवं अस्तित्व को खो बैठते हैं और दोनों मिलकर एक नवीन विषय की सृष्टि करते हैं, जिसे रंगनाथन ने Fused Main Class की संज्ञा दी है। उदाहरणार्थ–

Bio-Chemistry

Bio-Physics.

(9) विभाजन–जब किसी विषय, धारणा एवं कार्य को अनेक अंशों में विभाजित किया जाता है जैसे–Biology में इस प्रक्रिया का अभिप्राय इसको अनेक Cells तथा Tissues में विभाजित करना है तो इस प्रकार विभाजन (Fission) प्रक्रिया से भी किसी मुख्य विषय से अनेक प्रमुख विषयों की संरचना होती है। इस प्रक्रिया में डॉ. रंगनाथन ने Fission पद का प्रयोग Dissection तथा Denudation की पूर्व क्रिया के बदले किया है, क्योंकि Fission के तहत Dissection की भाँति ही कार्य होता है। उदाहरणार्थ–

Philosophy—Logic, Epistomology, Metaphysics, Ethics, Aesthetic

Economics—Labour Economics, Monetary Economics, Money and Banking.

वर्गीकरण में श्रेणी की अवधारणाएँ

किसी भी विषय में ज्ञान प्राप्त करने के लिए वर्गीकरण एक प्राथमिक इकाई के रूप में महत्त्वपूर्ण होती है। श्रेणीगत विचारों के सम्बन्ध में प्राचीन काल से लेकर

आधुनिक काल तथा विभिन्न प्रकार की परिकल्पनाएँ की गई। जब यह किसी विषय के विभाजन के रूप में प्रस्तुत होती है तब इसको एकल कहते हैं। रंगनाथन ने भी इन्हीं विचारों के आधार पर यह कहा है कि हरेक एकल उनके द्वारा प्रतिपादित किसी विषय में उपस्थित 5 मूलभूत श्रेणियों में से किसी एक का प्रतिनिधित्व जरूर करता है।

उदाहरणार्थ—स्थान श्रेणी के तहत भारत एक पद या विचार है इसी तरह समय काल श्रेणी में प्राच्य एक पद या विचार है। यदि किसी पुस्तक का विषय प्राच्य भारत में गाय है तो उसमें भारत स्थान श्रेणी तथा प्राच्य समय श्रेणी कहलाते हैं। किसी भी श्रेणी से जुड़ें पदों को एकल कहा जाता है।

श्रेणी की प्रमुख परिभाषाएँ

विभिन्न सिद्धानों ने अपने-अपने विचार के अनुसार विभिन्न प्रकार की परिभाषाएँ स्पष्ट की, जिनमें से कुछ विद्वानों की परिभाषाएँ निम्नवत हैं—

(1) **Wildhoc** के विचारों में--Category is a synonym of point of view श्रेणी के किसी विषय का विभाजन हो सकता है।

(2) **D.J. Foskett** के अनुसार—Category is a synonym of the facet श्रेणी पक्ष का पर्याय है।

(3) **Ranaganathan**के अनुसार—Category is related with creativity श्रेणी कार्यशीलता से सम्बन्धित होती है।

श्रेणी विकास की ऐतिहासिक पृष्ठभूमि

श्रेणी विकास के इतिहास पर ध्यान देने से स्पष्ट होता कि यह अवधारणा काफी पुरानी है तथा पूर्वकाल में भी इसका प्रयोग किया जाता रहा है।

(1) कारन्त की श्रेणियाँ—कारन्त द्वारा अरस्तु की श्रेणियों को संशोधित करने के कारण श्रेणियों को पारदर्शी बनाया। परिणामस्वरूप कारन्त की श्रेणियों की सारणी मनुष्य के विचारों का वर्गीकरण बन गई है। कारन्त द्वारा चार वर्गों में विभक्त की गई श्रेणियाँ निम्नवत हैं—

(1) Category of Modesty विनम्रता श्रेणी

Possibility

Actuality

Necessity

(2) Category of Relation सम्बन्ध श्रेणी
Substantiality
Casuality
Reciprocality

(3) Category of Quality गुण श्रेणी
(a) Reality or Unitation वास्तविकता

(4) Category of Quantity परिमाण श्रेणी
(a) Unity इकाई
(b) Plurality and Universality बहुसंख्यात्मक

(2) रंगनाथन की श्रेणियाँ—यद्यपि रंगनाथन के पूर्व विभिन्न पुस्तकालय विशेषज्ञों ने श्रेणियों को विभक्त किया था तथा उसकी उपयोगिता को भी स्पष्ट किया था, परन्तु इन्होंने अध्ययन करके यह निष्कर्ष प्राप्त किया कि एकल पंच मूलभूत श्रेणियों में से किसी-न-किसी श्रेणी का मार्गदर्शन अवश्य करता है। मूल श्रेणियों के आधार पर पक्षों को एकलों तथा एकलों को उपएकलों में बाँटा जाता है। इस प्रकार किसी विषय के मुख्य वर्ग की विभाजन पद्धति को निश्चित एवं सैद्धान्तिक आधार प्रदान करने के लिए जिस धारणा का रंगनाथन ने प्रतिपादन किया है, वह पाँच मूलभूत श्रेणियों की धारणा कहलाती है। विभिन्न प्रकार के वर्गों को तार्किक रूप से तभी व्यवस्थित किया जा सकता है जब उसका आधार यथार्थ होने के साथ-साथ तर्क के समस्त आधारों की पुष्टि करता हो।

डॉ. रंगनाथन का मानना है कि कोई भी मुख्य वर्ग इन्हीं 5 मूलभूत श्रेणियों से मिलकर बनता है, जिन्हें पीएमईएसटो का नाम रंगनाथन ने दिया है। पीएमईएसटी डॉ. रंगनाथन की मौलिक देन है, जिनके आधार पर विषयों को वर्गांक प्रदान किए जाते हैं। पीएमईएसटी के द्वारा प्रस्तुत किए गए वर्गांक बिल्कुल उपयुक्त होते हैं, चाहे वे कितने ही मुश्किल व विस्तृत क्यों न हों।

डॉ. रंगनाथन की धारणा है कि किसी भी श्रेणी की पूर्ण पारदर्शिता के लिये उसके लगभग सभी मानकों को पूरी तरह प्राप्त किया जाए। इसके लिये विभिन्न प्रकार के पक्षों की सार्थकता हो सकती है तथा इसके एक व दो पक्ष भी हो सकते हैं, अर्थात् बिना श्रेणी अथवा बिना पक्ष के भी मुख्य विषय हो सकता है। इन पाँच मूलभूत श्रेणियों के नाम, संकेत और संयोजी चिह्न को निम्न तालिका के द्वारा स्पष्ट किया गया है—

क्रमांक	श्रेणी का नाम	संकेत	संयोजी चिह्न का नाम	संयोजी चिन्ह
1.	व्यक्तित्व	[P]	कौमा	
2.	पदार्थ	[M]	Semi-colon	
3.	ऊर्जा	[E]	कोलन	
4.	स्थान	[S]	डॉट	
5.	काल	[T]	Single Inverted Coma	

(3) अरस्तू की श्रेणियाँ—अरस्तू एक महान दार्शनिक थे। उन्होंने भी श्रेणी का प्रयोग करके ही ज्ञान का विभाजन किया है। उन्होंने ज्ञान को 10 विभागों में विभाजित करके उनको श्रेणी का नाम दिया था। इनके द्वारा निम्नलिखित श्रेणियाँ बनाई गईं जोकि कालान्तर में विशेष महत्त्वपूर्ण साबित हुईं।

(1) स्थान
(2) काल
(3) स्थिति
(4) स्वामित्व/अधिकार
(5) क्रिया
(6) भाव
(7) पदार्थ
(8) मात्रा/परिमाण
(9) गुण
(10) सम्बन्ध

अरस्तू द्वारा प्रतिपादित श्रेणियाँ किसी न किसी विषय से सम्बन्धित थीं। इनमें मूल श्रेणी पदार्थ थी, क्योंकि यदि हम किसी पदार्थ, व्यक्ति और वस्तु के बारे में पूछना चाहें तो हमें पदार्थों के अर्थों में ही उत्तर देना चाहिए। जैसे—मनुष्य, अश्व, पाषाण आदि।

पीएमईएसटीवी/एसटीएसईएमपी

डॉ. रंगनाथन ने किसी भी विषय में पीएमईएसटी को समझने व पहचानने के लिए पीएमईएसटीवी शब्द को उल्टा करके अर्थात् टीएसईएमपी के आधार पर श्रेणियों को अभिव्यक्त किया गया है। किसी भी अनिवार्य विषय-वस्तु में क्रमों का विपरीत क्रम पक्षों को स्पष्ट रूप से समझने में सहयोगी होता है, क्योंकि इसका भी क्रम चलता है। इसे पाँच भागों में विभक्त किया गया है—

(1) काल श्रेणी—काल श्रेणियाँ किसी भी विषय से सम्बन्धित जानकारी को आसानी से उपलब्ध करा देती हैं। इससे समय की अभिव्यक्ति होती है इसलिए इसे काल श्रेणी कहते हैं। अधिकतर यह किसी विषय में वर्ष के रूप में दिया होता है।

CC में Time Category की एक पूर्ण तालिका दी हुई है। Time Category में संयोजी चिह्न Single Inverted Comma (') के द्वारा जोड़ा जाता है।

द्विबिन्दु वर्गीकरण (CC) में Time Category की एक विस्तृत तालिका (CC-Part 2) के पृष्ठ 2.7 पर अलग से दी हुई है। उसमें से कुछ उदाहरण निम्नवत हैं–

A Before 9999 BC	c Day-time
B 9999 to 1000BC	d Night
C 1 to 999 AD	n Seasons
D 1 to 999 AD	n1 Spring
E 1000 to 1099 Ad	n7 Winter
M 1800 to 1899 AD	Dry
N 1900 to 1999 AD	Wet

Example : Histroy of India during summer of 1960, V44 'N60 'n3

जहाँ N60 काल श्रेणी है तथा N3 Featured time category है।

(2) स्थान श्रेणी–यद्यपि यह श्रेणी भौगोलिक क्षेत्रों को प्रदर्शित करती है। लेकिन स्थान श्रेणी को पहचानने में अथवा समझने में कोई परेशानी नहीं होती है। अधिकांश विषयों की अभिव्यक्ति किसी महाद्वीप, देश, प्रदेश, नगर, गाँव, पहाड़, घाटी आदि के साथ की जाती है। सी.सी. में इनका संयोजी चिह्न डॉट (.) है, उदाहरणार्थ–

History of Libraries in India 2v.44 (यहाँ 44 स्थान श्रेणी है)।

सी.सी. के द्वारा स्थान श्रेणी की एक विस्तृत सारिणी तथा इसी के साथ सभी स्थानों की एक भौगोलिक अनुक्रमणिका नाम से दी हुई है। उसके कुछ उदाहरण निम्नलिखित हैं–

1	World	44Q7	Pakistan
1N	League of Nations Area	5	Europe
1(Q7)	Muslim Countries of the World	56	Great Britain
2	Mother Country	561	England
3	Asia	58	Russia
41	China	6	Africa
44	India	7	America
4452	U.P.	73	U. S. A.

(3) ऊर्जा श्रेणी–ऊर्जा श्रेणी के अन्तर्गत किसी भी विषय से सम्बन्धित क्रियाकलापों, समस्या, निदान एवं रचना आदि को शामिल किया जाता है। इस श्रेणी में कार्यशीलता का आभास होता है। किसी भी विषय में इस श्रेणी को पहचानने में थोड़ी सावधानी की आवश्यकता होती है, जिससे इसे आसानी से पहचाना जा सकता है।

Example—Documentation in university libraries.

उपरोक्त उदाहरण में Documentation पद ऊर्जा श्रेणी है। CC में प्रत्येक विषय की अनुसूची में ऊर्जा श्रेणी की तालिकाएँ प्रस्तुत की गई हैं। ऊर्जा श्रेणी का संयोजी चिह्न (:) है।

(4) पदार्थ श्रेणी—पदार्थ श्रेणी के माध्यम से किसी वस्तु, पदार्थ, द्रव्य आदि को पहचानने का कार्य किया जाता है। यह श्रेणी CC के कुछ ही मुख्य वर्गों में निहित है। इस श्रेणी के मुख्य वर्ग पुस्तकालय विज्ञान, अर्थशास्त्र, भौतिक विज्ञान, जीवविज्ञान, मेडिसिन एन्ड व्यावहारिक आर्ट्स हैं। पदार्थ श्रेणी का संयोजी चिह्न सेमीकोलन (;) है। उदाहरणार्थ—

Classification of periodicals in university libraries 234:46:51

(5) व्यक्तित्व पक्ष—अन्य श्रेणियों की अपेक्षा व्यक्तित्व पक्ष श्रेणी को पहचानना दुष्कर कार्य है। इसलिए डॉ. रंगनाथन ने व्यक्तित्व को पहचानने के लिए शेष पद्धति (Method of Residue) का प्रतिपादन किया है। अर्थात् जो मूल श्रेणी न काल हो, न स्थान हो, न पदार्थ हो और न ऊर्जा हो उसे व्यक्तित्व मूल श्रेणी कहते हैं। अर्थात् किसी भी विषय से काल, स्थान, पदार्थ एवं ऊर्जा श्रेणी को अलग कर जो कुछ शेष रहता है वही व्यक्तित्व है। जैसे—

Classification of periodicals in university libraries in India during 1978.

ऊपर दी गई विधि के अनुसार सबसे पहले—

Time Category—During 1978
Space Category—In India
Matter Category—Periodicals
Energy Category—Classification

शेष बच्चा University libraries यही व्यक्तित्व है इसका वर्गांक निम्न बनता है—

234	;	46	:	51	,	44	'N78
[P]		[M]		[E]		[S]	[T]

पुस्तकालय वर्गीकरण की सहायक विधियाँ

पुस्तकालय वर्गीकरण की हर एक विधि की संरचना के दौरान ज्ञान के समस्त क्षेत्रों को मुख्य वर्गों, विभागों को विभक्त कर इन्हें अनुसूचियों के अंतर्गत शामिल किया जाता है। इन अनुसूचियों की सहायता से विषयों के वर्गांक की संरचना कर

ली जाती है, किन्तु ज्ञान निरन्तर गतिशील एवं वर्धनशील होता है जिसके परिणामस्वरूप नवीन विचारों एवं विषय का सृजन हो रहा है। चूंकि इन नवीन विचारों एवं विषयों का समावेश अनुसूची में नहीं होता है, इसलिए इनको वर्गांक प्रदान नहीं किया जा सकता, परन्तु वर्गीकरण प्रणालियों के तहत इस प्रकार के नये विषयों को वर्गांक प्रदान करने के लिए बहुत-सी अन्य विधियों की भी व्यवस्था होती है, जिन्हें वर्गांक संरचना में सहायक होने के कारण ही **सहायक विधियाँ** कहते हैं। इन विधियों का CC में अत्यधिक प्रयोग हुआ है।

दशमलव वर्गीकरण में सहायक प्रणालियाँ

काफी कम मात्रा में दशमलव वर्गीकरण पद्धतियाँ में सहायक पद्धति पाई जाती हैं। अतः किसी भी दूसरी प्रक्रिया के द्वारा इस कार्य की जरूरतों को पूर्ण करने का नियम आवश्यक है। उदाहरणार्थ–

(1) भौगोलिक विभाजन दिखाने के लिए 900 इतिहास में 930-999 तक 930-999 Divide like का निर्देश दिया हुआ है। इससे संश्लेषण कर भौगोलिक वर्गीकरण की संख्या को जोड़कर किसी राष्ट्र को पेश कर सकते हैं। उदाहरणार्थ–

International relation of India	327.54
International relation of England	327.42

(2) Divide Like 000-999–इस संकेत के शब्दों में निर्दिष्ट वर्गांक में सम्पूर्ण वर्गीकरण की कोई भी संख्या जोड़ी जा सकती है और अभीष्ट वर्गांक की संरचना की जा सकती है। उदाहरणार्थ–

016 (Bibliography) में Divide like 000-999 का संकेत है, इसलिए–

Bibliography of Mathematics	016.51
Bibliography of Library Science	016.51

338.47 (Manufacture) में Divide like 000-999 का संकेत है, इसलिए–

Glass Manufacture	338.47667
Textile Manufacture	338.47677

(3) कृषि में 338.17 (Special Agricultural Products) के लिए Divide like 633-638 का संकेत है जो कृषि सम्बन्धी विशिष्ट उत्पादन के लिए है।

उदाहरणार्थ–

जौ का उत्पादन	338.17311	(यहाँ 311 जौ हेतु 633.11 से लिया है)
चावल का उत्पादन	338.17318	(यहाँ 318 चावल हेतु 633.18 से लिया है)

द्विबिन्दु वर्गीकरण के अन्तर्गत यह प्रणाली मिश्रित विषयों का वर्गांक बनाने के लिए DDC में विषय पद्धति (Subject Device) के रूप में प्रयुक्त की जाती है।

द्विबिन्दु वर्गीकरण में सहायक विधियाँ

द्विबिन्दु वर्गीकरण प्रणाली की सहायता हेतु अनेक विधियों का निर्माण किया गया है, जिनका विवरण निम्नलिखित है–

(1) दशा विधि–दशा विधि किसी पक्ष के दोबारा उपयोग किए जाने की प्रक्रिया है। इस प्रकार के मूल सम्बन्ध प्रायः दो मूल वर्गों, पक्षों या एकलों में हो सकते हैं, इन सम्बन्धों को दशा-सम्बन्ध कहते हैं। डॉ. रंगनाथन ने CC में पाँच प्रकार की दशा-विधियों का प्रादुर्भाव किया है जिसमें 5 प्रकार के सम्बन्ध निर्धारित किए गए हैं। मिश्रित विषयों को शून्य (0) तथा छोटे अक्षरों की सहायता से दशा-सम्बन्धों की कड़ियों को एक साथ जोड़ा जाता है। इस प्रकार श्रृंखला में ग्राह्यता प्राप्त की जा सकती है।

(2) अध्यारोपण विधि–अध्यारोपण विधि का प्रयोग मुख्य वर्ग के एक ही पक्ष में दो एकलों के सम्बन्ध में किया जाता है। इन दो एकलों में से एक एकल प्रधान तथा दूसरा एकल गौण रहता है। प्रधान एकल पहले तथा गौण एकल बाद में लिखा जाता है। दोनों के बीच हाईफन (-) चिह्न लगाते हैं। जैसे–

Nurves of eyes	L185-74
Rural Women	y15-31

(3) विषय विधि–विषय विधि के अंतर्गत विषय विशेषताओं एवम् लक्षणों के आधार पर किसी पक्ष में एकलों की रचना की जाती है। नवीन विषयों को सुगमता से वर्गांक प्रदान किए जा सकते हैं। इस पद्धति को आवश्यकतानुसार कहीं भी प्रयोग किया जा सकता है। CC के तहत इसका प्रयोग वेष्ठित अंकन के रूप में किया जाता है। चतुर्थ क्षेत्र के मुख्य वर्गों की संरचना इसी पद्धति के शब्दों में की गई है।

इसकी तुलना DDC के Divide like 000-999 के संकेत के साथ की जा सकती है।

Industry	X8	Business Libraries	24
Iron Industry	X8 (F182)	Religious Libraries	24 (Q)
Steel Industry	X8 (F183)	Medical Libraries	24 (L)
Agricultural Industry	X8 (J)	Agricullltural libraries	24 (J)

(4) खण्ड विधि—खण्ड विधि के माध्यम से असीमित ग्राह्यता प्राप्त करने हेतु इस पद्धति से समकक्षीय वर्गों की संरचना की जा सकती है। आठ खण्ड होने के कारण इसे अष्टक पद्धति भी कहते हैं। इस पद्धति के शब्दों में समकक्षीय वर्गों में 8 के बाद 9 अकेला प्रयुक्त नहीं होता है। उदाहरणार्थ—

1, 2, 3, 4, 5, 6, 7, 8, 91, 92, 93, 94, 95, 96, 97, 98, 199, 992....

(5) कालक्रम विधि—कालक्रम विधि के अंतर्गत विषयों के केन्द्र बिन्दु को सुविधा के अनुसार वर्ष या साल अथवा तारीख या तिथि के अंकों के माध्यम से नये विचारों हेतु नवीन एकलों की रचना की जा सकती है। अर्थात् किसी वस्तु सत्ता को वर्तमान उपक्रम में स्थान देने के लिए उस वस्तु के जन्म, आविष्कार आदि से सम्बद्ध साल का उल्लेख कर दिया जाता है। उदाहरणार्थ—

Colon Classification	2:51 N33	(N33 = 1933 CC का जन्म वर्ष है)
Shakespeare	0111,2J64	(J64 = 1564 जन्म तिथि है)
Decimal Clasification	2%51 M76	(M76 = 1876 DDC का जन्म वर्ष है)

(6) स्मृति सहायक विधि—यह पद्धति द्विबिन्दु वर्गीकरण के सहायक के रूप में कार्य करती है। द्विबिन्दु वर्गीकरण पद्धति की संरचना काफी व्यवस्थित प्रकार से होने की वजह से इसके अंकन में स्मृति को बढ़ावा देने का गुण पर्याप्त रूप से भरा हुआ है। अर्थात् पुस्तकालयी तथा पाठकों को वर्गों का क्रम तथा वर्गांक, स्मृति के गुण के कारण ही प्रायः याद हो जाते हैं। CC में पर्याप्त संश्लेषण के कारण ज्यादा संख्या में स्मृति सहायक स्वतः उत्पन्न हो जाते हैं।

(7) अनुवर्णिक विधि—इस विधि का प्रयोग उस समय किया जाता है जब किसी दूसरी विधि से वर्गांक की संरचना करना कठिन होता है, लेकिन विषय को ज्यादा सूक्ष्म करने की आवश्यकता होती है। अर्थात् किसी धारणा अथवा वस्तु को

विशिष्ट व्यक्तिगत रूप प्रदान करने के लिए इस अनुवर्णिक पद्धति का प्रयोग किया जाता है, जिसमें वस्तु अथवा एकल विचार के प्रथम एक या दो अक्षरों का प्रयोग किया जाता है। जैसे–

कृषि में	*अभियान्त्रिकी में*	*प्रौद्योगिकी में*
चावल	साइकिल	साबुन
J 381	D5125	F9496
बासमती	हीरो साइकिल	निरमा साबुन
J381	D5125 H	F9496N
सेला चावल	हरकुलिस साइकिल	गंगा साबुन
J 381 S	D5125 He	F94996G

डॉ. रंगनाथन का द्विबिन्दु वर्गीकरण का सिद्धान्त

डॉ. रंगनाथन ने द्विबिन्दु वर्गीकरण के अंतर्गत पाँच मूलभूत सिद्धान्त दिये हैं। इन मूलभूत श्रेणियों को अभिधारणा की संज्ञा दी जाती है। एक अन्य अवधारणा के शब्दों में इन पाँच पक्षों को एक से अधिक बार भी प्रयोग किया जा सकता है। इन श्रेणियों का पहली बार प्रयोग होता है, किन्तु प्रथम श्रेणी का प्रयोग उनका एक साधारण प्रयोग होता है। यदि प्रथम बार के प्रयोग के बाद उस पक्ष का दूसरी बार भी प्रयोग किया जाता है तो इस स्थिति को डॉ. रंगनाथन ने आवर्तन एवं स्तर की अवधारणा कहा है।

आवर्तन

आवर्तन का अभिप्राय किसी पक्ष को एक बार प्रयोग के बाद पुनः प्रयोग किए जाने की प्रक्रिया से है। आवर्तन का अर्थ होता है कि एक पक्ष का कई बार आना या एक बार से विविध बार का आना। इस अभिधारणा के शब्दों में एक पक्ष का एक से ज्यादा बार प्रयोग सम्भव हो सकता है। पक्षात्मक प्रणाली में इस प्रावधान का होना एक विशिष्ट गुण माना जाता है। P (व्यक्तित्व), E (ऊर्जा) तथा M (पदार्थ) पक्षों के आवर्तनों को CC में निम्न प्रकार प्रदर्शित किया गया है–

मूलभूत श्रेणी	प्रथम आवर्तन	द्वितीय आवर्तन	तृतीय आवर्तन
P (व्यक्तित्व)	[P]	[2P]	[3P]
M (पदार्थ)	[M]	[2E]	[3M]*
E (ऊर्जा)	[E]	[2E]	[3E]*

*[3M] एवम् [3E] पक्षों का प्रयोग गहन वर्गीकरण में आवश्यकता पड़ने पर किए जा सकते हैं। S (स्थान) एवं T (काल) पक्षों में कोई आवर्तन नहीं होता है।

क. P (व्यक्तित्व) पक्ष के आवर्तन–डॉ. रंगनाथन की अभिधारणा के अनुसार P (व्यक्तित्व) पक्ष का दूसरी बार प्रयोग E (ऊर्जा) पक्ष के उपरान्त किये जा सकते हैं। E (ऊर्जा) पक्ष के बाद [P] पक्ष का प्रथम बार प्रकट होना [2P] पक्ष कहलाता है तथा 2E पक्ष अर्थात् द्वितीय आवर्तन के साथ P (व्यक्तित्व) पक्ष का दूसरी बार प्रकट होना [3P] पक्ष कहलाता है। E पक्ष के प्रथम एवं द्वितीय आवर्तनों के पश्चात् P (व्यक्तित्व) पक्ष आए तो बिना किसी संयोजी चिह्न के सीधा जोड़ दिया जाना चाहिए।

प्रयोग–[E] पक्ष के उपरान्त [P] पक्ष का दूसरी बार प्रयोग (द्वितीय आवर्तन) ज्यादा से ज्यादा प्रमुख वर्गों में मिलता है, किन्तु [2E] पक्ष के बाद [P] पक्ष का तीसरी बार प्रयोग (तृतीय आर्वतन) मुख्य वर्ग औषधिशास्त्र, समाजशास्त्र, कृषि विज्ञान एवं पशुचिकित्साशास्त्र में ही मिलता है। उदाहरणार्थ–

MC[P]:[2P]:[2E][3P]		*आवर्तन का नाम*
(1) Human Lungs disease	L45 : 4	P का केवल I आवर्तन
(2) Infection disease in lungs	L45 : 42	P के I एवम् II आवर्तन
(3) X-ray of infectious disease of lungs	L45: 42 : 6253	P के I, II, III आवर्तन
(4) Wheat Crops	J382	P का केवल I आवर्तन
(5) Green manure for wheat crops	J382 % 21	P के I एवम्
(6) Storing of green manure for wheat crops	J382:21:7	P के I, II, III आवर्तन

ख. E (ऊर्जा) पक्ष के आवर्तन–ऊर्जा पक्ष की दूसरी आवृत्ति प्रथम आवर्तन के पश्चात् ही होती है। इस प्रकार के आवर्तनों का संकेत द्विबिन्दु वर्गीकरण के अनेक प्रमुख वर्गों के पक्ष-सूत्रों में दिया गया होता है। जैसे–उपरोक्त उदाहरण में से भी कुछ लिए जा सकते हैं। उदाहरणार्थ–

MC[P]:[E]:[2P][2E][3P]	*आवर्तन का नाम*	
(1) Human Lungs disease	L45 : 4	E का केवल I आवर्तन
(2) X-ray of infectious disease of lungs	L45: 42 : 6253	E के I, II, आवर्तन
(3) Soil for wheat Crops	J382 : 1	E का केवल I आवर्तन
(4) Consumption for soil for wheat crops	J382 : 1 : 7	E के I एवम् II आवर्तन
(5) Green manure for wheat crops	J382 : 21	E का केवल I आवर्तन
(6) Application of green manure for wheat crops	J382 : 21 : 3	E के I एवम् II आवर्तन

3 M (पदार्थ) पक्ष के आवर्तन–M (पदार्थ) पक्ष के उपयोग को भी [E] पक्ष के पश्चात् [2M] पक्ष कहते हैं और [2E] पक्ष के बाद [3M] पक्ष कहलाता है। इन पक्षों का प्रयोग पदार्थ के संयोजी चिह्न सेमीकॉलन (;) के साथ ही होता है। M (पदार्थ) पक्ष के आवर्तन, मुख्य वर्ग Physics, Biology, Botany, Zoology तथा Medicine में देखे जा सकते हैं। [E] [2P] पक्ष के पश्चात् किये गये प्रयोग [2M] यानी पदार्थ को द्वितीय आवर्तन कहते हैं। उदारहणार्थ–

MC[P]:[E]:[2P];[M]	*आवर्तन का नाम*	
(1) Frequency of sound in water	C3 : 3; 5	M का द्वितीय आवर्तन
(2) Iron metabolism of cells	G11 : 33; 182	M का द्वितीय आवर्तन
(3) Fat katabolism of fish	K 92 : 332 ; 94	M का द्वितीय आवर्तन
(4) Treatment of		

diabetes by saline water injection	L293 :46 : 46 : 616: 41171	M का तृतीय आवर्तन

स्तर

डॉ. रंगनाथन के मतानुसार, जब किसी विषय में किसी पक्ष की अभिव्यक्ति एक ही आवर्तन के तहत एक से ज्यादा बार की जाती है तो वह स्तर की अवधारणा कहलाती है। P (व्यक्तित्व), S (देश) तथा T (काल) की अभिव्यक्ति कई स्तरों पर हो सकती है। इन स्तरों को CC में निम्न प्रकार दर्शाया जाता है–

मूलभूत श्रेणी	*प्रथम स्तर*	*द्वितीय स्तर*	*तृतीय स्तर*	*चतुर्थ स्तर*
P (व्यक्तित्व)	[P]	[P2]	[P3]	[P4]
S (देश)	[S]	[S2]	—	—
T (काल)	[T]	[T2]	—	—

1. P (व्यक्तित्व) पक्ष के स्तर–मूलभूत श्रेणी E (ऊजा) में स्तर की अभिव्यक्ति का कोई प्रश्न ही नहीं है, क्योंकि यह मात्र आवर्तन में ही उत्पन्न होती है तथा मूलभूत श्रेणी M (पदार्थ) के स्तरों का प्रयोग भी नहीं किया है। CC के मुख्य वर्ग Literature, Linguistics, General Bibliography, Law में P (व्यक्तित्व) पक्ष के एक ही आवर्तन में 4 स्तरों पर अभिव्यक्ति की गई है। उदाहरणार्थ–

(i)	Bibliography of Mss published in India in 1975	a 12, 1 44, N7 P के चार स्तर
(ii)	Hindu Law of award Partition in session cases	Z 44, 755, 75 2 P के चार स्तर
(iii)	Ram Charit Manas	0 152, 1 J 34, 1 P के चार स्तर

2. S and T (स्थान एवं काल) पक्षों के स्तर–S (स्थान) पक्ष के लिए एकल संख्या अर्जित करने के लिए तथा T (काल) पक्ष के लिए पहले बताया जा चुका है, इन्हें अपने-अपने संयोजी चिह्नों से जोड़ा जाता है। उदाहरणार्थ–

(i)	Physical Geography of mountains	U 2.g7
(ii)	Climate of Rajasthan during summer	U 287.4437 'n3
(iii)	Rainfall in Bombay during winter of 1984	U 2855.4431.B 'N84'n7

संविधा तथा वैशिष्ट

ज्ञान जगत में परम्परागत कुछ ऐसी विशेषताओं और सुविधाओं का प्रचलन कुछ प्रमुख वर्गों में किया जाता है, जिन्हें पृथक वर्ग का नाम दिया जा सकता है और वाङ्मय आवश्यकता के दृष्टिकोण से सम्बन्धित इन विषयों पर अत्यधिक पाठ्य सामग्रियाँ उपलब्ध होती हैं। इसलिए इनका मुख्य वर्ग का स्थान प्राप्त करने का पर्याप्त आधार भी होता है, लेकिन उनका आधार विषय आधार वर्ग ही हो सकता है।

उदाहरणार्थ—चिकित्सा शास्त्र पर नजर डालने से यह स्पष्ट होता है कि इस शास्त्र का प्रमुख प्रयोजन मानव के स्वास्थ्य तथा रोगों की अनेक प्रणालियों तथा दृष्टिकोणों के आधार पर अध्ययन करना होता है तथा उसी के शब्दों को व्यवहार में लाया गया है। इस प्रकार की धारणा को प्रारम्भिक स्थिति में School of Thoughts कहा जाता था, किन्तु 1952 में डॉ. रंगनाथन ने इन पदों को वैशिष्ट्य एवं संविधाओं की संज्ञा दी।

इलाज किये जाने की विधि में एलोपैथी, होमियोपैथी, यूनानी, आयुर्वेद तथा नेचुरोपैथी आदि विधियाँ उपचार के लिए अपनाई गई हैं। सभी का लक्ष्य रोग का निदान करना है। इस प्रकार एक लक्ष्य होते हुए भी विभिन्न दृष्टिकोणों से उपचार किया जाता है। इस प्रकार इनके लिए वर्गीकरण में विशिष्ट व्यवस्था आवश्यक है। किसी-किसी विषय के उप-खण्ड वर्ग वैशिष्ट्य बन जाते हैं। डॉ. रंगनाथन ने इन दोनों तरह की विशेषताओं को मान्यता प्रदान कर इन्हें विन्यस्त पक्ष (Amplified Facet) कहा है। शाब्दिक स्तर पर इनको **वैशिष्ट्य और संविधाएँ** कहा गया है।

वैशिष्ट्य

वैशिष्ट्य वर्ग के अंतर्गत विशेषज्ञों को विशिष्टता प्रदान की जाती है। अर्थात् ऐसा वर्ग जो अपनी कतिपय विशेषताओं के कारण विशिष्ट बन जाता है। दूसरे शब्दों में यह भी कहा जा सकता है कि किसी मूल वर्ग के जिस क्षेत्र अथवा पद्धति में विशेषज्ञता की नजर से ही सम्पूर्ण कार्यकलाप और क्रिया को सम्पन्न किया जाता है, विशिष्ट वर्ग बन जाता है। CC में वैशिष्ट्यों को निम्न उदाहरण द्वारा प्रदर्शित किया जा सकता है—

उदाहरणार्थ—

L (Medicine) C (Physics) G (Biology) X (Economics)

L94 Specials	C94 Specials	G9A Specials	X9A Specials
L9C Child	C9B2 Atom	G9B Embryo	X9B Small scale
L9E Old age	C9B3 Nucleus	G9C Child	X9D Large scale
L9F Female	C9B5 Electron	G9D Adolescent	X9S Private
L9X Industrial	C9BD1	G9E Old age	X9W Public
Low Temperature			

[P] पक्ष का स्तर भी विशिष्ट वर्गों का माना गया है और इसे विशिष्ट [SpF] कहा है। इस प्रकार [P] पक्ष के स्तरों हेतु प्रयोग में लाए जाने वाला कोमा ही इसके लिए भी प्रयोग में लाया जाता है। प्रमुख वर्ग के दूसरे पक्षों के अनुक्रम में इसे [SmF] के पश्चात् और [P] पक्ष से पहले रखा जाता है अर्थात् [SmF], [SpF], [P]।

उदाहरणार्थ–

(i)	Neutron Physics	C9B3,1
(ii)	Dry farming of pulses	J9D, 388
(iii)	Small scale industries	X9B, 8(A)
(iv)	Large scale cooperative industries	XM, 9D, 8(A)
(v)	Ayurvedic treatment of lungs of children	LB, 9C, 45 : 4 : 6
(vi)	Treatment by Unani system	LD : 4 : 6

संविधाएँ

संविधाएं किसी विषय के अंतर्गत अभिव्यक्ति की विचारधारा है। संविधाएँ अथवा प्रणाली शब्द का अर्थ एक ऐसे विषय से है जिसका अध्ययन विभिन्न दृष्टिकोणों से किया गया हो। दृष्टिकोणों की संख्या के शब्दों में ही प्रणालियों की संख्या होगी तथा हरेक दृष्टिकोण के तहत विषय के सम्पूर्ण क्षेत्र पर विचार किया जाता है। उदाहरणार्थ–शिक्षा में मान्टेसरी प्रणाली, अर्थशास्त्र में साम्यवादी दृष्टिकोण, चिकित्सा में आयुर्वेद एवं यूनानी आदि।

उदाहरणार्थ–

L (Medicine)	X (Economics)	S (Psychology)	C (Physics)
LA Systems	XA Systems	SA Systems	CA Systmes
LB Ayurveda	XB War Economics	SM Experimental	CK Gravitation Theory
LC Sidha	XM Cooperative	SN Gestalt	CM Kinetic Theory
LD Unani	Xm2 Sociolisms	SN1 Behaviouristic	CN Relativity
LL Homeopathy	Xn Communism	SN2 Typological	CN1 Quantum Theory
LM Naturopathy	XN 19 Technocracy	SN8 Field.	CN2 Wave mechanics.

प्रमुख वर्ग के अन्य कुछ प्रमुख विषयों जैसे—मनोविज्ञान, शिक्षाशास्त्र, अर्थशास्त्र, भौतिकी और चिकित्साशास्त्र में प्रणालियों की नजर से संविधाओं अथवा प्रणालियों की रचना की गई है, जिसकी संरचना में कालक्रम पद्धति का प्रयोग किया जाता है और मुख्य वर्ग के आधार विषय से भिन्नता रखने के लिए आधार विषय में कार्यक्रम के अंक को जोड़ दिया जाता है जिसे वास्तविक रूप से प्रणाली के उद्भव का साल माना जाता है। इस पक्ष की संरचना में इस बात का ध्यान रखा जाता है कि वर्गांक यथासम्भव छोटा बने और उसे बेकार में विस्तार न दिया जाए। अतः एक सदी में आविष्कार की गई पहली प्रणाली को सदी अंक से, उसी सदी में आविष्कार की गई दूसरी प्रणाली को दशाब्दी अंक से और उसी दशाब्दी में आविष्कृत तीसरी पद्धति को वर्ष अंक से व्यक्तित्व प्रदान किया जाता है।

उदाहरणार्थ—

(i)	SN	Gestalt systems of Psychology	(बीसवीं शताब्दी में आविष्कृत पद्धति)
(ii)	SN1	Behaviouristic system of Psychology	(बीसवीं शताब्दी के दूसरे दशक में आविष्कृत पद्धति)
(iii)	SN14	Individualistic system of Psychology	(बीसवीं शताब्दी के दूसरे दशक के पाँचवें वर्ष में आविष्कृत पद्धति)

उपरोक्त तीनों प्रणालियों का अविष्कार एक ही शताब्दी में हुआ है। इसीलिए पहले सदी को अंक से, दूसरी को शताब्दी अंक से तथा तीसरी पद्धति को वर्ष अंक लगाकर दर्शाया गया है। उपर्युक्त, उदाहरण से यह भी पता चलता है कि प्रणाली की संरचना न्यूनतम दो अंकों से होती है। प्रथम अंक मुख्य वर्ग का प्रतीक होता है तथा दूसरा अंक उस शताब्दी का जिसमें उस प्रणाली का प्रादुर्भाव हुआ है। पद्धति के साथ प्रमुख वर्ग के समस्त पक्षों का उपयोग हो सकता है। अर्थात् मुख्य वर्ग के [P], [M], [E], [S], [T] पक्षों को इसके बाद जोड़ा जा सकता है। प्रणाली और व्यक्तित्व पक्षों के लिए संयोजी चिह्न कोमा (,) का प्रयोग किया जाता है।

उदाहरणार्थ—

(i)	Ayurvedic treatment for lungs	LB, 45 : 4 ; 6
(ii)	Basic education of elementary school	TN2, 15
(iii)	Experimental Psychology of anger in criminals	SM, 65 : 524
(iv)	Treatment of Heart disease by Homeopathy	LL, 32 : 4 : 6

ज्ञान एक गतिशील एवम् परिवर्तनशील प्रक्रिया है। अतः नए विचारों का लगातार विकास हो रहा है। चूँकि इन नवीन विचारों एवं विषयों का समावेश अनुसूची में नहीं है, इसलिए इनको वर्गांक प्रदान नहीं किए जा सकते हैं। किन्तु हरेक वर्गीकरण पद्धति में मुख्य अनुसूचियों के अतिरिक्त कुछ अन्य विधियों की भी व्यवस्था रहती है जिससे इन नवीन विचारों एवं विषयों को भी वर्गांक प्रदान किए जाते हैं। वर्गांक की संरचना में अनुसूची की सहायक होने के कारण इन्हें सहायक विधियाँ कहते हैं। इनमें से एक पद्धति **विषय पद्धति** भी है।

विषय प्रणाली

विषय प्रणाली नवीन विचारों हेतु नए एकल के निर्माण की वह सहायक प्रणाली है, जिसमें किसी मुख्य वर्ग के किसी भी पक्ष के किसी भी एकल में किसी अन्य दूसरे मुख्य वर्ग के किसी भी पक्ष के किसी भी एकल को जोड़कर नवीन एकलों की रचना की जाती है। अर्थात् अन्य मुख्य वर्ग से उपयुक्त एकल संख्याओं को आवश्यकता पड़ने पर अस्थाई रूप से प्रयोग किया जा सकता है।

विषय प्रणाली की विशेषताएं

(1) इस पद्धति का प्रावधान होने से वर्गीकार को स्वतन्त्रता प्रदान की गई है।

(2) इस प्रणाली का उपयोग जहाँ निर्देश दिए गए हैं वहाँ तो किया ही जा सकता है, लेकिन जहाँ निर्देश नहीं हैं वहाँ पर इस पद्धति का प्रयोग विवेक के आधार पर युक्ति संगत किया जा सकता है, किन्तु वहाँ पर निर्णय लेना वर्गीकार के विवेक पर आवश्यक होता है।

(3) विषय पद्धति की सहायता से किसी भी मुख्य वर्ग के किसी पक्ष या किसी पंक्ति में नवीन एकलों की रचना की जा सकती है।

(4) एकलों के वाच्यार्थ (meaning) को तीक्ष्ण बनाया जा सकता है।

(5) इस पद्धति से किसी भी वर्ग की पंक्ति एवम् शृंखला में ग्राह्यता का गुण उत्पन्न होता है।

(6) इस प्रणाली के अंतर्गत अनुसूची के आकार को छोटा रखा जा सकता है।

(7) नवनिर्मित विषयों को आसानी एवं सुलभता के साथ वर्गांक प्रदान किए जा सकते हैं।

दशमलव वर्गीकरण और विषय प्रणाली

इस पद्धति के अंतर्गत अनुसूची को विस्तृत होने से रोकने हेतु अनेक स्थानों पर 17वें तथा 18वें संस्करणों में Divide like 000-999 तथा 19वें और 20वें संस्करण में Add from schedule होती हैं। एक ही पद का विविध मुख्य वर्गों में प्रयोग की नजर से इन्हें बार-बार हरेक मुख्य वर्ग में वर्गीकृत न करके उस मुख्य वर्ग में अंकित किया गया है, जहाँ पर ज्यादा महत्त्व एवं उपयोगिता है तथा इस वर्गांक का प्रयोग कहाँ पर हो सकता है वहाँ पर उस अंकन को ले जाकर जोड़ने का प्रावधान किया गया है। इस तरह के निर्देशों को दो स्तरों पर विभक्त किया जा सकता है–

क. आधार वर्गांक के साथ पूर्ण अनुसूची का उपयोग–प्रणाली के अन्तर्गत निर्दिष्ट आधार किसी भी वर्ग संख्या के साथ पूर्ण अनुसूची वर्गांक अर्थात् 001-999 के किसी भी वर्गांक को जोड़ने के निर्देश दिए गए होते हैं।

उदाहरणार्थ–

(1) रसायनशास्त्र का अनुक्रमणीकरण 025.0654–[0.25.06 (Indexing) के तहत 001.999 के अंकन को जोड़ने के निर्देश हैं तथा अनुसूची में Chemical Literature के लिए 540 अंकन प्रयुक्त हैं, इसलिए वर्गांक बना [025.06 + 540 = 025.0654]

(2) (कृषि पुस्तकालय) 026.63–[026 (Library) के तहत 001-999 के किसी भी अंकन को जोड़ने के निर्देश हैं। अनुसूची में कृषि के लिए 630 अंकन प्रयुक्त है, इस प्रकार [026 + 63[0] =026.63]

(3) हिन्दी साहित्य की वाङ्मय सूची 016.89143–[016 (Bibliography) के तहत 001.999 के अंकन को जोड़ने के निर्देश हैं और अनुसूची में हिन्दी साहित्य के लिए 891.43 अंकन प्रयुक्त है इस प्रकार वर्गांक बना [016 + 891.43 = 016.89143]।

ख. आधार वर्गांक के साथ अनुसूची के कुछ अंशों का उपयोग–इसके माध्यम से निर्दिष्ट आधार किसी भी वर्ग संख्या के साथ आवश्यक वर्गांक जो अनुसूची का कुछ भाग होते हैं तथा अनुसूची में अन्यत्र कहीं उल्लिखित होते हैं,

को जोड़ने के निर्देश कहीं-कहीं पर दिए गए होते हैं, लेकिन वर्गीकार को इस प्रकार के निर्देश को प्रयोग में लाने से पूर्व यह बात ध्यान में रखनी चाहिए कि निर्देशानुसार कुछ अंक हटाकर आवश्यक अंक जोड़ने के ही निर्देश दिए रहते हैं उदाहरणार्थ–

(1) Fresh water Zoology शुद्ध जलीय प्राणि विज्ञान 591.929–[591.9 (Geographical Treatment of animals) के तहत 574.9 अंक छोड़ते हुए 574.909-574.999 तक के अंकन में से आवश्यक अंकन जोड़ने का निर्देश है, इसलिए वर्गांक बना [591.9 + [574.9] 29 = 591.929]

(2) Anatomy of Pineapple Plant अन्ननास पादप शरीर रचना 584.22 + 04 + [581].4 = 584.22044

द्विबिन्दु वर्गीकरण एवं विषय प्रणाली

विषय प्रणाली के उपयोग के नियम, नियम भाग और अनूसूचियों में द्विबिन्दु वर्गीकरण के अन्तर्गत समुचित स्थान दिया जाता है। जिन एकल संख्याओं का प्रयोग विषय पद्धति के लिए किया जाता है, उन्हें लघु कोष्ठक में रखा जाता है। CC के चतुर्थ क्षेत्र के मुख्य वर्गों की संरचना इसी पद्धति के शब्दों में किया गया है। CC के तहत इसका प्रयोग वेष्ठित अंकन के रूप में किया जाता है। CC में इस पद्धति का प्रयोग निम्न मुख्य वर्गों में किया गया है–

(i) मुख्य वर्ग 2 (Library Science) में	Religious Libraries	24 (Q)
	Law Libraries	24 (Z)
	Medical Libraries	24 (L)
(ii) मुख्य वर्ग X (Psychology) में	Psychology of Engineers	54 (D)
	Psychology of Doctors	54 (L)
	Psychology of Farmers	54 (J)
(iii) मुख्य वर्ग X (Economics) में	Coal Industries	X8 (F551)
	Soap Industries	X8 (F9496)
	Cycle Industries	X8 (D5125)
(iv) मुख्य वर्ग D (Engineering) में	Computer Machine	D65, 8 (B)
	Translation Machine	D65,8 (P:795)
(v) विशेष दृष्टिकोण से	Educational Psychology	T : (S)
	Bio-Physics	G : (C)
	Mathematical Economics	X : (B)

अनुक्रमणिका

उन सभी वर्गीकरणों का जिनका निर्माण व्यवस्थित एवम् तार्किक विभाजन के आधार पर हुआ है, वो वैसे तो खुद ही अपने क्रम एवं अनुरूप संरचना सिद्धान्त को व्यक्त करने की क्षमता रखते हैं फिर भी किसी सरल साधन के किसी विषय के सम्भाव्य वर्ग को प्राप्त करने के लिए उसका प्रयोग उतना सरल नहीं है। इस प्रकार इसके लिए एकमात्र उपकरण इस वर्गीकरण पद्धति की अनुक्रमणिका होती है।

हर एक अनुक्रमणिका वर्गीकरण प्रणाली की एक सहायक साधन होती है। किसी वर्गीकरण पद्धति की अनुसूचियों में उल्लिखित समस्त पदों की वर्णानुक्रमी सूची को **अनुक्रमणिका** कहते हैं। वर्गीकरण पद्धति की सभी अनुसूचियों में उल्लिखित सभी पदों को वर्णक्रम में व्यवस्थित करके उनके समक्ष ही उसके अंकन भी प्रस्तुत किए जाते हैं। इसकी सहायता से उपयोगकर्ता को विषय खोजने में सुविधा होती है। इस प्रकार अनुक्रमणिका किसी वर्गीकरण पद्धति का सहायक यंत्र है, किन्तु इसे वर्गीकरण का मुख्य साधन कदापि नहीं बनाना चाहिए। वर्गीकरण की पद्धति पर्याप्त अनुक्रमणिका के अभाव में न तो पूर्ण मानी जा सकती है और न उतनी जनप्रियता ही प्राप्त कर सकती है।

अनुक्रमणिका की परिभाषाएँ

अनुक्रमणिका को विभिन्न विद्वानों ने निम्न प्रकार से परिभाषित किया है—

ब्राउन के शब्दों में—अनुक्रमणिका किसी भी पुस्तक में उल्लिखित समस्त विषयों अथवा साहित्यिक प्रकरणों की एक सूची है।

सेयर्स के शब्दों में—अनुक्रमणिका वर्गीकरण अनुसूची के सुव्यवस्थित क्रम की वर्णानुक्रमी कुंजी है।

फिलिप्स के शब्दों में—वर्गीकरण अनुसूची के तहत उल्लिखित तत्सम्बन्धी अंकनों से युक्त सम्पूर्ण पदों की एक वर्णानुक्रमी सूची है।

उक्त कथनों से यह स्पष्ट होता है कि अनुक्रमणिका का प्रमुख कार्य अनुसूची के तहत सुव्यवस्थित अंकन युक्त पदों के स्थान को वर्गों के विषय पदों तथा उनके सूक्ष्मतम अवयवों की तालिका वर्णानुक्रम में उपलब्ध कराना है। अनुक्रमणिका वर्गीकृत क्रमव्यवस्था का पूरक न होते हुए भी इसके प्रयोग करने का एक आवश्यक साधन है। अपने प्रयोजन को पूरा करने हेतु अनुक्रमाणिका के अधोलिखित कार्य हैं—

(1) अनुक्रमणिका किसी विषय से सम्बन्धित अन्य विषयों को भी प्रदर्शित

करती है, जो वर्गीकरण अनुसूची (Schedules) में यत्र-तत्र बिखरे होते हैं और इस नजर से विषयों को एक स्थान पर एकत्रित करके उनके आपसी सम्बन्ध को प्रकट करती है।

(2) अनुक्रमणिका समय की बचत करने की एक ऐसी पद्धति है, जिससे वर्गीकरण के तहत सुव्यवस्थित रूप से आंकलित विषयों के स्थान को ज्ञात करने में सहांयता मिलती है।

(3) अनुक्रमणिका अनुसूची में किसी विषय के उचित स्थान को निर्धारित करती है।

(4) अनुक्रमणिका किसी विषय अथवा प्रकरण की विभिन्न शाखाओं तथा सम्बन्धों को एक साथ एकत्रित करके वर्गीकरण पद्धति को एक पूरक (Supplement) प्रदान करती है।

अनुक्रमणिका का स्वरूप

सभी वर्गीकरण प्रणालियों की अनुक्रमणिका के मुख्यतः दो भेद होते हैं जिनका वर्गीकरण निम्नलिखित शीर्षकों के माध्यम से किया जा सकता है–

(1) विशिष्ट अनुक्रमणिका

जिन अनुक्रमणिकाओं के अंतर्गत अनुसूचियों में उल्लिखित हरेक प्रकरण अथवा विषय हेतु मात्र एक प्रविष्टि दी जाती है, इसके साथ ही इसके पयार्यवाची पद भी दिए जाते हैं किन्तु इसमें विषयों के सम्बन्ध का उल्लेख नहीं होता है उन्हें विशिष्ट अनुक्रमणिका कहा जाता है। विशिष्ट अनुक्रमणिका के अन्तर्गत विषय के विभिन्न अंगों और विभिन्न विषय-वस्तुओं को महत्त्व नहीं दिया जाता है और न उनका उल्लेख ही होता है इसमें वर्णानुक्रम पद्धति का उपयोग किया जाता है इसलिए सम्बन्धित विषय एक-दूसरे से अलग हो जाते हैं। सिद्धान्त रूप में विशिष्ट अनुक्रमणिका (Specific Index) वर्गीकरण हेतु एक स्थान निर्धारित करने में उपयुक्त हैं। इसमें दुविधा एवं सन्देह की सम्भावना रहती है। CC तथा SC में विशिष्ट अनुक्रमणिकाओं का ही प्रावधान किया गया है।

उदाहणार्थ–

Book Selection 2(E), 81

Surgery L(E) (2p), 7

स्पष्टीकरण–अनुक्रमणिका (Index) में Book Selection शब्द के आगे 2(E), 81 अंकित मिलता है जिसका अभिप्राय Book Selection शब्द का उल्लेख

मुख्य वर्ग 2 Library Science के Energy पक्ष में हुआ है और वहाँ उसके लिए एकल संख्या 81 दी गई है।

उन सभी मूलभूत पदों तथा शब्दों का सी.सी.अनुक्रमणिका में उल्लेख होता है, जिन्हें अनुसूची में प्रयोग किया गया है। केवल मिश्रित पदों तथा विभिन्न विधियों द्वारा निर्मित पदों का उल्लेख नहीं किया गया है इसमें शब्दों का व्यवस्थापन क्रमशः है।

(2) सापेक्षिक अनुक्रमणिका

सापेक्षिक अनुक्रमणिका के तहत वर्गीकरण पद्धति की हरेक अनुसूची में समस्त विषयों को प्रस्तुत किया जाता है। इसके अतिरिक्त उनके विविध पर्यायवाची पदों का भी विवरण किया जाता है। इसके अलावा हर विषय का एक-दूसरे विषय के साथ संबंध को भी काफी मात्रा में दर्शाया जाता है। साथ ही उनके वर्गांक का भी उल्लेख होता है, किन्तु किसी विषय के लिए ज्यादा विकल्प देने से विशुद्ध निर्णय भी हो जाता है। इसका प्रयोग सुगमता से नहीं किया जा सकता, क्योंकि इसका आकार अत्यधिक विस्तृत होता है। इसका सर्वोत्तम उदाहरण दशमलव वर्गीकरण की अनुक्रमणिका है। C.A Cutter की Expansive Classification (EC) तथा Library of Congress Classification (LC) में भी कुछ हद तक सापेक्ष अनुक्रमणिका का प्रयोग हुआ है।

गुण एवं दोष

अनुक्रमणिका गुण एवम् अवगुण निम्नलिखित हैं–

(1) एक विषय के वर्गांक और उसकी अन्य विभिन्न शाखाओं के अनेक विकल्प दिए होने के कारण सन्देह एवं भ्रम उत्पन्न होने की संभावना रहती है, इसलिए वर्गांक का निर्णय गलत हो सकता है।

(2) जितने प्रकार से किसी विषय को प्रस्तुत किया जा सकता है, उनके विकल्प को प्रस्तुत करती है और साथ ही उनके हरेक उप विभाग के अंकन का उल्लेख करती है।

(3) वर्णक्रम व्यवस्था सरलता के साथ स्वतः यन्त्रवत् सहायक सिद्ध होती है।

(4) वर्गीकरण अनुसूची में उल्लिखित विषयों की विभिन्न शाखाओं के स्थानों की सूची इसमें उपलब्ध होती है जबकि विशिष्ट अनुक्रमणिका में इनको निर्धारित करने के लिए अन्य साधनों की आवश्यकता पड़ती है।

(5) इस अनुक्रमणिका का प्रावधान होने से किसी भी विषय की अनेक शाखाओं को अनेक वर्गीकरणों द्वारा विभिन्न स्थान प्रदान करने की सम्भावना कम रहती है।

(6) यह मुद्रण के दृष्टिकोण से भी बहुत भारी हो जाती है।

ग्रन्थालय पुस्तकों का गोदाम है। अतः एक ही विषय पर अनेकानेक पुस्तकों की उपलब्धता यहाँ आसानी से होती है। अर्थात् एक ही वर्गांक वाली पुस्तकें एकत्रित हो सकती हैं ऐसी स्थिति में उनकी भिन्नता स्पष्ट करना तथा उनको फलकों पर सहायक क्रम में व्यवस्थित करना मुश्किल हो जाता है, क्योंकि एक ही वर्गांक की पुस्तकों का बाहुल्य होने के कारण उनमें समानता का भ्रम उत्पन्न हो जाएगा और किसी अभीष्ट पुस्तक को पुस्तकों के समूह से निकालना मुश्किल कार्य हो जाएगा। इस समस्या के समाधान के लिए पुस्तकों के लिए उनकी पुस्तक संख्या का प्रावधान किया गया है।

उपरोक्त विवेचन से ज्ञात होता है कि पुस्तक संख्या वह अंकन है जो एक ही वर्गांक की पुस्तकों के समूह में किसी पुस्तक का विशिष्ट स्थान निर्धारित करता है। पुस्तक संख्या की सहायता से समान वर्गांक के तहत सभी पुस्तकों को व्यक्तिगत पहचान प्रदान की जाती है।

डॉ. रंगनाथन के पुस्तक संख्या के अनुसार पुस्तक वर्गीकरण की पद्धति में पुस्तक संख्या की व्यवस्था की जानी चाहिए, ताकि ज्ञान के समान वर्ग वाली पुस्तकों को व्यक्तित्व प्रदान किया जा सके। असल में पुस्तकों को व्यक्तित्व प्रदान करते समय एक ऐसी स्थिति आ जाती है जब विषय के वर्गीकरण के साथ पुस्तक के भौतिक रूपों का वर्गीकरण भी आवश्यक हो जाता है। डॉ. रंगनाथन ने पुस्तक संख्या के महत्त्व को स्पष्ट करते हुए लिखा है कि पुस्तक संख्या पुस्तक को उस स्थान पर व्यक्तित्व प्रदान करती है जहाँ वर्ग संख्या व्यक्तित्व प्रदान करने में असमर्थ है।

पुस्तकों के अंकों की प्राप्ति की महत्त्वपूर्ण विधियाँ

पुस्तकों के अंकों की प्राप्ति के अनेकों नियम एवम् पद्धतियां हैं जिनमें से चार मान्यताप्राप्त निम्न हैं–

(1) डॉ. रंगनाथन द्वारा द्विबिन्दु पुस्तक संख्या।

(2) बिस्को नम्बर द्वारा।

(3) लेखक के कुल नाम के प्रथम तीन अक्षरों का प्रयोग कर।

(4) लेखक के नाम का क्रमिक संख्या में अनुवाद कर।

पुस्तकों के अंकों की प्राप्ति हेतु

डॉ. रंगनाथन ने काफी गम्भीरतापूर्वक समान वर्गसंख्या की पुस्तकों को पुस्तक संख्या द्वारा व्यक्तित्व प्रदान करने की समस्या पर विचार किया है। उन्होंने पुस्तक के आठ विशिष्ट बाह्य अंगों को स्पष्ट कर इनका प्रयोग पुस्तक संख्या के लिए किया। इससे हरेक पुस्तक की भिन्नता स्पष्ट होती है तथा फलकों पर पुस्तक का एक स्थान निर्धारित हो जाता है। इस प्रकार डॉ. रंगनाथन ने पुस्तक संख्या की समस्या का विश्लेषण कर पुस्तक वर्गीकरण के लिए एक पक्ष-परिसूत्र की संरचना की है, जो निम्नलिखित है–

[L][F][y][A]-[V][S];[C] : [Cr]

जहाँ हरेक अक्षर निम्न प्रकार प्रदर्शित करता है।

अ. [L] भाषा संख्या–कुछ पुस्तकालयों में मान्य भाषा के अलावा अन्य भाषाओं में लिखी गई पुस्तकों के लिए इस संख्या का प्रयोग किया जाता है उदाहरणार्थ–

भारत में विश्वविद्यालय शिक्षा (अंग्रेजी भाषा में 1945 में प्रकाशित)	T4.444 111H5
भारत में विश्वविद्यालय शिक्षा (हिन्दी भाषा में 1945 में प्रकाशित)	T4.444 152H5
भारत में विश्वविद्यालय शिक्षा (मराठी भाषा में 1951 में प्रकाशित)	T4.44 155J1

ब. [F] रूप संख्या–कुछ पुस्तकें सामान्य न होकर किसी विशेष रूप को व्यक्त करती हैं। उनकी मदद से रूप संख्या का वर्गांक बनाया जाता है उदाहरणार्थ–

पुस्तकालय प्रसूची नियमावली-1962 2.55qk2

स. [Y] वर्ष संख्या–पुस्तक वर्गीकरण में वर्ष संख्या सर्वाधिक महत्त्वपूर्ण होती है। प्रत्येक पुस्तक की पुस्तक संख्या में वर्ष संख्या अवश्य होती है। इस तालिका के शब्दों में निम्न प्रकार वर्ष-संख्या प्रदान की जाती है। उदाहरणार्थ–

भारतीय दर्शन (1995 में प्रकाशित)	R6 F5
भारतीय दर्शन (1954 में प्रकाशित)	R6 J4
विश्वविद्यालय पुस्तकालय प्रशासन (1963)	T4 : K3

द. [A] पुस्तकांक का परिग्रहण भाग–प्रायः ऐसा होता है कि एक ही पुस्तक से मिलती-जुलती कई पुस्तकें प्रकाशित होकर ग्रन्थालयों में आती हैं, जिनके मध्य अन्तर निर्धारित करना बहुत जरूरी होता है। यह भिन्नता पुस्तकांक के परिग्रहण मात्र संख्या के द्वारा स्पष्ट की जा सकती है। यह संख्या प्रथम आगत

पुस्तक को नहीं दी जाती है। दूसरी आगत पुस्तक को एक संख्या प्रदान की जाती है। जैसे—

फर्म (1961 में प्रकाशित प्रथम समाविष्ट पुस्तक) Q6 152 K1 हिन्दी में प्रकाशित
फर्म (1961 में प्रकाशित द्वितीय समाविष्ट पुस्तक) Q6 152 K2 हिन्दी में प्रकाशित

य. [V] खण्ड संख्या—कभी-कभी ऐसा होता है कि एक ही पुस्तक को अनेक भागों में प्रकाशित किया जाता है। पुस्तकों के अलग खण्डों के लिए खण्ड संख्या देना आवश्यक है। इसके लिए बिन्दु (.) का योजक चिह्न निर्धारित किया गया है। जैसे—

भारतीय संस्कृति (1995 में प्रकाशित प्रथम खण्ड) Y 73 (P15) : 1 N5.1

भारतीय संस्कृति (1995 में प्रकाशित चतुर्थ खण्ड) Y 73 (P15) : 1 N5.4

र. [S] सम्पूरक संख्या—अगर किसी खण्ड का कोई सम्पूरक प्रकाशित होता है तो उस सम्पूरक को भी उसी खण्ड के साथ व्यवस्थित करना सबसे सहायक अनुक्रम होता है। सम्पूरक को किस प्रकार दर्शाया जाता है, उसे निम्न उदाहरण द्वारा समझा जा सकता है—

भारतीय संस्कृति (1995 में प्रकाशित प्रथम खण्ड का प्रथम सम्पूरक)	Y 73 (P15)	N5.1-1
भारतीय संस्कृति (1995 में प्रकाशित चतुर्थ खण्ड का चतुर्थ सम्पूरक)	Y 73 (P15) : 1	N5.4-4

ल. [C] प्रति संख्या—अगर किसी पुस्तक से सम्बन्धित बहुतायत में प्रतियां हों तो उन्हें प्रति संख्या अंक प्रदान कर सहायक अनुक्रम में व्यवस्थित किया जाता है। जैसे—

द्विबिन्दु वर्गीकरण (1963 में प्रकाशित प्रथम प्रति)	2.51N3	K3
द्विबिन्दु वर्गीकरण (1963 में प्रकाशित पंचम प्रति)	2.51N3	K3.9

व. [Cr] समालोचना संख्या—जब किसी पुस्तक विशेष की समालोचना करने वाले अनेक पुस्तक प्रकाशित हो जाते हैं, तब पुस्तक संख्या में उसके लिए समालोचना संख्या दी जा सकती है। मूल पुस्तक तथा समालोचना पुस्तक में मूल पुस्तक की वर्ष संख्या ही दी जाती है तथा योजक चिह्न कोलन (:) के साथ समालोचना संख्या लिख दी जाती है। जैसे—

भारतीय राजनीति (1968 में प्रकाशित) मूल पुस्तक	W.44 K8
भारतीय राजनीति (1968 में प्रकाशित) समालोचना पुस्तक	W.44 K8 : g

11

पुस्तकों का प्रयोगात्मक वर्गीकरण

पुस्तक वर्गीकरण का प्रयोगात्मक पक्ष

पिछले अध्यायों में पुस्तकों के वर्गीकरण से सम्बन्धित विशिष्ट वर्गीकरणों की प्रणालियों का अध्ययन किया गया है। इस अध्याय में सहज ढंग से प्रयोगात्मक वर्गीकरण के प्रारम्भिक नियमों का अध्ययन किया जाएगा। पुस्तकालय वर्गीकरण का अभिप्राय अधोलिखित हैं–

(i) अपनी नियत वर्गीकरण पद्धति के अनुसार, दी हुई पुस्तक का विषय एवं वर्ग निश्चित करना तथा उस पर उचित वर्ग संख्या लगाना।

(ii) यदि आवश्यक हो तो वर्ग संख्या में 'सामान्य रूप-विभाजन' (Common Sub-division) की संख्या लगाना।

(iii) पुस्तक संख्या (Book Number) नियत करना।

(iv) अलमारियों में यथास्थान रखने के लिए जरूरी हो तो कक्षा संख्या (Sequence No.) लगाना।

यहाँ पहली अवस्था ज्ञान-वर्गीकरण के क्षेत्र से सम्बद्ध है तथा अन्य तीनों अवस्थाएँ पुस्तक वर्गीकरण के क्षेत्र में आ जाती हैं। साधारणतया वर्गकार को शुरू में पहली दो ही अवस्थाओं को सीखकर उनका अभ्यास करना पड़ता है। अतः आगे सबसे पहले उन्हीं संख्याओं से सम्बन्धित कुछ सिद्धान्तों को विस्तार से दिया जा

रहा है। विषय-निर्धारित करना तथा उपयुक्त वर्ग, विभाग व सामान्य रूप-विभाजन आदि की संख्याएँ निर्धारित करना–

वर्गकार के अल्पतम कार्य की सीमा–इस विषय से संबंधित एक वर्गकार में अल्पतम कार्य कर सकने की शक्ति अवश्य होनी चाहिए जैसे–

(1) इसके उपरान्त उसमें वर्णित अन्य विषयों को पूरी निश्चितता के साथ निर्धारित करके नियत वर्गीकरण पद्धति में उनके पूरी तरह उपयुक्त व उपयोगी स्थान का निर्णय कर सके।

(2) पहले दिये गये पुस्तक के प्रधान विषय को जानकर मुख्य वर्ग (Main Class) निश्चित कर सके।

(3) प्रतीक चिह्नों का तथा साधारण रूप-विभाजन (Common Sub-division) आदि वर्गीकरण पद्धति के सहायक तत्त्वों का यथाविधि ठीक-ठीक प्रयोग कर सके।

सामान्य अनिवार्यता–इन गतिविधियों में सफलता निम्नलिखित बातों पर निर्भर करती है–

(1) नियत वर्गीकरण पद्धति की पूरी जानकारी।

(2) तद्विषयक सम्मत सिद्धान्तों तथा कार्य पद्धतियों का सम्पूर्ण ज्ञान।

(3) एक विस्तृत साधारण ज्ञान वर्गीकरण सारणियों के पारिभाषिक (Technical) ज्ञान के न होने से उतनी गलतियाँ नहीं होती हैं, जितनी विषय निर्धारण में सामान्य अज्ञानता से हो जाती हैं। व्यक्ति जितना अच्छा चलता-फिरता विश्वकोश बन सकेगा वह उतना ही ज्यादा सफल वर्गकार हो सकेगा।

वर्गीकरण पद्धति

कतिपय प्रश्नों को पूछकर वर्गीकरण की गतिविधियां शुरू करनी चाहिए।

(i) अन्त में एकदम निश्चित विषय क्या होगा?

(ii) मुख्य वर्ग का विभाग कौन-सा होगा?

(iii) पुस्तक का विषय क्या है?

(iv) सारणियों में उस विषय के लिए मुख्य शीर्षक (मुख्य वर्ग) कौन-सा हो सकता है?

(v) वह रूप कौन-सा है, जिसमें वह उपस्थित की गई है?

पहली अवस्था में वर्ग संख्या पर ध्यान नियत करने में हमें तीन प्रमुख बातों पर ध्यान केन्द्रित करना पड़ता है–

(i) अगले अंकों को क्रमशः चुनते जाना, जबकि अन्त में सामान्य रूप-विभाजन की संख्या लगाने का समय आ जाता है।

(ii) इसके बाद दूसरी अवस्था में साधारण रूप-विभाजन आदि के अंक लगाकर वर्ग संख्या को जरूरत के अनुसार अधिक सूक्ष्म और निश्चित कर दिया जाता है।

(iii) पुस्तक की वर्ग संख्या हेतु मुख्य वर्ग के पहले अंक को चुनना।

पुस्तक वर्गीकरण की गतिविधियाँ

सामान्य अनुपालन

(1) जब कोई पुस्तक एक से अधिक विषय को Treat करती है तथा दो या दो से ज्यादा विषय से सम्बन्ध प्रकट करती है तो उस सम्बन्ध को निर्धारित कीजिए तब उसका वर्गीकरण कीजिए।

(2) पुस्तक को लिखने में लेखक का अभिप्राय क्या था? इसे समझकर पुस्तक का वर्गीकरण कीजिए।

(3) पुस्तक का सर्वाधिक विशिष्ट विषयांश जो कि पुस्तक का चरित्र प्रकट कर सके, उसके आधार पर पुस्तक का वर्गीकरण कीजिए।

(4) स्थान को विषयांश के अधीनस्थ कीजिए। यदि किसी विषय के अन्तर्गत स्थायी उपविभाजन नहीं दिए गए हों तो स्थानीय दशाओं को बताने वाली पुस्तकों को सीधे विषयांश के अन्तर्गत रखिए। किसी बड़े विभाग के अन्तर्गत न रखिए जिसके लिए स्थानीय उपविभाजन दिए गए हैं।

(5) यदि किसी पुस्तक में आँकड़े या तथ्य (चाहे वे किसी प्रकार के हों) किसी नीति या प्वाइंट को सिद्ध करने के लिए चुने गए हों तो लेखक का मन्तव्य समझकर ऐसी पुस्तक का वर्ग बनाना चाहिए।

(6) खण्डन और मण्डन दोनों पक्ष यदि एक पुस्तक में हों तो लेखक ने जिस पक्ष का समर्थन किया हो उसमें रखिए।

(7) सामान्य कृति और साहित्य वर्ग के अलावा दूसरे वर्गों में किसी पुस्तक का पहले उसके विषय के अनुसार वर्गीकरण कीजिए और बाद में उस 'रूप' के अनुसार—जिसमें वह विषय उपस्थित किया जाता है। (रूप की अपेक्षा विषय प्रधान होता है)। 'सामान्य कृति' और 'साहित्य वर्ग' में रूप की प्रधानता रहती है।

'रूप' (Form) के लिए रूप विभाजन का सामान्य उपविभाजन (Common Sub-division) के अंकों की आवश्यकता होती है।

(8) मुख्य नियम—सुविधा तथा उपयोगिता के नियम से वर्गीकरण का सम्पूर्ण कार्य पुस्तकालय के उपयोगकर्ताओं की 'सुविधा' हेतु ही होना चाहिए। इस प्रकार किसी एक पुस्तक को ऐसे स्थान पर रखिए, जहाँ वह अधिक उपयोगी हो सके। ऐसा होने पर पाठक उसे अधिक-से-अधिक आसानी से हासिल कर सकेंगे। साथ ही ऐसा करते हुए उसका कारण भी बताना चाहिए।

(9) ऐसे वर्गीकरण से हमेशा ही बचना चाहिए जो विवाद का या आलोचना का विषय बन सकता हो। किसी विषय के पक्ष या विपक्ष की पुस्तकों को एक ही साथ रखना चाहिए।

(10) पुस्तकों का वर्गीकरण करते हुए सुविधा के नियम के अनुसार ही पुस्तकालय के स्वरूप, आवश्यकता एवं प्रकाशन के प्रकार का भी ध्यान रखना चाहिए, विशेषकर तब जब पुस्तकें संग्रहीत कृतियों के रूप में हों या किसी विद्वत् परिषद् का कोई प्रकाशन न हों।

किसी पुराने इंग्लिश टैक्स्ट सोसाइटी के प्रकाशित ग्रन्थों को एक साथ रखना लाभदायक हो सकता है, लेकिन पुस्तकालय संघ के ग्रन्थों को एक स्थान पर वर्गीकृत करना हास्यास्पद ही होगा।

(11) शोध (रिसर्च) के परिणामों को उनके टॉपिक में रखिए चाहे उस पुस्तक में जो भी साधन या आँकड़े उपयोग किए गए हों।

(12) जो ग्रन्थ रीति-रिवाजों, संस्थाओं या विश्वासों के उद्भव विषयक हों उनको उनके टॉपिक में रखिए, उनके उद्भव में नहीं।

(13) किसी विषय के इतिहास को उस विषय के विशिष्ट शीर्षक के अन्तर्गत रखिए, सामान्य शीर्षक में नहीं।

(14) अगर कोई पुस्तक विशेष सन्दर्भों को बताकर लिखी गई हो तो सर्वप्रथम उसे सबसे अधिक सीमित टॉपिक में रखें।

वर्गकार के सहायक उपस्कर

उपयुक्त रीति से वर्गीकरण के लिए एक वर्गीकार के साथ उपस्कर होने चाहिएं जो निम्नवत् हैं—

(1) एक अच्छा जीवनी कोश,

(2) कालक्रम सूची,

(3) डिक्शनरी ऑफ डेट्स,

(4) एक ताजे संस्करण का नेशनल गजेटियर,

(5) एक उत्तम गजेटियर,

(6) एक उत्तम मानचित्र एटलस (अनुक्रमणिका सहित),

(7) भाषा और साहित्य की अच्छी इतिहास पुस्तकें,

(8) विशिष्ट विषयों के पारिभाषिक कोश, एवं

(9) सामान्य पारिभाषिक कोश।

उक्त विवेचनाओं से स्पष्ट होता है कि उपस्करों से एक वर्गाकार को सही रूपों में भौगोलिक क्षेत्र, जीवन यात्रा आदि की भूमिका में किसी घटित घटना का दिनांक और लोगों का पूरा नाम आदि का ज्ञान तत्काल हो जाता है तथा वर्गीकरण सुविधाजनक हो जाता है।

प्रयोगात्मक विधि

(1) जब किसी पुस्तक में किसी विभाग के अनेक विभागों का विचार हो तो उसे सामान्य विभाग में ही रखना उचित है, पर उसमें यदि किसी विभाग का अत्यंत ही प्रमुखता से वर्णन हो तो पुस्तक को उपयोगिता के अनुसार उस विभाग में रखा जा सकता है।

(2) किसी पुस्तक-विशेष के अनुवाद, उस पर सम्मतियाँ, उसकी कुंजी, प्रश्नोत्तर, विश्लेषण और व्याख्या आदि के रूप में दूसरी पुस्तकें मूल पुस्तक के साथ ही रखनी चाहिए। जैसे–

चीन, तिब्बत और भारत 915

(3) यदि पुस्तक का विषय कुछ ऐसा नया हो जिसका सारणियों में कोई स्थान नहीं रखा गया हो तो सारणी में संकेत करके पुस्तक को ज्यादा-से-ज्यादा सम्बद्ध विषय के शीर्षक में रखना चाहिए। जैसे–

मैन कैम्फ की एक व्याख्या 943.085

(4) जिस पुस्तक में स्थान-विशेष के साथ-साथ किसी विषय की ओर झुकाव हो तो उसे विषय के साथ ही रखना चाहिए। जैसे–

प्लैन्टहन्टर इन तिब्बत 581.9515

ज्योलॉजी ऑफ यॉर्कशायर 554.274

(5) किन्हीं विषयों पर पुस्तकें यदि किसी देश, व्यक्ति या दूसरे विषय पर विशेष विचार करते हुए लिखी गई हों तो उन्हें ज्यादा-से-ज्यादा सूक्ष्म या निश्चित विषय में रखना चाहिए। जैसे–

स्ट्रक्चरल ज्योलॉजी विद स्पेशल टू इकोनॉमिक डिपोजिट्स 551.8

(6) प्रायः यह स्मरण रहना चाहिए कि वर्गीकरण का अभ्यास करते हुए अनुक्रमणिका से वर्गीकरण कभी नहीं करना चाहिए। सदा सारणियों से ही वर्गीकरण करना चाहिए तथा अनुक्रमणिका से उसकी जाँच कर लेनी चाहिए। इसके अतिरिक्त यदि अनुक्रमणिका से किसी विषय का निर्धारण किया गया हो तो भी सम्बन्ध सारणियों को अवश्य देखना चाहिए।

(7) सारणियों में वर्ग संख्या स्थिर कर लेने के बाद भी उसके आगे और पीछे के शीर्षकों पर एक दृष्टि डाल लेनी चाहिए उससे गलती की सम्भावना काफी कम हो जाती है।

(8) जब कोई विषय दूसरे विषय को प्रभावित करता हो तो पुस्तक को प्रभावित विषय में रखना चाहिए, जो कि साधारणतः उसका ज्यादा निश्चित विषय होता है। जैसे–

इरेस्मस और नौदर्न रिनेसाँ 940.21

(9) जब कोई विषय विशेष दृष्टिकोण से लिखा गया हो तो उसे दृष्टिकोण के बजाय विषय में रखना चाहिए। ड्यूवी महोदय ने कभी-कभी अपने देश या भाषा को प्रधानता भी दी है। जैसे–

इंजीनियरिंग और साइंस हेतु गणित 510.2

ड्यूवी की प्रधानता, जैसे विदेशियों के लिए अंग्रेजी पढ़ने की पाठ्य-पुस्तकें 428.24

(10) पुस्तकें हमेशा ही पहले विषय के जैसा और पुनः बाद में 'रूप' (Form) के अनुरूप वर्गीकृत की जाती हों, ऐसा नहीं है। कुछ अवस्थाओं में वे अपनी जिल्द (जब संस्करण हो), अपने पाठक-विशेष (जैसे बच्चे, या नेत्रहीन पाठक हों), अपने आकार (जैसे समाचार-पत्र), अपने काल (तिथि) (जैसे इन्क्युनेबुला) और कुछ सचित्र पुस्तकों में अपने चित्रों के विशेष ढंग के अनुसार भी व्यवस्थित और वर्गीकृत की जाती हैं।

(11) सबको अन्तर्भूत करने वाला नियम है कि पुस्तक को ऐसे स्थान पर रखिए जहाँ वह ज्यादा-से-ज्यादा प्रयोग में लाई जाये एवं इसके लिए कारण भी बताना चाहिए।

(12) क्रियात्मक तौर पर किसी वर्ग संख्या की समुचितता की परीक्षा इस बात से होती है कि वह उस पुस्तक के लिए विषय शीर्षक तथा अनुक्रमणिका प्रविष्टियों के चुनाव में कहाँ तक सहायक होता है।

(13) जब किसी पुस्तक में दो या दो से अधिक विषयों का या एक विषय के अनेक विभागों पर विचार किया गया हो तो यदि सब विषय एक-सी प्रमुखता के हों या काफी सम्बद्ध हों तो साधारणतः जिसका पहले विचार किया गया हो, उसी में रखना चाहिए। जैसे—प्रकाश और ताप 535। जो सबसे प्रमुख विषय हो, पुस्तक को उसमें रखना चाहिए। अथवा, जब दो से अधिक विषयों का विचार एक ही पुस्तक में किया गया हो तो उसको सामान्य विषय में रखना चाहिए, जिसमें वे सभी विषय के अन्तर्गत हो जाते हों या उसे सबसे ज्यादा उपयोगी विषय में रख सकते हैं। जैसे—ताप, प्रकाश और ध्वनि 530.27 यदि सबका विचार समान हो तो 530।

दशमलव पद्धति में सामान्य उपविभाजन

दशमलव पद्धति में सामान्य उपविभाजन का रूप वर्गीकरण के अंतर्गत प्रयोग किया जा सकता है। दशमलव पद्धति के संबंध में पहले चर्चा की जा चुकी है। इसके प्रयोग सम्बन्धित सामान्य विधियों का विवरण निम्नलिखित हैं—

(1) जहाँ तक वर्ग संख्या बन सकती है वहाँ तक बना लेने के बाद सामान्य उपविभाजन या रूप विभाग के अंकों का प्रयोग करना चाहिए, पर इनका प्रयोग यन्त्र की भाँति बिना विचारे नहीं करना चाहिए। परीक्षा में गलत प्रयोग करने की अपेक्षा इनका प्रयोग न करना अधिक अच्छा है। यदि प्रयोग में कोई सन्देह हो तो इनका (सामान्य रूप-विभाजन का तथा भौगोलिक अंकों का) प्रयोग तभी कीजिए, जब सारणियों में या कहीं भी निश्चित निर्देश प्रयोग के लिए हों।

(2) सामान्य उपविभाजन के अंकों से पहले एक शून्य का प्रयोग करना चाहिए, पर यदि सारणियों के विभागों पर एक शून्य का (या दो शून्य का) प्रयोग कर लिया गया हो तो सामान्य रूप विभाग के अंकों से पहले 00 का या तीन शून्य का प्रयोग करना चाहिए।

(3) ग्रन्थ के विषय में पूरा-पूरा व्याप्त करने के ख्याल से चिह्नों के असम्भव संयोगों का आविष्कार नहीं करना चाहिए।

(4) 100, 200 आदि दो शून्य वाले वर्गांकों के साथ सामान्य उपविभाजन का प्रथम अंक इनके तृतीय अंक के स्थान पर आ जाता है। यदि 120, 560, 950 आदि एक शून्य वाले वर्गांक हों तो दशमलव के बाद सामान्य रूप विभाजन का एक शून्य कम हो जाता है। सामान्यतया उनमें एक ही शून्य रहता है। इस प्रकार उनका दशमलव के बाद बिना शून्य के ही प्रयोग कर दिया जाता है, पर सारणियों को देखकर और सोच-समझकर ही प्रयोग करना चाहिए।

उदाहरणार्थ—

101.04	सौन्दर्य और साहित्य (बी. एस. मघेंकर)
104	दर्शनानन्द के भाषण (दर्शनानन्द)
109	इवोल्यूशन ऑफ थॉट (रामराज)
181.404	कलेक्टेड पेपर्स ऑफ प्रोफेसर सूर्य नारायण शास्त्री
380.95058	एशियन ट्रेड डाइरेक्टरी
821.07	स्टडी एण्ड टीचिंग ऑफ इंग्लिश पोयट्री
303	इन्साइक्लोपीडिया ऑफ सोशल साइंसेज

(5) ग्रन्थ के शीर्षक में '......का इतिहास', '......पर निबन्ध', या '...... को एक रूपरेखा' आदि देखने मात्र से रूप विभागों का प्रयोग नहीं कर देना चाहिए। '......के इतिहास पर निबन्ध' देखने से 0904 का प्रयोग कर देना गलत होगा।

दशमलव का प्रयोग

दशमलव का प्रयोग किसी भी वर्ग संख्या या स्थान में केवल एक ही बार किया जा सकता है जैसे—

(i) 491.43 हिन्दी भाषा 3 कोश 494.811 तमिल भाषा
= 491.43494811 हिन्दी तमिल कोश

(ii) 891.43 हिन्दी साहित्य .09 इतिहास
= 891.4309 हिन्दी साहित्य का इतिहास

शून्य का प्रयोग

प्रयोगात्मक पद्धति में शून्य के प्रयोग की अनेक विधियाँ हैं जिन्हें निम्नलिखित बिन्दुओं के माध्यम से समझा जा सकता है—

(1) यदि 120, 560, 950 आदि एक शून्य वर्गांक हों तो दशमलव के बाद सामान्य रूप विभागों का शून्य कम हो जाता है। साधारणतः उनमें एक ही शून्य रहता है, अतः उनका दशमलव के बाद बिना शून्य के ही प्रयोग कर दिया जाता है।

जैसे—370.9 मानव का इतिहास

(2) किसी विषय का दूसरे विषय से सम्बन्ध दिखाने के लिए .0001 को लगाने के बाद सम्बद्ध सारणियों से नियत अंक पूरे रूप में वहाँ जोड़ दिए जाते हैं।

जैसे—237.300011339 दि इन्फॉर्मेशन एण्ड इम्मोरालिटी।
291.13000115233 दि मून इन रिलेशन टू मैथोलोजी।

(3) शून्य का प्रयोग बहुत सोच-समझकर और तालिकाओं अथवा सारणियों को देखकर करना चाहिए।

(4) जहाँ 'Divide like' (940-999 इत्यादि) निर्देश दिया हो, वहाँ इन अंकों से पहले 0 का प्रयोग नहीं किया जाता है, अपितु उसमें से भी पहला अंक (जैसे 942 का 9) और कभी-कभी दूसरा अंक (जैसे 4) भी प्रयुक्त नहीं होता है।

जैसे—079.54 भारत के अखबार।

(5) जहाँ 'Divide like' निर्देश न हो तथा दूसरी सारणियों में से अंकों का प्रयोग करना आवश्यक हो तो 0 लगाकर पूरे-पूरे अंकों का ही प्रयोग करना चाहिए।

जैसे—371.810954 भारतीय छात्र-जीवन।

(6) जहाँ 000—999 'Divide like whole classification' का निर्देश हो वहाँ भी निर्देश होने के कारण 0 का प्रयोग तो होगा ही नहीं, पर सारणियों के अंकों में से कोई अंक छूटता भी नहीं है, सारे ही अंकों का प्रयोग करना चाहिए।

जैसे—016.34 कानून का बिब्लियोग्राफी

(7) शून्य (0) का प्रयोग सामान्य उपविभाजन के अंकों से पूर्व करना चाहिए, पर यदि सारणियों के विभागों पर एक 0 का (या 00 का) प्रयोग कर लिया गया हो तो सामान्य उपविभाजन के अंकों से पहले 00 का या 000 का प्रयोग करना चाहिए।

जैसे—821.007 स्टडी एण्ड टीचिंग ऑफ इंगलिश पोयट्री

(8) 100, 200 आदि दो शून्यों वाले वर्गांकों के साथ सामान्य उपविभाजन (रूप-विभाजन) का पहला अंक इनके तीसरे अंक के स्थान पर आ जाता है।

जैसे—303 इन्साइक्लोपीडिया ऑफ एजुकेशन

सामान्य कृति वर्ग

इस वर्ग के ग्रन्थों के उदाहरण को निम्न बिंदुओं के माध्यम से स्पष्ट किया जा सकता है—

001 अर्थशास्त्र प्रवेश (सी.आर. शाह)
020 पुस्तकालय विज्ञान (द्वारका प्रसाद शास्त्री)
032 मानव अधिकार (विष्णु प्रभाकर)
42 आकाश की खोज (शिव शंकर)

081 सम्पूर्ण गाँधी वाङ्मय (भारत सरकार, दिल्ली)

082 प्रलेखन (एस.पी. सूद)

059.9143 नारी समाज (दिल्ली, वर्ष 1, अंक 1, हिन्दी पत्रिका)

039.9143 ज्ञान सरोवर (शिक्षा मंत्रालय, भारत सरकार)

079.5406 लोक प्रशासन के सिद्धान्त (आर.एल. सिंह)

उपर्युक्त उदाहरणों में 059.9143 और 039.9143 में भाषा के अनुसार विभाजन करके हिन्दी भाषा का प्रतीक 9143 जोड़ दिया जाता है। वर्गीकरण पद्धति में ऐसा निर्देश किया गया है।

079.5406 में देश के अनुसार विभाजन करके 54 भारत का प्रतीक जोड़कर तब रिपोर्ट का प्रतीक 06 जोड़ा गया है।

032, 042, 082 में 2 अंग्रेजी भाषा का प्रतीक अंक (Notation) है।

इसमें ऐसी पुस्तकें आती हैं जो भिन्न-भिन्न विषयों से इतनी मिश्रित और साधारण प्रकृति की होती हैं कि वे विशेष विषयों के किसी भी वर्ग में नहीं रखी जा सकतीं।

(i) इस वर्ग में साधारणतः 010 (वाङ्मयसूची विज्ञान) 090 (पुस्तकीय दुष्प्राप्यताएँ), 655.1 (प्रिंटिंग का इतिहास) ये एक दूसरे को व्याप्त करने वाले होने से इनमें काफी सन्देह हो जाता है। इस विषय में सेयर्स महोदय का विचार अग्र प्रकार है—

010 में सामान्य वाङ्मय सूची के सिद्धान्त रखिये।

जैसे—ईजडेल, मैन्युअल ऑफ बिब्लियोग्राफी 010, डैवन्पोर्ट, दी बुक इट्स हिस्ट्री एण्ड डेवलपमेंट 010.9, पुस्तक का साधारण इतिहास 010 में रखिये, प्रिंटिंग का इतिहास 655.1 में रखिये।

(ii) 040 में विविध विषयों के बहुत-से मिश्रित प्रकार के पैम्फ्लेट्स तथा निबन्ध आते हैं।

जैसे—जनरल पैम्फ्लेट्स इन फ्रेंच 044

(iii) 000 का प्रयोग सामान्यतया नहीं होता है, चूँकि सभी प्रकार के सब विषयों को शामिल करने वाले विश्वकोश, शब्दकोश आदि 030-039 में जा सकते हैं।

(iv) 016 विशेष विषयों की बिब्लियोग्राफी हेतु है और 'सारे वर्गीकरण के अनुसार' इसे 'विभाजित' किया जा सकता है।

जैसे—016.22 बाइबिल की बिब्लियोग्राफी, 016.34

विधि की वाङ्मय सूची 016.9421, लन्दन की बिब्लियोग्राफी 090। ये इस तरह की पुस्तकों के लिए हैं, जिन्हें किन्हीं भी कारणों से 'म्युजियम की वस्तुएँ' कहा जा सकता है। अर्थात् जो विषय की तुलना में ऐतिहासिकता या उत्सुकता के दृष्टिकोण से महत्त्वपूर्ण हैं। इस प्रकार की पुस्तकों के विषय में लिखी गई पुस्तकें भी इसी के अन्तर्गत आती हैं।

दर्शन वर्ग

100 दर्शन वर्ग और अन्य कुछ पुस्तकों के उदाहरण प्रस्तुत किये गये हैं, जो निम्न प्रकार हैं–

110	तत्त्व मीमांसा की रूपरेखा (अनिरुद्ध झा)
131.34	ए जनरल इन्ट्रोडक्शन ऑफ साइको एनालिसिस (फ्रॉयड)
133.5	मंगल विचार (काटवे)
133.50954	भारतीय ज्योतिष का इतिहास (गोरख प्रसाद)
136.7	बच्चों की समस्याएँ (लीला जोशी)
150	सामान्य मनोविज्ञान (वाई मसीह)
161	सरल आगमन तर्कशास्त्र (अशोक कुमार वर्मा)
177	सदाचार, शिष्टाचार और स्वास्थ्य (माईदयाल जैन)
181.4	दर्शन संग्रह (दीवानचन्द)
190	पश्चिमी दर्शन (दीवानचन्द)

133.50954 में 9 इतिहास का और 54 भारत का अंकन है अर्थात् ज्योतिष इतिहास भारत, इस क्रम से वर्ग संख्या निर्मित की गई है।

इस वर्ग के बारे में ध्यान देना चाहिए–

(i) सामान्य रूप से 150 में मानसिक क्षमताएँ तथा दूसरे, मन और शरीर के विषय 130 में आ जाते हैं लेकिन थैरापिटिक्स और सर्जरी से सम्बद्ध रोगों को 600 में रखना चाहिए। जैसे, सजेशन इन ब्रेन ट्रबल 131, ट्रेपैनिंग टु क्योर पैरैलिसिस 617.51।

इसके अलावा 'एप्लिकेशन्स ऑफ साइकोलोजी' को अपने सम्बद्ध विषयों के ही साथ रखना चाहिए। (13वें संस्करण की 159.9 वाली वैकल्पिक पद्धति भी अपनाई जा सकती है)।

जैसे–साइकोलोजी ऐडवरटाइजिंग 659.1

या वैकल्पिक पद्धति में, उदाहरण—

साइकोलॉजी ऑफ एजुकेशन 159.9837

साइकोलॉजी ऑफ मेडिसिन 159.9861

(ii) 110-120 और 230-260 में कुछ गलती हो सकती हैं, पर पुस्तकें जो धार्मिक ढंग से नहीं लिखी गई हैं, उन्हें दर्शन में रखिये।

जैसे—'डेलैनीज की ऐविडेन्स फॉर ए फ्यूचर लाइफ' 128 में, पर फर्रार की इन्टर्नल होप 237 में रखी जानी चाहिए।

(iii) 109 तथा 180-190 के प्रयोग में सावधानी रखिए। 109 दर्शन के सामान्य इतिहास के लिए है, विशेष इतिहासों के लिए नहीं। लैवी की 'हिस्ट्री ऑफ फिलॉस्फी' 109 में जा सकती है, पर जैलर की 'हिस्ट्री ऑफ ग्रीक फिलॉस्फी' 180 वाले वर्ग में जाएगी।

(iv) दार्शनिक पद्धतियों को 140 में न रखकर 180-190 में सम्बद्ध दार्शनिकों के ही साथ रखना चाहिए।

धर्म वर्ग

200 धर्म वर्ग की कुछ पुस्तकों की वर्ग संख्या का उदाहरण अग्रलिखित बिन्दुओं के अन्तर्गत स्पष्ट किया गया है—

1.	232.9	प्रभु ईशु का जीवन (राय वर्न अनु.)
2.	294.104	वैदिक साहित्य (आकाशवाणी से प्रसारित)
3.	294.4	जैन धर्म परिचय (कामता प्रसाद जैन)
4.	294.5	हिन्दू जाति का उत्थान और पतन (रजनीकान्त शास्त्री)
5.	294.30954	उत्तर प्रदेश में बौद्ध धर्म का विकास (दत्त और वाजपेयी)
6.	294.5	धर्मशिक्षा (सत्यव्रत शर्मा)

294.30954 में बौद्ध धर्म, इतिहास, भारत, यह क्रम रखकर वर्ग संख्या बनाई गई है। उत्तर प्रदेश के लिए आगे 1, ब्रैकेट चिह्न और बढ़ाया जा सकता है।

विशेष—

इस वर्ग को चार भागों में विभक्त किया जा सकता है।

(1) 289—298 ईसाई धर्म

(2) 289—298 गैर ईसाई धर्म और धर्मग्रन्थ

(3) 200—217 सामान्य धर्म

(4) 218–228 ईसाई और ईसाई धर्मग्रन्थ (स्क्रिप्चर्स)

पहले और तीसरे खण्डों में अन्तर का ध्यान रखना चाहिए। ईसाइयत से संबद्ध पुस्तकें 289-298 में जानी चाहिए, पर खास ईसाइयत से सम्बन्ध न रखने वाली सामान्य धर्म की पुस्तकें 200-217 में रखी जाएँगी। उदारहणार्थ–'गॉड इन नेचर, 211, न कि 231, पर न्यू टैस्टमेन्ट के धर्मग्रन्थों के या ईसाई चर्च के दृष्टिकोण से परमात्मा पर विचार करने वाली पुस्तकें 231 में रखी जाएगी, 211 नहीं। 218-228 का विभाग आसान ही है। यह ध्यान रखना चाहिए कि पुस्तक विशेष के सम्बन्ध में कोई पुस्तक उसी मूल पुस्तक के साथ रखी जाएगी। 289 में यदि ध्यान रखें कि यहाँ ईसाई के अलावा गैर ईसाई विषय आएगा तो गलती की कम सम्भावना होगी।

इसके अन्तर्गत सभी धर्मों के समरूप सम्बन्धित दार्शनिक ग्रन्थों को रखा जा सकता है। जैसे–अच्छाई और बुराई की वास्तविक प्रकृति, मूल कारणों का विचार इत्यादि, जब तक कि उनमें सीधा कोई धार्मिक विश्वास या उसकी आलोचना न हो।

समाजशास्त्र

इस विषय वर्ग के अंतर्गत कुछ ग्रन्थों की वर्ग संख्या का उदाहरण निम्नलिखित बिन्दुओं द्वारा स्पष्ट किया जा सकता है–

1.	301	समाजशास्त्र की रूपरेखा (रामबिहारी सिंह तोमर)
2.	301.1	समाजशास्त्र के मूल तत्त्व (द्वारिका प्रसाद गोयल)
3.	209.230954	द्वितीय पंचवर्षीय योजना की रूपरेखा और उद्देश्य (उत्तर प्रदेश सरकार)
4.	310	सांख्यिकी स्टैटिस्टिक्स (विजयेन्द्र पाल सिंह)
5.	320	राजनीति विज्ञान के सिद्धान्त (अनूप चन्द्र कपूर)
6.	320.9	[1] नागरिक शास्त्र के सिद्धान्त (आनन्द प्रकाश)
7.	320.942	इंग्लैण्ड का राज दर्शन (डेविडसन, अनु. लक्ष्मीकान्त वर्मा)
8.	330.1	हाई स्कूल रसायन शास्त्र (गंगा शरण मनोहर लाल)
9.	330.954	भारतीय अर्थशास्त्र (पन्नालाल बलदुआ)
10.	332.10954	बैंकिंग सिद्धान्त तथा उसकी कार्य पद्धति (विजयेन्द्रपाल सिंह)
11.	371.3	शिक्षण पद्धति तथा सिद्धान्त (कमल भाटिया)
12.	389	माप-तोल की दाशमिक प्रणाली (सन्तोष कुमार जैन)
13.	390	स्त्रियाँ और उनकी समस्याएँ (गाँधी जी)
14.	398.21	शूद्रों की खोज (डॉ. भीम राव अम्बेडकर)

वर्गकर से सम्बन्धित ध्यान देने योग्य महत्त्वपूर्ण सुझाव—ग्रन्थ मुख्य वर्ग में शामिल होने योग्य है अथवा नहीं इस बात की जाँच वर्गकार को भली-भाँति कर लेनी चाहिए। ऐसी स्थिति में उसका वर्गीकरण सम्भवतः ठीक हो सकता है।

उदाहरण के लिए, भारतीय योजना पर्यवेक्षण की पुस्तक को 290 में भूल से रख दी जाए तो ऊपर की ओर मुख्य वर्ग का विचार करने से स्पष्ट हो जाता है कि यह स्थान इस पुस्तक के लिए अच्छा नहीं हो सकता, क्योंकि इस वर्ग में तो आर्थिक, राजनैतिक और प्रशासनात्मक पहलुओं वाली ही पुस्तकें आनी चाहिए। यान्त्रिक या 'उपयोगी' दृष्टि से विविध प्रक्रियाओं को बताने वाली पुस्तकें यहाँ नहीं बल्कि 600 में जा सकती हैं।

320 का विभाग—यहाँ 320 सामान्य स्टैटिस्टिक्स, स्टैटिस्टिक्स की टेकनिक और जनसंख्या की स्टेटिक्स के लिए है। जैसे—'ए स्टेटिस्टिकल रिकॉर्ड ऑफ इंग्लैण्ड 314.2 पर विषय-विशेष का संख्या तत्त्व (स्टैटिस्टिक्स) अपने विषय के ही साथ रखा जाएगा। (यदि स्टैटिस्टिक्स का विशेष पुस्तकालय न हो तो), जैसे—स्टैटिस्टिक्स ऑफ काटन मैन्युफैक्चर्स इन इंग्लैण्ड 566.2

333 श्रमिकों के जीवन उनकी कार्य स्थल की परिस्थितियाँ तथा मालिकों का उनके साथ व्यवहार तथा प्रत्येक आर्थिक सम्बन्धों के लिए है।

ध्यान रखना चाहिए कि 345 और 353 केवल अमेरिकनों हेतु है, ऐमिग्रेशन को जो देश छोड़ जाता है, उसमें तथा इमिग्रेशन जिस देश में पहुँच जाते हैं, उसमें रखिए। विदेशों से सम्बन्ध 327 में रखते हैं। इसके पश्चात् जिस देश से सम्बन्ध होता है, उसका नम्बर लगा देते हैं। इसे भली प्रकार समझ लेना चाहिए। जैसे—रिलेशन ऑफ ब्रिटेन विद स्पेन 327.46, (372.42 नहीं)।

भाषा वर्ग

400 भाषा वर्ग की कुछ पुस्तकों की वर्ग संख्याओं का उदाहरण निम्न बिन्दुओं के अन्तर्गत स्पष्ट किया गया है—

(i)	494.8118	भारत भारती (तमिल) राष्ट्रभाषा प्रचार समिति वर्धा (महाराष्ट्र)
(ii)	494.81239143	मलयालम हिन्दी कोश (विश्वनाथ अय्यर)
(iii)	409.54	भारत का भाषा सर्वेक्षण खण्ड 1, भाग 1 (ग्रियर्सन)
(iv)	491.4309	हिन्दी भाषा का विकास (हरिऔध)
(v)	491.43394811	हिन्दी तमिल कोश (दक्षिण भारत हिन्दी प्रचार सभा, मद्रास)

(vi)	491.435	सरल हिन्दी व्याकरण (एस. आर. शास्त्री)
(vii)	491.43	हिन्दी की पहली पुस्तक (चतुर बिहारी लाल)
(viii)	491.4382	बेसिक रीडर (शिक्षा संचालक, उत्तर प्रदेश)

भाषा वर्ग में से, अंग्रेजी भाषा का विस्तार किया गया है तथा विशेषकर भाषा में दूसरी भाषाओं के लिए इंग्लिश के विभागों की ही तरह विभक्त करने के लिए कहा गया है। यथा—426.8 इंग्लिश में पद्य-रचना की पाठ्य-पुस्तकें, 436.8 जर्मन में पद्य-रचना के लिए पाठ्य-पुस्तकें, 491.768 में पद्य-रचना के लिए पाठ्य-पुस्तकें।

विशेष—इस बात का ध्यान रखें कि किसी भी कोश की पुस्तकों की वर्ग संख्या की रचना भली-भाँति हो। कोश की पुस्तक का मूल शब्द जिस भाषा में दिया गया हो उस भाषा का नम्बर पहले रखिए। उसके बाद जिस भाषा में शब्दार्थ दिया गया हो उसका नम्बर मिला दीजिए, तब उस कोश की पुस्तक की वर्ग संख्या बन जाएगी।

उदारहणार्थ—ऊपर 491.43394811 'हिन्दी तमिल कोश' की वर्ग संख्या है। इसमें 491.43 हिन्दी भाषा 3 कोश 494.811 तमिल भाषा का प्रतीक है। वर्ग संख्या बनाते वक्त भाषा वर्ग का सूचक 4 का अंक और दशमलव चिह्न नियमानुसार हटा दिए गए हैं।

इस तरह कुछ संख्याएं निम्नलिखित रूप में हैं—

अंग्रेजी हिन्दी कोश 423.9143

हिन्दी अंग्रेजी कोश 491.4332

विशुद्ध विज्ञान वर्ग

500 विशुद्ध विज्ञान वर्ग की पुस्तकों की वर्ग संख्याओं का उदाहरण अग्रलिखित हैं—

(i)	500	सरल सामान्य विज्ञान (विजय नारायण मेहरोत्रा)
(ii)	551.4	भौतिक भूगोल (प्रीतम सिंह)
(iii)	575	व्यक्ति की कहानी (जयचन्द्र विद्यालंकार)
(iv)	580	वनस्पति शास्त्र (मजूमदार, एम. ए.)
(v)	590	जीव-जगत (सुरेश सिंह)
(vi)	510	गणित की रूपरेखा (सीताराम शर्मा)
(vii)	510.954	हिन्दू गणितशास्त्र का इतिहास (दत्त और सिन्हा)
(viii)	520	आकाश दर्शन (छोटू भाई सुथार, अनु. नरेश बेदी)

(ix)	530	भौतिक विज्ञान (विक्रमजीत कोहली)
(x)	535.66	एक्स किरण (संसार चन्द्र)
(xi)	539.76	परमाणु ऊर्जा और शान्तिपूर्ण उपाय (वेन्ट, अनु. राय)
(xii)	546	अकार्बनिक रसायन (पंचानन दे)
(xiii)	598.2	पक्षियों की दुनिया (सुरेश सिंह)

अच्छी किस्म के वर्गकार विशुद्ध विज्ञान वर्ग को दशमलव प्रणाली में चार भागों में बांट सकते हैं–(i) सामान्य विज्ञान (ii) गणित विज्ञान (iii) भौतिक विज्ञान (iv) प्राकृतिक विज्ञान।

वर्गकार को वर्गीकरण से अधिक मदद प्राप्त होगी, अगर वे इस वर्ग के पारिभाषिक शब्दों से सही तरह से परिचय प्राप्त कर लें। खास तौर से रसायन, प्रांणी-विज्ञान और वनस्पति विज्ञान में निम्नलिखित कुछ बातों का विशेष ध्यान रखना चाहिए–

(1) 508.3 में पूरी तरह वैज्ञानिक भ्रमण (जो कम या अधिक सारे विज्ञानों से सम्बद्ध रहते हैं) आते हैं। इन्हें 940–999 की भाँति विभाजित कर दिया जाता है। शक होने पर 914.919 में रख सकते हैं।

(2) प्राणी-विज्ञान में प्राणी-विशेष से सम्बद्ध पुस्तकें रखी जाती हैं। जैसे–'इन्स्टिन्क्ट ऑफ बीज' बीज में रखी जाएगी, 'इन्स्टिन्क्ट' में नहीं।

(3) यह विशुद्ध विज्ञान का गर्व है। विज्ञान के क्रियात्मक (प्रयोगात्मक) भाग से इसमें भेद रखना चाहिए। जैसे–यहाँ गणित की पद्धतियाँ, सिद्धान्त और समस्याएँ आ सकती हैं, पर 'इंजीनियर्स के लिए गणित' इंजीनियरिंग में जाएगी।

इसी तरह 529.78, 681.113 तथा 749 ये तीनों घड़ियों हेतु प्रयुक्त होते हैं। पर 529.78 में घड़ियों के सिद्धान्त का, 681.113 में निर्माण का तथा 749 में उनकी सजावट का वर्णन रहेगा।

शिल्प विज्ञान वर्ग

600 शिल्प विज्ञान वर्ग की वर्ग संख्याओं को अग्रलिखित उदाहरणों के माध्यम से स्पष्ट किया जा सकता है–

(i)	600	विज्ञान जगत, (अनु. देवेन्द्र कुमार)
(ii)	630.954	भारत की फसलें (जयराम सिंह)

(iii)	631.8	भौतिकी में क्या, क्यों और कैसे (आर.के. चड्ढा)
(iv)	640	हाईस्कूल रसायन-शास्त्र (गंगा शरण मनोहर लाल)
(v)	655.1	मुद्रणकला (छविनाथ पाण्डेय)
(vi)	660	उद्योग और रसायन (अनु. गोरख प्रसाद श्रीवास्तव)
(vii)	610	शरीर विज्ञान भाग 1 (असगर अली कादरी)
(viii)	618	बालरोग चिकित्सा (महाबीर प्रसाद मालवीय)
(ix)	627.40954	बाढ़ नियन्त्रण (भारत सरकार, सूचना मंत्रालय)
(x)	630	कृषि विज्ञान (बिशनलाल भार्गव एण्ड सन्स)
(xi)	684.1	फर्नीचर बुक (रत्न प्रकाश 'शील')

दशमलव पद्धति में शिल्प विज्ञान का यह वर्ग एक मिश्रित वर्ग है। सभी निर्देशों को इस वर्ग में पढ़ने हेतु बड़ी सतर्कता रखनी चाहिए। एक बार इस वर्ग की उपयोगिता को अच्छी प्रकार से ज्ञात कर लेने पर प्रमुख समस्याओं का समाधान हो जायेगा।

600 में किसी विषय के प्रयोगात्मक पक्ष ही रखे गए हैं।

658 को खास ध्यान से पढ़ना चाहिए।

किसी अंग विशेष के रोगों का अध्ययन औषधि विज्ञान के अंतर्गत किया जा सकता है। इसी तरह किसी अंग-विशेष की शल्य-चिकित्सा (सर्जरी) भी उस अंग के ही साथ रखी जाती है न कि उस सिस्टम के साथ, जिसका कि वह अंग एक हिस्सा है। औजार उस क्राफ़्ट के साथ रखे जाते हैं जहाँ उनका प्रयोग होता है।

उद्योग-विशेष का लेखा (एकाउन्टिंग) विज्ञापन आदि में जाना चाहिए और फिर उसे उद्योगों में विभाजित कर देना चाहिए (वर्गीकरण के अनुसार)।

पर सेयर्स के अनुसार इस तरह के विषयों को उद्योग-विशेषों में ही रखना अधिक उपुयक्त है।

कलाएँ

कला वर्ग के अंतर्गत कुछ वर्ग संख्याएं निम्नलिखित हैं–

(i)	796	प्राचीन बाल क्रीड़ा (मनमथ राय)
(ii)	796.33	फुटबाल तथा वॉलीबाल के खेल (विजय कुमार)
(iii)	796.520954	एवरेस्ट विजय (विजय कुमार)
(iv)	759.954	अजन्ता के चित्रकूट (राय कृष्णदास)

(v)	730.954	मूर्ति निर्माण कला (ए. अली शोरी)
(vi)	744	माध्यमिक ज्यामिति कला (**लक्ष्मी नारायण श्रीवास्तव**)
(vii)	746.47	घर सजाने की कला (डाइ. ऑफ **इन्स्ट्रक्सन**)
(viii)	770	कैमरे का प्रारम्भिक प्रयोग (लखनऊ, नियोजन संस्था)
(ix)	784.0954	भारत का संगीत सिद्धान्त (कैलाशचन्द्र देव)

(1) 708 में मात्र 'आर्ट म्यूजियम्स' ही स्थान पाएँगे। **साधारण म्यूजियम्स** खास तौर से 069 में रखे जाते हैं, साइंस म्यूजियम्स 507 में, दूसरे वर्गों के म्यूजियम 640.74 में। सामान्य रूप में कलाकृतियों का संग्रह 708 में आता है, पर विषयों के पदार्थों का संग्रह अपने-अपने विषय के साथ ही विभाजित किया जाता है।

(2) यह याद रहे कि थियेटर और नाटक की पुस्तकों में अन्तर है। थियेटर, उसके बनाने और खेलने की कला-विषयक पुस्तकें 792 में रखी जाती हैं। पर नाटकों तथा उन पर आलोचना आदि की पुस्तकें साहित्य वर्ग में जाती हैं।

साहित्य

इस वर्ग के अंतर्गत कतिपय वर्ग संख्याएं अधोलिखित हैं–

(i)	801	काव्य में उदात्त तत्त्व (अनु. डॉ. नगेन्द्र और नेमिचन्द्र जैन)
(ii)	804	साहित्य : एक विवेचन (राजमल बोरा)
(iii)	808	काव्य-निरूपण (राकेश)
(iv)	808.1	छन्दोहृदय प्रकाश (पिंगल) भूषण कवि
(v)	808.4	निबन्ध कला (जगपत सिंह)
(vi)	808.53	भाषण और बोल-चाल की कला (देवनाथ उपाध्याय)
(vii)	808.82	एकांकी संगम (क्षेमचन्द्र 'सुमन', संपा.)
(viii)	808.88	अमृत की बूँदें (आनन्द कुमार संपा.)
(ix)	808.43	हिन्दी साहित्य
(x)	891.4304	हिन्दी आलोचना की रूपरेखा (फूलचन्द पाण्डेय)
(xi)	891.4308	हिन्दी गद्य संकलन (आगरा वि. वि.)
(xii)	891.4309	हिन्दी साहित्य एक परिचय (विजेन्द्र स्नातक)
(xiii)	891.431	नीरज की पाती (गोपालदास 'नीरज')
(xiv)	891.43104	भक्ति एवं रीतिकाव्य के प्रमुख कवि और उनका काव्य
(xv)	891.43108	काव्य सरिता (दयाराम शास्त्री संपा.)
(xvi)	891.43109	हिन्दी काव्य का इतिहास

(xvii)	891.432	सेवापथ (सेठ गोविन्द दास)
(xviii)	891.43208	प्रतिनिधि एकांकी (उपेन्द्र 'अश्क')
(xix)	891.43209	भारतेन्दुकालीन नाटक साहित्य (गोपाल तिवारी)
(xx)	891.433	जनप्रवाह (गुरुदत्त)
(xxi)	891.43304	हिन्दी के प्रमुख कहानीकार (कमला देवी)
(xxii)	891.43308	आधुनिक कहानी संग्रह (जैमिनी वर्मा संपा.)
(xxiii)	891.434	मेरे निबन्ध (गुलाबराय)
(xxiv)	891.43404	हिन्दी के गद्य लेखक और उनकी शैलियाँ (राजनाथ शर्मा)
(xxv)	891.43408	भारतीय साहित्य भाग 2 (महाराष्ट्र राष्ट्रभाषा सभा, पूना)
(xxvi)	891.43608	साहित्यकारों के पत्र उनकी अपनी लिखावट में (किशोरीदास वाजपेयी)
(xxvii)	891.437	गाँधी जी का भूत ('बेढब' बनारसी)
(xxviii)	891.438	हिन्दी साहित्य मंजरी (रामेश्वर दयाल गुप्त संपा.)

साहित्य वर्ग ड्यूवी दशमलव वर्गीकरण पद्धति में पवित्र व शुद्ध साहित्य तक निहित है, तथ्य से सम्बन्धित विषयक ज्ञान उसके अन्तर्गत नहीं आते। इस वर्ग में खण्डों को निम्नलिखित रूप से प्रस्तुत किया गया है–

1. भाषा
2. रूप
3. लेखकों का कालक्रम

विदेशी भाषाओं में लिखी गई पुस्तकों में कतिपय समस्याओं एवम् जटिलताओं का होना अवश्यम्भावी है। सबसे मान्य विधि यह है कि किसी पुस्तक के विषय में लिखी गई पुस्तकें पाठान्तर, विभिन्न रूप, अनुवाद या उसके चुने हुए स्थल, उसकी पदानुक्रमणिकाएँ आदि उस मूल पुस्तक के साथ ही रखते हैं। यदि पुस्तक नॉन-फिक्शन (कथा-साहित्य) हो तो सूची में भाषा के लिए अन्तर्निदेश करके उस विषय के अनुसार वर्गीकरण करिये।

शेक्सपियर के नाटक, ब्रैडले की शेक्सपीयरन, ट्रेजेडी, लैम्ब की टेल्स फ्रॉम शेक्सपियर, वार्टलैट की कौन्कोडैन्स टू शेक्सपियर। ये सब 822.33 में ही रखी जाती हैं।

अगर कोई साहित्य दूसरे साहित्य से आकर्षित हो तो ग्रन्थ को आकर्षित विषय में रख दिया जाता है, पर यदि किसी एक लेखक का किसी साहित्य पर प्रभाव वर्णित हो तो पुस्तक को उस लेखक की पुस्तकों के साथ रखना चाहिए। जैसे–'वायरन का जर्मन साहित्य पर प्रभाव' पुस्तक वायरन के साथ रखी जाएगी।

801 में साहित्य के सामान्य दर्शन और सिद्धान्तों को शामिल किया जाता है। यथा–हौर्लिंग्स वर्ग की 'प्राइमर ऑफ लिटरेरी क्रिटिसिज्म' लिखने की, उद्धरण की वक्तृत्व-कला की पुस्तकें (जिनमें कुछ चुनी हुई कविता आदि के उद्धरण हो सकते हैं, पर मात्र कविताओं, नाटकीय उद्धरणों आदि के संग्रह मात्र न हों) 808 में रखी जाती हैं। यथा–केर की 'आर्ट ऑफ पोयट्री' 808.1, इविंग की 'हाउ टू राइट ए प्ले' 802.2, नाइट की 'गाइड टू फिक्शन राइटिंग' 808.3 इत्यादि। 808.8 में सिर्फ सामान्य संग्रह ग्रन्थ (ऐन्थोलोजीज) तथा उद्धरणों की पुस्तक आती हैं। एन्थ्रोलोजीज और निबन्ध संग्रहों को विशेष विषयों के अन्तर्गत रखा जाता है।

890 के विषय में वर्गीकरण एकदम 490 की ही तरह होता है, केवल 4 की जगह 8 रख दिया जाता है। यथा–

पर्शियन भाषा	491.55	रशियन भाषा	491.7
पर्शियन साहित्य	891.55	रशियन साहित्य	891.7

इनमें तथा सम्पूर्ण साहित्य वर्ग में साहित्य वर्ग के केवल रूप वर्ग ही और बढ़ा दिए जाते हैं। उदाहरणार्थ–

891.6	कैल्टिक साहित्य	891.62	कैल्टिक नाटक
891.61	कैल्टिक काव्य	891.63	कैल्टिक कथा साहित्य

जो लेखक वैयक्तिक साहित्य दो रूपों में लिखते हैं उनको बहुधा एक ही रूप में रखना चाहिए। ज्यादा प्रसिद्ध एक ही रूप में रखना चाहिए। उदारहणार्थ– शेक्सपियर की सभी पुस्तकें प्रायः 822.33 में और टेनीसन की सब पुस्तकें प्रायः 821.81 में रखी जाएँगी।

इतिहास संबंधित विषय

इतिहास संबंधित विषय वर्ग की वर्ग संख्याओं का उदाहरण इस प्रकार है–

(i)	900	प्रारम्भिक विश्व इतिहास (आर. एन. चतुर्वेदी)
(ii)	909	हमारे युग का इतिहास (गुच, जी. पी.)
(iii)	910	बाल भूगोल भाग 1 (बाबूलाल पाण्डेय)
(iv)	910.4	वीर साहसी यात्री (उर्मिला)
(v)	11	मानव भूगोल के सरल सिद्धान्त (वीरेन्द्र सिंह)

(vi)	911.30954	नवीन आर्थिक व वाणिज्य भूगोल (माहेश्वरी)
(vii)	915.4	मानचित्र 'भारतवर्ष' वर्णन सहित (शिव नारायण)
(viii)	920.054	भारत की विभूतियाँ (नर्मदा प्रसाद खेर)
(ix)	921.954	श्री अरविन्द (भुवनेश्वर 'माधव')
(x)	923.954	गाँधी जी (एल्विन बेरियर)
(xi)	928.91432	आत्म निरीक्षण (सेठ गोविन्ददास)
(xii)	940	ग्रेट ब्रिटेन का आधुनिक इतिहास (राधाकृष्ण शास्त्री)
(xiii)	950	मध्य एशिया का इतिहास (राहुल जी)
(xiv)	954	सरल इतिहास (ईश्वरी प्रसाद)
(xv)	973	रुजेवेल्ट का युग (1932-557) अनु. रामधारी राम (959)

इतिहास संबंधित विषय वर्ग अत्यधिक खण्डों से ज्यादा होने के कारण बोझिल हो गया है। सामान्य रूप से भूगोल, इतिहास और जीवनी समान्य यही तीन विषय हैं। 900 इतिहास सामान्य है (भूगोल, यात्रा एवं जीवनी सामान्य इसमें नहीं आते हैं)।

910	भूगोल एवं यात्रा-वितरण
920	जीवनी
929	वंशविद्या एवं दूतविद्या
940-999	आधुनिक इतिहास

जीवनी

दशमलव वर्गीकरण की दृष्टि से जीवनी को दो खण्डों में विभाजित किया जा सकता है जो निम्न प्रकार हैं–

(i) स्थान की दृष्टि से सामान्य तथा संग्रहीत जीवनियाँ।

(ii) विषय-विशेष की दृष्टि से वैयक्तिक और संग्रहीत जीवनियाँ।

जैसे–पुरस्कार की जीवनियों को 920 सामान्य में रखकर उसे देश या स्थान के नोटेशन से विभाजित कर लिया जाता है।

उदाहरणार्थ–

गोरे लोग	920.042
प्रसिद्ध इटालियन्स	920.045

दूसरी प्रकार की जीवनियाँ जिन विषय से सम्बन्धित रहती हैं उन्हें 920-928 के उपशीर्षकों में रखा जाता है।

उदाहरणार्थ—

पेंटर्स की जीवनी	927.5
माइकेल एंजेली की जीवनी	927.3

यात्राएँ

(i) जब किसी यात्रा वितरण में यात्रा की अपेक्षा व्यक्ति अधिक महत्त्वपूर्ण हो तो उसे व्यक्ति की जीवनी में रखना चाहिए। उदाहणार्थ—प्रिंस ऑफ वेल्स की यात्राएँ, नेहरू की रूस एवं अमेरिकी यात्राएँ। (ii) यात्राओं में यदि वैज्ञानिक दृष्टिकोण महत्त्वपूर्ण हों तो 508.3—.9 में रखना चाहए। यदि सन्दिग्ध हो तो यात्रा में भी रख सकते हैं।

भूगोल

विश्व के किसी भी देश के इतिहास की चिह्न संख्या में नौ (9) के पश्चात् एक (1) लगा दिया जाए एवं दशमलव बिन्दु को एक अंक बाईं ओर हटा दिया जाए तो वह उस देश के भूगोल का चिह्न बन जाता है।

उदाहरणार्थ—954 भारत का इतिहास, 915.4 भारत का भूगोल।

इतिहास

महाद्वीपों में बहुत से देशों में गुजरती हुई नदियों को रखा जाता है।

(i) बहुत-से देशों में गुजरती हुई नदियाँ, उस महाद्वीप में रखी जाती हैं। (ii) निकटवर्ती राष्ट्रों के साथ द्वीपों को सम्मिलित करना चाहिए। (iii) इतिहास के किसी दो युगों को अगर कोई भी आत्मसात् करती है, तो उसे पहली अवस्था में रखना चाहिए। जब तक कि द्वितीय काल या अवस्था के पहले की अपेक्षा अधिक महत्त्वपूर्ण हो। यदि इसमें अनेक कालों का वर्णन हो तो पुस्तक को सामान्य शीर्षक में रखना चाहिए। (iv) किसी देश के इतिहास के भाग को उसके वर्णित काल में रखना चाहिए न कि उस देश के सामान्य इतिहास में।

मिसाल के लिए—गार्डिनर की हिस्ट्री ऑफ द ग्रेट रिवोल्युशन 942.06 (942 नहीं)।

•••